INTO THE WOODS

John Yorke

物語の「森」を抜けて

なぜストーリーには構造が存在するのか

ジョン・ヨーク＝著
府川由美恵＝訳

フィルムアート社

芸術は制限で成り立っている。
すべての絵画の最も美しい部分は、額縁である。

――G・K・チェスタトン

目次

第三幕　森の中

第四幕　夜の帰路

第五幕　変化を経て再び家へ

凡例

- 訳者による補足説明は〔 〕で示した。ただしそれ以外にも、文意に即して最低限の範囲で語を補った。
- 原注は◆付きの数字で示し、末尾にまとめた。
- 脚注は*で示し、同ページ欄外に記した。
- 引用文中の[……]は、原著者による中略を意味する。
- 書籍名、雑誌名、映画作品は『 』、論文タイトルは「 」で示した。
- 本文中に言及される書籍・作品について、未邦訳の場合は訳者による日本語訳タイトルを基本とし、原題(英題)を( )で併記した。
- 本文中に引用される書籍・作品は訳者による日本語訳を基本として、既訳がある場合は必要に応じて参考とした。

はじめに

船が未知の場所にたどりつくと、なんとか自分を認めてほしい若者は、そこの住民と仲良くなって彼らの秘密を引きだそうとする。住民たちの生活スタイルに魅了された若者は、現地の少女と恋に落ち、自分の主人に疑念を抱くようになる。若者が現地の人々に溶け込んでしまったことを知った彼の主人たちは、若者と現地の人々を抹殺しようとする。

『アバター』だろうか、それとも『ポカホンタス』？　ストーリーがほとんど同じなので、ジェームズ・キャメロンがネイティブ・アメリカンの神話を盗用したという非難もあったほどだ[◆01]。しかしこれはもっと単純かつ複雑な話だ。これら二つの物語のみならず、すべての物語には、共通の根源的な物語構造があるのだ。

以下の三つのストーリーを見てみよう。

危険な怪物がコミュニティをおびやかす。ひとりの人物が、この怪物を倒して王国に幸福を取り戻すために立ち上がる……。

これは一九七五年に公開された『ジョーズ』のストーリーだ。そして、八世紀から十一世紀のあいだに生まれたとされるアングロサクソンの叙事詩、『ベオウルフ』の筋書きでもある。

ほかにも頭に浮かぶ作品はもっとある。『遊星からの物体X』、『ジュラシック・パーク』、『ゴジラ』、『ダークナイト ライジング』──本物のモンスターが登場する映画はすべてそうだ。怪物を人間に置き換えれば、ジェームズ・ボンド映画全作も、『MI－5 英国機密諜報部』も、『カジュアルティ（Casualty）』も、『Dr. HOUSE』も、『CSI：科学捜査班』の全エピソードも当てはまる。『エクソシスト』、『シャイニング』、『危険な情事』、『スクリーム』、『サイコ』、『ソウ』にも同じ形のストーリーが見える。怪物は、『エルム街の悪夢』における文字どおりの怪物のみならず、『エリン・ブロコビッチ』における企業のようなものにも形を変えるが、基本的な物語構造──敵が打ち負かされコミュニティに秩序が戻る──は変わらない。『タワーリング・インフェルノ』では炎、『ポセイドン・アドベンチャー』では転覆した船、『普通の人々』では少年の母親が怪物となる。表面上は似ていないが、それぞれの骨組は同じだ。

主人公が華やかな新しい世界に出くわす。最初はその輝きや魅力に釘づけになるものの、やがて不穏な状況が起きていく……。

『不思議の国のアリス』のストーリーだが、『オズの魔法使』、『時空刑事1973ライフ・オン・マーズ』、『ガリバー旅行記』のストーリーでもある。さらに、この魅惑的な世界が、単に主人公にとってのみ魅惑的に映る世界も含むなら、『情愛と友情』、『レベッカ』、『ライン・オブ・ビューティ 愛と欲望の境界線』、『第三の男』もそのパターンに当てはまる。

あるコミュニティが危険に晒され、はるか遠くの地まで解決策となる霊薬を探しに行かなければならないことがわかり、コミュニティに所属するひとりが未知の危険な旅に出ることになる……。

『レイダース／失われたアーク《聖櫃》』、『アーサー王の死』、『ロード・オブ・ザ・リング』、『ウォーターシップ・ダウンのうさぎたち』のストーリーだ。そして、空想世界からもう少し現世的な世界に舞台を移せば、『マスター・アンド・コマンダー』、『プライベート・ライアン』、『ナバロンの要塞』、『地獄の黙示録』のストーリーにもなる。登場人物の探求の目的を変えれば、『男の争い』、『ユージュアル・サスペクツ』、『オーシャンズ11』、『イージー・ライダー』、『テルマ&ルイーズ』も同じストーリーだ。

つまり、これら三つの物語には、複数の派生作品があるということになる。要するに、突き詰めれば物語はわずか三つのタイプしかないということだろうか？　それはちがう。『ベオウルフ』、『エイリアン』、『ジョーズ』は「怪物」の物語だ――しかし同時に、個人が新たな恐ろしい世界に飛び込んでいく物語でもある。『地獄の黙示録』や『ファインディング・ニモ』のような古典的「探求」の物語においては、主人公は怪物に加え、見知らぬ新世界とも出会う。『ガリバー旅行記』、『刑事ジョン・ブック 目撃者』、『キューティ・ブロンド』のような「新しい世界に果敢に立ち向かう」物語でさえ、こうした三つの物語のすべてに当てはまる。登場人物たちは誰もがなんらかの探求目標を抱え、克服すべき自分の怪物を抱えている。表面的にはちがって見えても、どの作品も同じ枠組と物語の動力源を共有している――どの作品も、登場人物を未知の新しい世界に飛び込ませる。どの作品も、道を探しだすための冒険がある。そしてどの物語の中でも、形式はどうあれ打ち破られるべき「怪物」がいる。また、なんらかの水準において、物語のゴールとしての安全、保護、完成、大事な帰るべき場所が存在する。

だが、こうした教義は、映画、小説、そして『MI－5英国機密諜報部』『HOMELAND』『THE KILLING／キリング』といったテレビドラマだけに現れるものではない。私の友人の九歳の息子が、物語を作ろうと考えた。彼は誰にも相談することなく、ただこう綴った。

> 家族はお休みに出かけるのを楽しみにしていました。ママが家賃を払うために仕事を休めなくなりました。子どもたちは庭に埋められていた地図を見つけ、森に宝物が隠されていると知って、それを探しに行くことにします。たくさん厄介なことはありましたが、子どもたちはやっと宝を見つけ、もっと楽しい休みをすごせるようになりました[◆02]。

子どもはなぜ、何世紀も昔から語られてきた物語形式を、無意識にくり返そうとするのだろう？　自発的に書いているのに、世代を超えて語られてきた物語を明白になぞる、物語構造の知識が表れてくるのはなぜなのだろう？　なぜ人はみな、まったく同じ水源から物語を汲みだしつづけようとするのだろう？　前の世代からの複製が連続的に続いてきたことで、一連の慣習が確立されたせいもあるのかもしれない。だが、そうしたパターンが遍在していることの説明にはなるかもしれないが、因習打破に頑強な抵抗が存在することや、同じ物語の再発明を続けることが新鮮で楽しいことの理由には、もっとほかの何かがひそんでいる気もする。

ストーリーテリングには形がある。この形が、これまで語られてきたすべての物語を支配しており、それはルネサンス時代程度の話ではなく、文字による記録が始まった瞬間からずっとそうなのだ。それが文芸作品の形であれ、空港で提出する書類の形であれ、人々が熱心に吸収しようとする構造であり、ひょっとすると——判断は慎重にしなければならないが——普遍的な原型なのかもしれない。

> 芸術について書かれていることの大半は、芸術家ではない人々が書いたものである。つまり、すべては思いちがいなのだ。
>
> ——ウジェーヌ・ドラクロワ

普遍的な物語構造を見つけるための探求は、何も新しいことではない。二十世紀初めのプラハ学派やロシア・フォルマリズム、ノースロップ・フライの『批評の解剖』を経てクリストファー・ブッカーの『七つの基本プロット（The Seven Basic Plots）』にいたるまで、数多くの人々が、物語はどのようにして機能するのかを突き止めようとした。私自身の分野においても、これは文字どおりの業種のひとつだ――映画脚本術の本は何百冊も出ている（テレビドラマの本に関しては、実用にかなうものはほとんどないが）。私も大半は読んだが、読めば読むほど二つの問題が引っかかってくるのである。

1　多くの書籍がまったく異なるシステムを提示し、それが唯一無二の物語執筆の方法だと主張してくる。それが正しいとどうして言いきれるのだろう？

2　誰も「なぜ？」とは言わない。◆03

こうした書籍の中には貴重な情報が含まれているものもいくつかあり、値打ちのある洞察も多数見受けられる。どれもどうやって物語を語るかという説明はしてくれるし、「十二ページには契機事件がなければならない」などと熱心に主張してくるが、なぜそうなるべきなのかの説明はない。考えてみればおかしな話だ。「なぜ」に答えられないのなら、「どうやって」も砂上の楼閣にしかならない。だから自分で答えようとしてみるものの、あまりにたくさんの理論があることに気づかされる――鋭くはあるが、すんなり納得できないような理論が。神は十二ページで契機事件を起こすように命じているのか、それともヒーローズ・ジャーニーの十二ステージを考えろというのか？　もちろんそういうことではない。それらは概念にすぎない。こうした形式が存在する理路整然とした理由がないのなら、誰もその主張を真剣に受け止めたりはしない。辺境地で商品を売りつけようとする、怪しげな行商人と変わらないからだ。◆04

　私は成人してからの人生の大半にわたって物語を語り、イギリスのテレビで最も人気を博した番組のいくつかを手がけるという、途方もない恩恵に浴すことができた。二千万人以上の視聴者数に達した物語の筋書きを生みだし、ドラマの定義を変えるほどの番組にも深く関わってきた。この業界ではほとんどないことだが、文芸作品と一般大衆向けのメインストリーム番組の双方で働き、どちらの仕事も同じぐらいに愛してきて、自分が物語を語れば語るほど、こうしたプロットの根源的なパターン——視聴者が求める一定のやりかた——は、極端なほど一定不変のものだということに気づくようになった。

　六年前、私はストーリーテリングに関するあらゆる文献を読みあさり始めた。さらに、自分が一緒に仕事をした脚本家たち全員に、どんなふうにして執筆しているかの聞き取り調査も始めた。伝統的な三幕構成の手法をとる脚本家もいれば、それを否定する脚本家もいた——そして、否定しながらも、無意識にその手法を使っている脚本家もいた。何人かは、四幕構成、あるいは五幕構成に頼っていた。幕構成などそもそも存在しないという主張も聞いた。脚本術のマニュアル本を誠実に学ぶ脚本家、物語構造理論を悪魔の落とし子のようにけなす脚本家、どちらもいた。しかし、私が読んだ優れた脚本には、それが新進気鋭の脚本家の作品であれ、英国アカデミー賞の常連の作品であれ、必ずひとつの統一的なファクターが存在しており、そのどれもが同じ根源的な構造特性を持っていた。

　この特性とは何か、そしてなぜそれはくり返し現れるのかという二つの単純な問いを投げかけることで、私は歴史が詰め込まれた戸棚の中身を解き明かしていった。すぐにわかったことは、三幕構成の方法論は近代の発明品ではなく、もっと原始的な表現だということだった。近代的な幕構成は、観客の観劇空間が狭くなり、幕というものが発明されたことから出てきたものだが、何より興味深かったのは、五幕構成の劇作の歴史が、十九世紀のフランスの劇作家ウジェーヌ・スクリーブやドイツの作家グスタフ・フライタークから、モリエール、シェイクスピア、ベン・ジョンソン、さらにはローマ時代にまでさかのぼるものだったということだ。やがて私は、もし本当に原型が存在するのなら、こうしたものは単に脚本のみならず、あらゆる物語構造に当てはめてみなければならないと思い始めた。すべての物語はパターンに従っているという主張もあれば、何にも従っていないという主張もある。本当にストーリーテリングに原型があるのなら、そのことはおのずから明らかになるはずだ。

これはたくさんの興味深い派生物を生む調査だった。最初は映画とテレビドラマに焦点を絞った結果、次のようなことがわかってきた。

- どのように物語構造が機能するのか（単独主人公のみならず、複数主人公のドラマにおいても探求した）
- 主人公が能動的でなければならないのはなぜか
- 物語構造の原理は、テレビドラマにおいてはどのように機能するのか（これまで以上に詳細な点まで突き詰めた）
- ナレーションがどのようにドラマをだいなしにするか
- ドラマの最終回直前の段階で、たくさんの登場人物が死ぬのはなぜか
- ほとんどの警官が一匹狼なのはなぜか
- シリーズドラマの寿命には限りがあり、通常は三年以内。なぜそれ以上続けると、過去の放送のパロディに陥る危険があるのか
- 人物描写は演劇的構造から生まれるというばかりでなく、いかに構造そのものに不可欠なものであるか

とはいえこうした発見は、もっと重要な何かに付随するものであるようにも思われてきた。脚本術の基本的な探求として始めてはみたものの、これらは徐々に、あらゆるストーリーテリングの中心に向かう歴史的、哲学的、科学的、心理的な旅に変化していき、さらにそこから、物語構造とは構築するものではなく、人間の心理学、生物学、物理学から生まれてきたものだという認識に向かっていった。

本書『物語の「森」を抜けて』において、私はこの物語構造のとてつもない美を探り、解き明かしていこうと考えている。物語構造の歴史的な発展に触れながら、こうした構造がなぜ、どのようにしてフィクションのあらゆる面に表出するのかを、登場人物から台詞、そしてその先まで理解していきたい。本書では、よりなじみのある事例として主に映画を参照していくが、さらにテレビドラマも取り上げ、『アプレンティス／セレブたちのビジネス・バトル』や『Xファクター』などのリアリティ番組との関係を見たりするばかりでなく、人々がいかに歴史を語り、芸術や広告を伝えてきたかにも触れる――これに加え、裁判において被告が有罪か無罪かの意見を形作るやりかたにも言及する。なぜ『Xファクター』は大成功をおさめたのか？　一部の近代芸術は、どうやって騙されやすいパトロンから金を搾り取ったのか？　バーミンガム・シックスと呼ばれた冤罪の犠牲者たちは、なぜ当初有罪だと考えられたのか？　結局、すべては物語が関わる話なのだ。

長い旅ではあったが、いまようやく言えるのは、こうした物語は根源的な構造から形作られる、ということばかりではない。さらに重要なのは、なぜこの構造が存在するのか、なぜ誰もが学ぶこともなしにそこから完全な物語を複製できるのか、その説明が可能になったということである。九歳の少年が、何もないところからどうやって完璧な物語を生みだせるのか？　これは重要な問いだ。この答えがわかれば、物語構造そのものの真の形と目的を、それが存在する真の理由を解明することができる。これまで、どんな脚本術の教師も問いかけてこなかった問いのはずだ。

ただ、それは知る必要があることなのだろうか？

> 人々は（映画理論から）解放されるべきで、彼らの物語、彼らの人生、彼らの感情、彼らが世界に対して感じていることを、コルセットに当てはめる必要はない。不幸なことに、映画業界の八割が、知識不足の人間によって動いている。ジョーゼフ・キャンベルやロバート・マッキーを読んだ連中が、ヒーローズ・ジャーニーについて語りかけてくるものだから、思わずそいつのチンポコをぶった切り、口に突っ込んでやりたくなる。◆05

ギレルモ・デル・トロのこの言葉は、たくさんの脚本家や映画製作者の意見を代弁している。物語構造を学ぶことは創造的才能に対する背信行為であるという信条は、多くの人々に根深く染み込んでいる。平凡な人間は、霊感の源泉の代わりになるものをそこに求める、[06]と彼らは考える。こうしたことを学んでも、行きつく先は同じだ。デイビッド・ヘアーはいみじくもこう言っている。「観客は退屈している。映画が始まった瞬間から、使い古しのＵＣＬＡフィルム・スクールの常套手段――幕構成、アーク、人生の旅路――が予想できてしまう。ジョーゼフ・キャンベルの厚意で使用を許可された、大量の初心者向けユング心理学を並べ立てられて、観客は怒り、侮辱を感じている。いまでは、偉大と見なされる作品はどれも、ジャンルを外れたものばかりだ[07]」

ハリウッドで形式の境界を誰よりも押し広げてきた映画人のひとり、チャーリー・カウフマンはさらに手厳しい。「誰もが頼りにしている内在的な物語構造、三幕構成だとかなんとか呼ばれているものがある。あまり興味はない。実のところ私は、脚本を書くたいていの人々などよりも、たぶんずっと構造に興味を持っていると思う。なぜなら、私は構造について考えるからだ[08]」。とはいえ、彼らは反発しすぎだ。アルコール依存症を扱ったヘアーの戯曲『マイ・ジンク・ベッド（My Zinc Bed）』や、カウフマン脚本の映画『マルコヴィッチの穴』は、観ればわかるが、完璧な古典的物語形式の好例だ。どんなに物語構造を嫌っていようと（その怒りは本音に背いているようにも見えるが）、それでも彼らは自分たちが罵倒する青写真に従わざるを得ないのだ。なぜか？

なぜなら、すべての物語は同じひな型から形作られるものであり、書き手にはその物語構造を使う以外に選択の余地がないからだ。この先本書で示していく物理学の法則、論理学の法則、形式の法則は、いかなる書き手も追随しなければならない同じ道筋だ。このひな型とはどんなものか、なぜ書き手はそれに従うのか。人はなぜ、どのようにして物語を語るのか。それが本書のテーマである。◆09

ただ、それがストーリーテリングの魔法の鍵だと決めつけるような、傲慢な考えには慎重さが必要だ。整理し、説明し、分類したいという衝動は、言ってしまえば鉄道マニア的な傾向だ。物語の豊かな多様性、並外れた多面性を否定することは、ジョージ・エリオットの小説『ミドルマーチ』に登場する、人生を説明するための学問に没頭しながら人生そのものに背を向ける活気のない男、カソーボンのやっていることとたいして変わらない。驚異を薄めて科学的な定式にまとめ、虹を解体したいという誘惑にはそそのかされないほうがいい。

それでもそこにはルールが存在する。『ザ・ホワイトハウス』の製作者であるアーロン・ソーキンはこう言っている。「真のルールは演劇のルールであり、アリストテレスも言っているルールだ。テレビ局の愚かなお偉方が、『こんなことはできない、こうしなきゃならん。三幕のあれとか五幕のこれとかが必要だろう』などと言ってくるのは、ドラマの偽ルールにすぎない。まったく馬鹿げている」◆10。ソーキンが言っているのは、偉大な芸術家なら誰でも知っていることだ――芸術家は技を理解しなければならない。芸術の構成要素のどんな形式にも、言語と同じように文法があり、その文法、その構造はただの構築物ではない。人の心の動きから生まれる、最も美しく最も繊細な表現なのだ。

書き手がこの物語構造を理解する必要はない、と主張することには大きな意味がある。一流の書き手の多くは、物語の形を無意識につかめる不可思議な能力を持っている。九歳児と同じように、自分の頭の中にその形を持っているからだ。本書は、それを意識的に使うことを勧める本ではない。本書の目的は、物語の形を探求・分析し、それがなぜ、どのように存在するか探り、なぜ子どもにでもたやすく物語が書けるのか、なぜ子どもがそのルールに従うことができるのかを知ることにある。

こうしたルールが助けになることに、疑いの余地はない。フリードリヒ・エンゲルスは明快に「自由とは必要性の認識である」◆11と言っている。拍子や調を知らずにピアノを弾いても、すぐにつまらなくなってしまう。形式の慣習に従うことが、ベートーベンやモーツアルトやショスタコービッチの邪魔になったとは思えない。ルールを破るにしても（破ってはいけないなどと考える必要もない）、まずはルールに基づいた基礎固めをする必要はある。美術における モダニズムの先駆者――印象派や抽象主義、キュビスム、シュルレアリスム、未来派など――は、どれも具象画に熟練した芸術家たちが、形式を壊すことで始めたものだ。自分の制限領域を知らなければ、それを超越することもできない。優れた美術評論家のロバート・ヒューズは、次のように述べている。

ここ百年の大物芸術家は、スーラからマティスまで、ピカソからモンドリアンまで、ベックマンからデ・クーニングまで、ほぼ例外なく「学問としての」デッサンを叩き込まれている（もしくはみずから叩き込んでいる）――結局のところ、近代主義の真の形式的偉業の基礎となるのは、容赦のない現実のモチーフとの長きにわたる格闘だけなのである。この方法によってのみ、継続的な伝統の中での正しく急進的な歪みを得て、その結果を即興的な演奏レベル以上のものに押し上げることができる。……モンドリアンの正方形やグリッド線の哲学的な美は、過去に描いたリンゴの樹の経験主義的な美から始まっているのだ。◆12

映画やテレビドラマには、構造的にオーソドックスとは言えない作品がたくさんあるが

（特にヨーロッパの作品）、そうした作品でもしっかりと普遍的な原型構造に根を張って反応している。ヒューズが言うように、それは継続されてきた伝統を意識的に歪ませたものだ。巨匠は構成要素の基礎教義を棄てたりはしない。現実味に縛られない芸術作品に、その教義を組み込んでいるだけだ。音楽、演劇、文学、美術など、どんな分野においても、偉大な芸術家たちはみな、意識的にか否かに限らずルールを理解している。古代中国にはこんな格言がある。「絵を描くには目、手、心が必要である。どれが欠けてもいけない」

本書は「物語の書きかた」マニュアルではない。そのための教師はすでにたくさんいる。本書は、表向きは演劇的物語構造の本だ――テレビドラマや芝居や映画のための。とはいえ、特殊な要点を示すため、ジャーナリズム、詩、小説の例を引くこともある。映画の事例をよく用いるのは、単にその作品が有名、もしくは入手しやすいからで、この構造原理が映画に特有のものだというわけではなく、はるかに古くからあるプロセスが新しいテクノロジーで表現されているというだけのことだ。映画やテレビドラマを探求することの面白さは、たやすく分析できるというだけでなく、この分析が少々バリウム検査に似ているということにある。正しく使えば、すべての物語構造のみならず、すべての物語作品――フィクションもそうでないものも――に光を当てることができる。作品の中身をこじあけ、人々が知覚するすべての経験の表現方法を、明らかにすることができる。映画やテレビドラマの物語構造が本書の基盤となるが、それによって明かされる意味合いや教訓は、さらに幅の広いものとなる。

ストーリーテリングは、人間にとって必須の関心事であり、誰にとってもほとんど呼吸と同じぐらいに大切なことだ。焚き火を囲んで神話を語った時代から、ポスト・テレビ時代の物語の急拡大まで、物語は人々の人生を支配している。それを理解しようとすることは、われわれの務めと言ってもいい。ドラクロワは、知識への恐れを簡潔にこうつっぱねている。「職人になるためにはまず学ぶことだ。学んだからといって、天才になれなくなるということはない」。どの時代の物語においても、必ず登場してくるモチーフがひとつある——人に生命力を与える秘密を隠し持った、暗い森への旅だ。その森に何がひそんでいるか、本書で見つけていこうと思う。すべての物語はここから始まる……。

第一幕

家

1 物語とは何か？

「むかしむかし、あるところに……」

出だしのこのフレーズを読めば、これから自分が物語の舞台と出会い、そこでさまざまな出来事が起きるのだということがたちどころにわかる。だいたいの人間がそう思うはずだ。物語についての基本的な言葉、物語の定義そのものだ。「むかしむかし、これこれこういう場所に、こういうことが起きました」。もちろん、これから触れるとおり、もっと複雑な説明も出てくるが、ここまですべてを包括している単純な言葉はないだろう。

原型的な物語は、まず中心的な登場人物、いわゆる主人公を紹介し、読者が主人公と一体化するように誘いかける。主人公は、物語における読者の実質的な化身となる。読者は主人公を自分に重ね合わせ、それを通じて物語を体験する。主人公が危機に陥れば、読者も危機に陥る。主人公が熱狂すれば読者もそうなる。『トランスフォーマー』シリーズや、テレビドラマ『シークレット・アイドル ハンナ・モンタナ』を観ている子どもを観察してみるといい。子どもたちの感情が視聴の過程で変化し、自分を重ねている架空の人物の運不運と切り離せなくなっていくさまには、目をみはるものがある。

そんなふうにして、読者は中心的な登場人物を得て、彼らに感情移入する。その彼らに何かが起き、それが物語の始まりとなる。ジャックは豆の木と出会う。ジェームズ・ボンドはブロフェルドが世界征服を企んでいることを知る。この「何か」は、ほとんどの場合厄介事だが、厄介事を装ったチャンスの場合もある。たいていその何かが、主人公の住む世界をおかしくしてしまう。彼らの正常で着実な生活ペースに、なんらかの爆発が起きる。アリスはウサギの穴に落ちる。『MI-5 英国機密諜報部』のエージェントたちは過激派テロリストの陰謀に気づく。ゴドーは現れない。

主人公は解決しなければならない問題を抱える。アリスは現実世界に戻らなければならない。エージェントたちは午後二時にロンドンのどまん中で爆弾が爆発するのを阻止しなければならない。ウラジーミルとエストラゴンはゴドーを待たなければならない。物語とは、彼らが与えられた問題を解決するために続ける旅だ。その途上で彼らは、自分についての新しい何かを知る。克服しなければならない一連の障壁にも直面する。物語の終わり間近では、すべての望みが潰えたように見えるが、ほぼまちがいなく望みは土壇場で復活し、最後の闘いがあり、敗色濃厚から一転して勝利をつかむ。

どんな物語においても、この形（もしくはその悲劇バージョン）がある程度機能しているのは見てとれるだろう。『エイリアン』や『ジョーズ』のように、大きく明確な形を示していることもあれば、『普通の人々』のようにそれとない形のこともあり、その形に対する反発的表現として出てくる場合もある（ジャン＝リュック・ゴダールの『ウイークエンド』のように）。それでも、必ずそこにあり、デル・トロ、カウフマン、ヘアーの作品にもあるものだ。特に古典的な犯罪ものや、病院ドラマの枠組内でははっきりとわかる。人が殺される、あるいは誰かが病気になる。刑事は殺人犯を見つけなければならず、医者は患者を治療しなければならない。こうした物語は文学における麻薬のようなものだ――あらゆる不純物が排除されたストーリーテリングであり、喜びの注射であり、最低限の努力で最大限の見返りが得られる。刑事もののフィクションが人気なのはそのせいだ。どんな物語においても大なり小なり現れる統一的なファクターは、特にこうしたジャンルではいちばん活用しやすい。

だが、問題とその答えの探索が物語の枠組を作るとすれば、物語は実際にどんな要素から構築されているのだろう?

必要不可欠な構築ブロック

主人公

主人公は物語の中心にいる人物である。通常は誰がそうか明白にわかる。バットマン、ジェームズ・ボンド、インディアナ・ジョーンズ。複数の主人公がいる物語であればわかりにくいこともあるが（テレビドラマ『イーストエンダーズ（EastEnders）』やロバート・アルトマンの『ショート・カッツ』のように）、つねに観客がいちばん気にかける人物が主人公だ（少なくとも主人公が正しく機能しているうちは）。

とはいえ、ここですでに難しい問題がある。「気にかける」とはしばしば「好き」と同義に解釈されがちで、そのためたくさんの脚本家のもとに「主人公を善人にしてほしい」というメモが（執筆活動をしないお偉方から）回ってきたりする。テレビドラマ『ブルックサイド（Brookside）』の脚本にも参加し、イギリスでも最も成功した映画脚本家のひとりであるフランク・コットレル＝ボイスは、かなり強くこう主張する。「共感は、業界幹部にとってはクラック・コカインのようなものだ。私も、よく書けた自分の脚本を、共感マニアの幹部に一度ならずだいなしにされたことがある。もちろん、観客には登場人物と心理的つながりを持たせる必要があるが、その人物を是認する必要はない。登場人物が何かひどいことをすると、ハリウッドはすぐ弁明できる形にするよう要求してくる」◆01

人は『失楽園』に登場する悪魔のことが嫌いではない――むしろ大好きだ。完璧な邪悪の権化として面白いからこそ愛されるのだ。親切な登場人物はつまらなくなりがちで、短所や不愉快な部分が何もなければ、人を惹きつけることもない。荒削りな部分や暗い部分があるほうがずっと興味をそそるし、人はそういうのが大好きだ。自分では認めていないとしても、そうしたものは人の心の奥深くに触れてくる。『グランド・セフト・オート』や『コール オブ デューティ モダン・ウォーフェア』などのゲームをやったことがある人間（何百万人といるはずだ）なら誰でも、文字どおりのアバターに入り込んで、邪魔な誰かを殺したり、ひどい傷を負わせたり、破壊したり、眠らせたりしている。人は誰の頭の中にも入っていける。劇作家のデイビッド・エドガーは、ナチス・ドイツの建築家アルベルト・シュペーアを題材とした自分の戯曲の正当性を、次のように説明している。「恐ろしい真実——良くも悪くも恐ろしい真実なのだが、偉大な演劇作品の多くが観客に求める反応は、『はい、それで結構です』でもなければ『いいえ、私はちょっと』でもなく、『私と同じですね？』なのだ。さもなければもっと現実的な言葉、『神のおかげだ、私は運が良かった』だ」◆02

だとすれば、感情移入の鍵は、礼儀正しさでも品行方正さでもない。よく言われるように、動機を理解できればいいというものでもない。確かに、登場人物の行動の理由がわかれば、観客はよりその人物を好ましく思うというのはある。だが、それは感情移入の兆候ではあるが、根本的な理由ではない。観客が共感できるかどうかは、その人物が観客の無意識に近づき、結びつきを生みだすことができるかどうかにかかっている。

フィクションの警官、それに医者もそうだが、なぜ彼らは一匹狼が多いのだろう？　脚本家が怠惰なだけかもしれないが、特定の登場人物の特徴が広く行きわたったせいなのだろうか？　『THE KILLING／キリング』の視聴者の多くが、サラ・ルンドにどうしようもなく惹かれるのはなぜなのだろう？　三文小説の似たタイプの登場人物と同様、サラもルールを破り、上司の言うことを無視し、その意向に背いて動く。上司からは「二十四時間以内に手を引かないと、君をこの事件からはずす」と言われる。なぜサラのような一匹狼は、人気が出るのだろう？　おそらく、誰もがときおり同じ気持ちを感じるからだ。自分のまわりには、愚か者や、頭が硬くて官僚主義的な上司や、上役の顔色ばかり見て目の前の真実が目に入らない、創造性のない同僚しかいないと考えたことは、誰にでもあるのではないか？

架空の登場人物の頭の中に入ることが感情移入だとすれば、当然、自分と似た感覚を持っている頭のほうが入っていきやすい。サラ・ルンドが上司の言い分を拒否するのを見た視聴者は、「自分もそうできたらいいのに」と考える。『コール・ザ・ミッドワイフ ロンドン助産婦物語』でミランダ・ハート演じるチャミーを観ていると、つい彼女の不器用さに同情し、その無力さを自分に重ねてしまう。復讐を遂げる、自分の価値を証明する、あるいは（サラ・ルンド刑事のように）最終的に自分の正しさを証明する登場人物の生きざまを追体験するのは、非常に魅惑的だ。願望成就、慈善行為、自己破壊欲求の楽しみも侮れない。『シンデレラ』の普遍性や、マーベルのフランチャイズ作品の世界的支配力はその典型だ。スパイダーマンになることにあこがれる人々の中には、必ずピーター・パーカーがいる。人々のお気に入りのキャラクターとは、暗黙のレベルにおいて、良くも悪くも、醜い部分までも含めて、自分がなりたい人物の具現化なのだ。人はアドルフ・ヒトラーにも感情移入できると言われればたじろがれるかもしれないが、『ヒトラー 最期の12日間』を観れば可能なことなのがわかる。優れた脚本家は、観客を誰とでも結びつけてしまえる◆03。

観客が物語のたくらみにとらえられる瞬間は、演劇全般における最大の魔法のような瞬間だ。いちばんよくわかるのは、劇場で芝居を観ているときだ。主人公が観客の内に入り込み、支配権を握った瞬間、劇場が静まり返る。感情移入についてはまた後述するが、『モダン・ウォーフェア』のゲーム内で虐殺が認められるのは、世界を救うミッションをおびているキャラクターがプレイヤー自身だからだということは指摘しておこうと思う。

ミッションは重要なパートだ。登場人物の目標や欲求から、彼らに関するたくさんのことがわかる。登場人物が、失われた聖櫃《アーク》をナチスから救いだしたがっている、あるいは、警察に追われてメキシコに逃亡したいのに、自分が性的暴行を受けたテキサス州を通る楽なルートは避けようとするといったことから、彼らの人となりがだいぶわかる。

原型的な物語は、例外なくひとつの必須の教義に定義される。中心となる登場人物には、能動的な目標があるということだ。彼らは何かを求めている。でなければ、登場人物に関心を持つのはほぼ不可能だし、関心を持つ理由もない。彼らは観客の化身であり、入口でもある。観客がいちばん勝利してほしい、報われてほしいと望む人物だ。また、観客は潜在意識の中で、自分の欲求に対する深い自虐性を持つことがあるため、登場人物が罪を犯せば罰を受けるべきだと感じがちだ。登場人物は実質的に観客自身なのだ。

敵対者

さて、主要登場人物が常道を外れ、未知の世界に足を踏み入れざるを得なくなるような何かが起きるとする。豆の木が伸びてくる、患者が倒れる、殺人が起きる。こうした動きにはどれも結果がともなう。ここから、一般に「敵対する力」と呼ばれる[◆04]、登場人物が望みを追求するのを妨害する障害物が登場してくる。この力は、この最初の瞬間から物語のクライマックスに向かうまでのあいだに、累積的に増していく。

単純な刑事ものにおいては、敵対する力は殺人事件に、医療ドラマにおいては患者に触発されて生じる。これが主人公が克服しなければならない問題、もしくは障害となる。殺人犯や地球征服をもくろむ邪悪な黒幕の場合は、明白な敵対者となる。患者は敵対はしないかもしれないが、物語上の真の敵となる病気を具現化した存在となる。つまり敵対者とは、主人公が目標を達成するために打ち負かさなければならない、事象もしくは人物のことである。

敵対者は、刑事ものや「モンスター」ものはわかりやすいが、さまざまに異なった形で現れることもある。最も興味深いのは、それが主人公の内面にあるケースだ。臆病さ、アルコール依存、自己肯定感の欠如——どれも、主人公が達成感を得るのを妨げる、内的な障害として働く。これも後述するが、そうした障害は人物にリアリティを与える。敵対者が外部にあるもの（ジェームズ・ボンド・シリーズ）であれ、内的なもの（『潜水服は蝶の夢を見る』）であれ、その両方（『ジョーズ』）であれ、どれにも共通している点をヒッチコックが簡潔に総括している。「悪役が成功すればするほど、映画も成功する」◆05。ジェームズ・ボンド映画の中でも傑作とされるのは、最高の悪役が出てくる作品だ。敵対する力が有能であればあるほど、映画も成功をおさめる。

シンプルなスリラー作品においては、敵対者には他者の人生をコントロールし威圧したいという際立った欲求がある。コミュニティの道徳的規範にも従わない。たいていは利己心の権化のような存在だ。また、心身のどこかに問題を抱えているケースも多い。映画『007／カジノ・ロワイヤル』のル・シッフルの涙管の機能障害は、両手のないドクター・ノオや、第三の乳首を持つ『007／黄金銃を持つ男』のスカラマンガの現代版と言ってもいい。ポリティカル・コレクトネスの時代になってくると、身体的な障害（明らかに内面の問題を外面にも表現したもの）は、社会が許容範囲と見なすレベルまで減少した。敵対者が登場人物の内面に存在する場合も、同じ原理が適用されており、内面の敵は、登場人物の良い面に背いて機能する――つまりは良い面の障害になろうとする。登場人物のすべての対局に立つ。これが、物語構造のさらに深部で、何かが動いていることを暗示し始める。

ジェームズ・ボンドとブロフェルド、サラ・コナーとターミネーター、『ライフ・オン・マーズ』のサム・タイラーとジーン・ハント、『恥はかき捨て』のフィオナとフランクのギャラガー父娘、それぞれに共通するものは何か？「われわれはそんなにちがわない、私も君も」と、『ティンカー、テイラー、ソルジャー、スパイ』でカーラがスマイリーに言っている。「どちらも、おたがいの体制の弱さを探しながら生きているのだ」。

両者は何もかも正反対だ。『ダークナイト』[◆06]ではジョーカーが、彼にしては意外にも物語構造を把握しているかのように、バットマンにこう言っている。「おまえが私を完成させる」。このことはまた後述するが、いまのところは、敵対者のすべての力は、主人公の人生に欠けている資質の具現化だということを指摘するだけにとどめておこう。

欲求

欲しいものがない登場人物は受け身になる。受け身になった登場人物は、死んだも同然だ。主人公を動かす欲求がなければ、書き手がその人物を生かすことも、物語を語ることもできないし、たいていの作品は退屈になる。アーロン・ソーキンは簡潔にこう言っている。「誰かが何かを欲しがり、それを手に入れる道筋に何かが立ちはだからねばならない。そうすることでシーンが生まれる」[◆07]。

まず基本として、すべての物語はそういうものだ。登場人物は欲求に動機づけられているという考えを初めて主張したのは、ロシア人の俳優、演出家、演劇理論家のコンスタンチン・スタニスラフスキーだ[08]。実際の人生と同じように、登場人物もそうだ。人はみな、それが小さくて取るに足らないものであれ、毎日、毎分、目的によって動かされている。でなければ、誰も寝床から出ようとはしないだろう。円卓の騎士たちは、聖杯の存在を知って初めて生き生きとしだすし、それはどんな登場人物も同じだ。ニモを見つける、「地獄の猛火《タワーリング・インフェルノ》」を消す、汚名をそそぐ、泥棒をとらえる——与えられた目的を積極的に追わないかぎり、登場人物は死んだままだ。『イーストエンダーズ』の登場人物たちは、「すべては家族のため」という言葉をいつも唱えている。その言葉が奮闘する理由を与えてくれるからだ。その言葉が彼らに目標を与える——彼らに息を吹き込む。「君の欲しいものを言ってみたまえ」と、アントン・チェーホフは言っている。「そうすれば、君がどんな人間か言い当ててみせよう」[09]。

当然、注意しなければならないことはある。主人公が愛や幸福を求めるだけでは、あまりに漠然としてつかみどころがなく、充分とは言えない場合もある。欲求の対象に形を与えている人気作品は多い。主人公が「ジュリエット」や、「ゴドー」や、「失われたアーク」を求める。特に映画やテレビドラマでは、欲求は単純で形があり、たやすく説明できるもの、目に見えたり手に取ったりできる戦利品として描かれることが多い。『レイダース』において世界を救うのは、失われたアークだけだ。『ノッティングヒルの恋人』では、愛はアナ・スコットの心の中に見つかる。『市民ケーン』は「バラのつぼみ」という言葉の意味を探る新聞記者の使命の物語で、『地獄の黙示録』のウィラード大尉はカーツ大佐を殺したがっている。テレビのシリーズドラマでは目標が週ごとに変わるが、ほとんどの場合、主人公の目標は、世界を救う、維持する、拡大するための使命が物理的に具現化されている。

単純な使命（サメを殺す）であろうと、深遠な使命（チャンネル4製作のテレビドラマ『ザ・プロミス（The Promise）』における鍵の返却）であろうと、基調となる「聖杯探求」の構造は明白だ。警官は殺人犯を捕まえたい、医師は患者を治したい。実のところ何が目的かは大きな問題ではなく、その重要性は目的を追う側が与えるものだ。『北北西に進路を取れ』では、誰もがただ内容もよくわからないマイクロフィルムを追いかけている。これについてもヒッチコック自身の話を聞けばよくわかる。「（われわれが）スタジオで「マクガフィン」と呼んでいたものがある。「マクガフィン」とは、どんな物語においても普通は登場する、機械的な要素のことだ。泥棒の出てくる物語ではたいていネックレス、スパイものなら書類だ◆10」。

つまり聖杯はどんな物体でもいいのだが、もうひとつ注意すべき点がある。成功した戯曲や映画や小説は、ほとんどの場合、人間の根源的な欲求の物語である。成功（『キューティ・ブロンド』）、復讐（『フォーリング・ダウン』）、愛（『ノッティングヒルの恋人』）、生き残り（『エイリアン』）、家族や家を守る（『わらの犬』）。だからこそ、人は物語を貪欲に消費する。愛、家、帰属意識、友情、生き残り、自尊心などは、人間にとって最も重要なテーマだからこそ、くり返し物語に現れるのだ。ゾンビに支配された世界で生き残った人々の小集団が戦う、米国ケーブルテレビのシリーズドラマ『ウォーキング・デッド』は、こうしたすべての要素を非常にはっきりと具現化している。ひとつのいちばん重要な欲求――生き残って繁栄すること――のほか、各話ごとに、屋根から降りる、銃を手に入れる、家族や行方不明の女の子を見つけるなどの二次的な目標が用意されている。どんなドラマでもそうだが、登場人物が安全を求めたり、それをおびやかすものを打ち負かしたりする姿を、視聴者はまるで自分でやっているかのように鑑賞する。

ドラマの始まりで主人公に「何かが起きる」と、その何かは、そこにあった安全をなんらかの形で阻害する。主人公は当然警戒し、状況を修正しようとする。主人公の「欲求」は、再び安全を見いだすことだ。しかし主人公は、しばしばまちがった場所で安全を見つけようとする。登場人物が自分たちにとって良いと思ったことが、実際には想像と一致しないこともよくある。これも後述するが、この不調和は、物語構造の基本教義であるようだ。なぜなら、それが外的な欲求と内的な欲求のあいだに、争いを生みだすからだ。

外的欲求と内的欲求

ハリウッドの大作には、理屈抜きのエキサイティングな作品も多い。期待を高めて観客を焦らし、苦もなく理解できる作りにして、セックス、バイオレンス、ロマンス、復讐、破壊、栄光の喜びの疑似体験を、魅惑的な華々しさでほのめかす。技術的には見事で、ときには深い感動を呼ぶこともあるのだが……空っぽの体験のように感じられることが多いのはなぜだろう？　なぜ長く心に残らないのだろう？　かすかな落胆や居心地の悪さ、糖分過剰な後味が残ることが多いのは、なぜなのだろう？
その答えは、ほかの多くの答えと同様、どうやら物語構造の中にひそんでいるようだ。ハリウッドの大作は、いくつか例外はあるものの、平面的なのだ。欲求が単純すぎる世界なのだ。主人公が求めているものは、「ビルを殺す」だったり、ユニコーンの秘密を見つけることだったりする。そうした目標を追い求める場合、複合的な主人公であろうと何も変化しない。

皮肉屋なら、それはシリーズものの需要のせいだと言うかもしれない――ジェームズ・ボンドにはどの作品でも同じようでいてもらいたいからだと。だが、ボンドは特殊なキャラクターだ。より深みのある原型を、精錬し、単純化し、水素添加して凝固させている。◆[11] 白パンのようなものだ。不純物を取りのぞき、消化しやすくしてある。物語のスリルへの需要に応じつつ、より厄介で不穏な要素を差し引いた商品――単純さや反復を好む人々の欲求から生まれたものなのだ。ボンドは、変化しないからこそ平面的なのである。観客がボンドをくり返し楽しめるのは、あらかじめ三次元から二次元へと処理されているからだ。ボンドはただ欲する。純粋な欲求の権化だ。三次元的、つまり立体的な登場人物は、なんらかの形で変化する。彼らが得るものはもっと深い。こういった登場人物には、欲しいものと必要とするものとがあり、両者は必ずしも同一ではない。

テルマとルイーズは、映画の冒頭では、保守的な米国社会で住宅ローンを抱え、暗い人生を生きている。『善き人のためのソナタ』のウィースラー大尉は、旧東ドイツの国家保安省（シュタージ）の諜報員で、共感が存在しない世界の住人だ。こうした場所でこそウィースラーは活躍する。その意志力も決断力も恐ろしいほどだ。

テルマもルイーズも、そしてウィースラーも、全員欠点のある人間で、この「欠点」、もしくは何かの欠如という概念が、立体的なストーリーテリングにはまぎれもなく重要だ。ウィースラーは人のことを気にかけてなどいられない。テルマとルイーズは知らず知らずのうちに抑圧されている。このように内面化された特徴は、各登場人物が克服しなければならないものだ。それを完全に認識するために、彼らは人生の旅を続ける必要があり、そうして自分の弱さや内なる欠点を乗り越えていく。

登場人物の欠点や必要なものは、望むものや欲求と同じではない。ウィースラーは、自分が素行調査をしている反体制的なカップルが、罰を受けることを望んでいる。テルマとルイーズは警察から逃げ、メキシコへたどりつきたいと望んでいる。どちらの映画の登場人物も、旅を続けるうちに、自分が望むものが、自分が必要とするものの対極にあることに気づく。メキシコへ行っても、反体制の二人を投獄しても、彼らに足りないものは埋められない。

ロシア・フォルマリズムの研究者であるウラジーミル・プロップは、どんな物語でも主人公が最初の段階で失っているものについて、いくぶん美しい言葉で「欠如」と表現したが、この欠如こそ立体的な物語が有効活用するものだ。登場人物は自分の欲しいものを探しているうちに、自分が必要とするものに気づく。欠如はもはや欠如ではなくなる。登場人物は自分の欠点を乗り越え、完全体となる。

登場人物が自分の欲しいものとともに必要な物を手に入れることもありえなくはないが（『エイリアン2』や『スター・ウォーズ』でそれが起きているのは確かだ）、もっと普遍的で力強い真の原型的な物語が生まれるのは、初期段階の自我主導の目標が捨てられ、かわりにもっと重要な、人の成長をうながす必要不可欠な何かが求められたときだ。『ロッキー』、『カーズ』、『プライベート・ライアン』、『リトル・ミス・サンシャイン』、『ミッドナイト・ラン』、『トッツィー』などの映画では、主人公は自分が知らず知らず求めていた目標を見つけだす。そうした物語の形がなぜ現実味をおびて見えるのかは、またのちほど議論しようと思う。とはいえ、より単純な原型を、不必要に厳しく断罪するべきではない。

刑事ものや犯罪もののフィクションは、つねに人気がある——「騎馬警官は必ず犯人を捕まえる」といわれる場所ならどこででもだ。結局のところ、観客が主人公と一体化し、正しいのは自分たちだ、われわれを取り巻く愚か者全員のほうがまちがっている、と代理の人間に言ってもらうのは、なぐさめになることにはちがいない。ただ、そういったことは、過剰に言ってもらうべきではないのかもしれない。立体的な水準で作られ、最初の望みが主人公の手に入らないような映画こそ、より深い影響力を及ぼすものであり、だからこそもっと深いところで人の心をつかむことができる。こうした映画は、平面的な大作映画を白パンとするなら、全粒粉の小麦で焼いたパンのようなものだ。大作がいかに面白くとも、『宇宙戦争』、『インデペンデンス・デイ』、『デイ・アフター・トゥモロー』などが、くり返し鑑賞される耐久力を生みだすのは難しい。

登場人物はつねに欲しいものを手に入れるべきではなく、必要なものを手に入れるべきなのだ――彼らにその資格があるのなら。必要なものや欠点は、まずたいてい映画の冒頭で提示される。一方、欲しいもののほうは、「契機事件（インサイティング・インシデント）」が起きて初めて明らかになる。

契機事件◆12

どんな物語にも、「もし……したら？」という前提がある。

吃音のある君主が、植民地の一匹狼から教えを受けるとしたら……。

ムンバイのスラム街生まれの青年が、『クイズ$ミリオネア』で不正を働いていると告発されたら……。

廃品回収ロボットが、故郷の惑星から連れ去られたら……。

この「もし……したら」は、ほぼ必ず契機事件（インサイティング・インシデント）のことであり、契機事件とはどんな物語でもつねに起きる「何か」のことだ。むかしむかし、どこどこで、何かが起きました……の「何か」だ。

映画『長く熱い週末』のハロルド・シャンドは、ロンドンの荒れた波止場地域の開発をもくろむギャングだ。ハロルドはマフィアをロンドンに呼んで自分たちの投資を守らせようとしていたが、ハロルドの母親をイースターの礼拝に連れていった部下のギャングが、突然なんの前触れもなく、教会の外に停めていた車もろとも爆殺されてしまう。

ハロルドの世界は文字どおり吹き飛ぶ。これが契機事件――もしくはその一部だ。なぜなら契機事件とは、欲求を目覚めさせなければならないものでもあるからだ。物語の形に戻ってみよう。問題が生じる。解決策が求められる。ハロルドの解決策は、加害者を見つけだして始末することだ。「真夜中までに、そいつらを血のしたたる骸にしてやる」と彼はつぶやく。それがハロルドの「欲しいもの」であり、この映画はそれを描く。

契機事件は、つねに主人公の欲求の触媒となる。『カジュアルティ』や『脳外科医モンロー』では、治療を求めてやってくる患者がそうだ。『刑事ジョン・ルーサー』や『ウェイキング・ザ・デッド迷宮事件特捜班』においては、「誰が私にこんなことを?」と問いかけてくる死体がそうだ。厳密に言えば、「むかしむかし、どこどこで、何かが起きました……」とは、「そしてそのせいで、私はこれをしようとしています……」の前提となるのが物語なのだ。

契機事件の詳しい構造については、のちほどまた探りたい。現時点では、一八〇八年にA・W・シュレーゲルが、契機事件について初めて成文化を試みたことについて知っておけばいいだろう。シュレーゲルは契機事件のことを、「最初の決意」と呼んだ。◆13 これを映画の予告編のテーマと考えればわかりやすいかもしれない。その瞬間から旅が始まるのだ。

旅路

途方もない成功をおさめた画期的な続編映画、『ターミネーター2』で脚本・監督を務めたジェームズ・キャメロンは、シュワルツェネッガーのキャラクターに二つの大きな変化を加えた。悪役からヒーローへの転換は、「アーニー」・シュワルツェネッガーが「ファミリー向け」スターの地位を獲得することに貢献したことに議論の余地はないが、それよりはるかに重要な変化は、このキャラクターが大きくアップグレードしたことだった。Ｔ2、すなわちターミネーターのニューモデルは、前のターミネーターとは異なり、環境や体験から学習するようにプログラムされていた。ターミネーターが内的に変化する能力は、脚本にも巧みに組み込まれた。

前述のように、内面の変化は登場人物を興味深いものにし、作品にも切れ味をもたらす。『００７／ロシアより愛をこめて』と『００７／カジノ・ロワイヤル』、『ターミネーター』と『ターミネーター2』とを比べてみてほしい。どちらの組み合わせも、前者は素晴らしく巧妙にできた作品だが、後者にははるかに深みや共鳴が感じられる。主人公が目標を追う中で、後者の映画の旅路は理屈抜きのスリルを超越し、観客の感覚のみならず、もっと深い内面の何かに触れてくる。どちらの続編も、主人公の表面的な欲求は満たされないが[14]、そのせいでさらに深い無意識の内的渇望に向かうことになる。

登場人物は自分に必要なものを得る。観客は、追い求める何かが現れるのを期待しているうちに、別のものに直面する。伝統的な世界観は強化されず、偏見が再確認されることもない。そのかわり、主人公の、そして観客の世界観は再編される。文字どおりにも、比喩的にも、観客の心は動かされる。

キャメロンは同様のトリックを『エイリアン2』(第一作の始まりの前に)でも使っている。◆15 ヒロインのリプリーは、深宇宙から救出されてハイパースリープから目覚め、地球に残してきた娘が、年老いて死んだことを知らされる。十一歳の誕生日には帰ると娘と約束していたリプリーは、罪の意識にさいなまれる。リプリーの表向きの望みは、小惑星に行ってエイリアンを壊滅させることだが、そこで見つかった孤児のニュートを受け入れ、再び自分の母親としての力を示そうとすることが、リプリーの根源的な望みとなる。彼女が外的な欲求から逸脱することはないが、それを追うあいだに、重要だが予期していなかった何かを学ぶことになる。第一作の『エイリアン』以前には、女性のアクションヒーローがあまり見られなかったこともそうだが(まだビデオゲーム『トゥームレイダー』のララ・クロフトが出現するよりもずっと前の話だ)、ハリウッドの大ヒット作の主人公がこうした内的な変容を遂げることは、当時はまだめずらしいことだった。

内的、外的にかかわらず、冒険は、あらゆる原型的な物語の不可欠な構成要素であり、おそらく内外どちらにも最も実りをもたらすものだ。こうした冒険の中心ではなんらかの変化が起きるが、最終的にどう変化するかを選ばなければならないのは主人公なので、そこで選択も生じる。これを明確に具現化するのが、「危機的状況」である。

危機的状況

危機的状況とは、ある種の死だ。主人公に近しい誰かが死ぬ（『ゴッドファーザー』）、主人公自身が死にかける（『E.T.』）といったケースもあるが、いちばん一般的なのは、すべての望みが潰えるという状態である。米国のテレビのシリーズドラマでは、こうした状態を「最悪の事態《ワーストケース》」と呼び、◆16 BBCの連続ドラマでは「最悪の地点《ワーストポイント》」という言葉がほぼおなじみになっている。そう呼ばれるだけのことはある。いかなる脚本においても最大級の危機が生じる地点であり、視聴者が画面に向かって「ええっ、ウソ！」と叫び、主人公が「その場を脱する」ことなど不可能に見える瞬間だ。また、一話完結型のドラマでは、危機的状況はほぼまちがいなく最後のコマーシャルの前に登場する緊張の場面であり、『イーストエンダーズ』の全エピソード、一九六〇年代の『バットマン』のテレビシリーズ、一九四〇年代の米国の『スーパーマン』や『フラッシュ・ゴードン』の連続活劇では、エンディングで必ず見られるものだ。

危機的状況は、主人公の最後のジレンマが具体化し、物語の最も重要な問い——主人公はどういう人間なのか？——に直面する瞬間に生じる。主人公は逃げられそうもない穴にはまり、選択肢を提示される。『スター・ウォーズ』では、オビ＝ワン・ケノービの死に動揺するルークが、コンピューターかフォースかの選択を迫られる。『カサブランカ』では、リックがイルザを逃がさなければ、(暗黙のうちに)世界を破滅させることになる。『エイリアン2』のリプリーは、ニュートを救うか自分自身を救うかの瀬戸際に立つ。ジェームズ・ボンドですら、ドクター・ノオと戦わない選択肢が与えられる。

正確に言えば、この選択の瞬間は、主人公が必要とするものや自分の欠点に直面させられる瞬間なので、主人公にとっては最終試験のようなものだ。たとえば、バニヤンの『天路歴程』的な構造を持った『スター・ウォーズ』においては、ルークは少年のままでいるか男になるかの選択を迫られる。『カサブランカ』のリックは、自分の自己中心主義(「俺は誰のためにも危険を冒したりはしない」)と対峙して克服しなければならないし、『エイリアン2』のリプリーは、ニュートを救う選択をすることで、自分が再び母親になれることに気づく。テレビドラマにもまったく同じ構造が見られる。『glee／グリー』の最初のエピソードで、フィンはグリークラブとアメフトチームのどちらに入るかの選択を迫られ、ウィル・シュースターはクラブと自分のキャリアのあいだで選択を強いられる。この構造設計の巧みさは誰にでも見てとれる——つまり、外部的な敵対者は、主人公が最も恐れていることの具現化なのだ。外部の敵を乗り越えるためには、内部の弱点を克服しなければならない。

そんなわけで、死の悪臭ただよう危機的状況とは、どれも主人公が古い自己を葬り去り、新しく生まれ変わるチャンスなのだ。変化を拒み、これまでの自分に戻るのか、それとも心の奥底の恐れと向き合い、それを乗り越えて報いられるか、それが主人公の選択ということだ。死を選ぶこともできるし、生まれ変わるために自分を殺すことを選ぶのも可能だ。二〇一一年の『ザ・マペッツ』で危機に立たされたゲイリーは、「僕は人間なのか、それともマペットなのか?」と歌い、こうした重要な構造的ポイントにおいて主人公が直面する典型的なジレンマを、口に出して明確に表現する。「人間」であることは、人けのない道を旅するようなものだ――選択は非常に難しい。

アジャンクールの戦い前夜のヘンリー五世のように、危機的状況は、つねに敗色濃厚な戦争の最終戦直前にやってくる――クライマックス前の暗い夜に。

クライマックス

クライマックスとは、逃れがたい苦境にいる主人公が、そこから解放されるすべを見いだすステージだ。敵対者との最終対決の場であり、主人公が必要とするものと向き合い、欠点を克服する闘争の場でもある。これは歴史的に「必須の場面」[17](十九世紀のフランスの演劇評論家、フランシスク・サルセーの造語)と呼ばれることもあるが、ここは「必須の幕」とでも呼んだほうがいいかもしれない。[18]

レイプしようとしてきた男をテルマとルイーズが撃ち、逃亡する決意をするとき、そこには、起きなければならない必要不可欠なシークエンスがある――二人は法と闘わなければならない。物語がそれを要求するのであり、観客は本能的に、その対峙が起きるまでは物語は終わらないと察知する。物語がエリオット少年がE.T.を受け入れ、顔の見えない政府の連中から救いだしたら、そこにはひとつのシーン／シークエンス／出来事／幕が生じるはずである――エリオットは、身を隠す原因となる「悪役」に直面しなければならない。

どちらの映画でも観客は、テルマやルイーズやエリオットが、自分の欠点を克服するために必要な技能を身につけるところを見守る。二人の女性は、自分自身のことも、おたがいのことも信じるようになる。エリオットは粘り強さと、それにともなう無私無欲を手に入れる。クライマックスが到来すると、彼らはそれを使う。どちらも古典的な構造を持った映画だ――主人公の欠点は、敵対者の性格描写のなかに具現化される。『E.T.』では、エリオットは外的な障害を乗り越え、内的欲求を解き放つ。テルマとルイーズが社会を放棄するとき、二人は自由になり、完全な存在になる（と信じるよう観客は導かれる）。

『君のためなら千回でも』は、小説も映画も、内面的な罪悪感を同じように明白に外面化することで、物語を構築している。契機事件――主人公に「もう一度善良になれる方法がある」と告げる電話――は、罪滅ぼし（子どもを救うという行為）を聖杯とした、文字どおりの探求の機会を主人公に提示する。外的な障害を乗り越えることで、主人公は内的に癒やされる。

クライマックスはくつがえされることもあるが（コーエン兄弟の『ノーカントリー』は、危機的状況の地点で主人公が死んでしまうが、これはかなりの例外的事例だ）、効果としてはボンドがブロフェルドから逃げるときと同様のものになる。より壮大な基本構想の一部だというのでもないかぎり、違和感を残す――脚本家が何かを仕組んで、それが清算されるのを拒んだという印象を与える。

契機事件は「これから何が起きるのか」という問いを触発し、クライマックス（もしくは必須の幕）は高らかに答える――「これだ」と。マクベスがダンカン王を殺せば、観客はすぐさま次に何が起きるかを知りたくなる。そして次に起きるのは、ダンカン王に忠誠を誓う兵士たちが、マクベスと対決する準備を整えて復讐に取りかかるべく、その数や強さを増していく、という状況だ。『マクベス』は、物語の構造がどう機能するかを完璧に示してくれる。マクベスがスコットランド王を殺すと、ひとり、またひとりと、マクベスの仲間がイングランドを逃げだしていく。イングランドの野営地は大きさと強さを増し、最後の幕ではバーナムの森が、ダンシネインの丘に向かって行進し、マクベスは王殺しの結果と対峙させられる。

こんなふうに、契機事件は問いを生み、答えはクライマックスで得られる。敵対者は刺激を受け、敵意を結集させ、山頂から転がり落ちてくる雪玉のように大きくなり、轟音をたてながら主人公と直接対決しにやってくる。これが本当のクライマックスだ――主人公と敵対者が徹底的に闘う地点だ。もしどんな物語も主人公と敵対者の闘いの話だとすれば、物理学は始まりと中盤のみならず、結末にも必要だ。結末が省略されたり控えめに演じられたりすれば、ストーリーテリングにも違和感が出る。一般に、闘いが「必須の場面」と称されるのはそのせいだが、後述するように、対立する両陣営間の最終決着は、ひとつの場面では描ききれないほど複雑なものでもある。

ボンド映画やヒッチコック映画は、特にクライマックスの地点がわかりやすい。ほとんどの場合、クライマックスが映画のラスト二十五分にやってくるということはともかくとしても、最大かつ最も象徴的なシークエンスとなる傾向がある。また、独特の場所が舞台となることもしばしばで、物語の主人公にとっては未知の場所であることがほとんどだ。

クライマックスとは物語のピークだ。すべてがこの最後に向かって積み上げられ、すべての筋道、すべての問題、すべてのテーマが清算される。主人公は敵対者と直面する。すべてがひとつになって闘い、解決に向かうのだ。

解決

どんな物語の結末も、すべてが光のもとに晒され、ようやく感情が表現され、行動の「報酬」が与えられる。「結末《ディヌーモン》」はフランス語の「dénouer《デヌエ》」、すなわち「ほどける」から派生した言葉だが、確かにそのとおりだ。プロットの結び目がほどけ、入り組んだ物事が解明される。一方で、ほどけた糸の端を結ぶ場でもある。古典的な構造の作品では、すべての設定が清算されなければならず、放置され忘れられたままの筋道はなくなる。

解決は、闘いのあとの最終審判である。主人公が自身の悪魔を克服できれば報酬が手に入る。「ニュー・グラント」は主張することを学び、ジェームズ・ボンドは世界を救う——どちらも女性を手に入れる。[19] 物語はしばしば、なんらかの性的な成就をもって終わる。ただし、メインストリームの映画においてさえ、興味深い例外はある。『スター・ウォーズ』では、本来ならルークはレイア姫と結ばれて終わるべきだが、レイアはルークの妹だったことがわかる。ルークが悪を打ち負かした報酬として、手に入れたのは名声だ。[20] こうした反則は、この映画が驚異的な成功をおさめた理由の一端を説明してくれるかもしれない。この映画の性感情の希薄さは、どんな年代の子どもたちにも受け入れやすくできている。ただ、名声が愛より上とされていることは、この映画を生みだし、いまだその成功を持続させている社会の価値観について、何かしら語るところがあるようにも思える。

伝統的な物語はつねに幸せな結末を迎え、すべての行動が解決にいたる——悲劇の主人公が死ぬにせよ、恋愛関係にある二人が結婚するにせよだ。ジャーナリストで作家のクリストファー・ブッカーは、産業革命の結果、物語を語る手法にもたくさんの顕著な変化が起きたと考えている。エンディングは「オープンエンディング」になることが多くなった。不確定感を加えようとするせいもあるし、神なき世における死は、かつてとは意味が変わったせいもあるだろう。シェイクスピア研究者のヤン・コットは、シェイクスピア以前の「古代の悲劇は生命の喪失で、近代の悲劇は目的の喪失だ」と述べている。[21] 現代の登場人物は、死の無意味な忘却にただよい込んだり（『ゴッドファーザー PARTⅡ』）、祭壇の前で自分が結婚しないと悟ったりする（『フォー・ウェディング』）。

強い効果をあげるため、原型的な物語の結末にひねりを利かせることもある。テレビドラマ『THE

WIRE／ザ・ワイヤー』は、正常なキャラクター・アークをくつがえす、非常に賢い手法を使った――任意の地点でアークを容赦なく断ち切ったのだ。オマール・リトルはまったく見知らぬ人間に殺されるが、これは物語的にはまったくの誤りで、だからこそ素晴らしく効果をあげた。古典的な「ヒーローズ・ジャーニー」の慣習を採用しながらも、突然に安っぽい予想外の死によってそれを切り捨てている。こうした破綻は、ここはそうした物語作法が作動しない世界だと効果的に宣言するために使ったものだが、さらに、ボルティモアの麻薬ディーラーの残酷で罪深い世界の実態を伝えるのにも、思いがけない効果をもたらしている。

すべてをひとつにまとめる

ここまで述べてきてた構築ブロックは、いわばストーリーテリングの原色部分だ。多かれ少なかれどんな物語にも登場する要素だが、まったく登場しない（『ザ・ワイヤー』におけるオマールのキャラクター・アークの部分的欠落、『ノーカントリー』の主人公の早すぎる死など）ことによって物語に暗示的な影響を与えることもある。[22] 原型的な物語構造においては、これらの要素がひとつにまとまり、人々が目にし、読み、聴く、およそすべての物語の骨格を形作ることになる。

ひとつにまとめた骨格構造は、こんなふうになる。

あるとき、友だちのいないエリオット少年が、裏庭でエイリアンを発見した。このエイリアンを家に帰さなければ死んでしまうと悟ったエリオットは、当局の裏をかき、疑う人々を味方につけ、時間と闘い、まさしく勇敢な行動に出て、エイリアンの友を解放してやった。

とても単純に見えるし、ある意味単純なのだが、アルファベットや五線譜における音符のようなものので、どこまでも順応性のある形式だ。特に悲劇的な物語を伝えようとするときには、この形式にいかに順応性があるか明白になるはずだ。

闇の逆転劇◆23

『ゴッドファーザー』の最初の登場シーンで、マイケル・コルレオーネは軍服を着ており、胸には誇らしげに勲章が飾られている。どこから見ても戦争の英雄のマイケルは、婚約者に父や兄たちの悪行について話し、「あれは僕の家族だ、ケイ、僕はちがう」となだめる。マクベスは、気味が悪いほどこのマイケルに似ている。戦場の霧の中から現れたダンカン王は、感銘を受けずにはいられない。「そなたのその言葉は非常に見事である、そなたの傷のように。どちらも誉れ高い」〔このダンカン王の台詞はマクベスではなく兵士に対するもの」。観客の側からは、どちらも誉れ高い人間に見える。

マイケル・コルレオーネも、英雄的なスコットランドの戦士も、どちらも欠点はあるが、それは悲劇的な欠点や盲点と言われるようなものではない。むしろ、無私無欲、勇敢さといった良い資質だ。そのことこそが、悲劇の物語の形式が実際にどう機能するか、それを解く鍵をもたらしてくれる。

悲劇は、『ジョーズ』や『E.T.』とまったく同じ原理に従うが、順序が逆になる。『ジョーズ』の警察署長のブロディは、英雄になることを学ぶ。『マクベス』では、主人公のヒロイズムが蝕まれていく。「闇の逆転劇」における登場人物の欠点は、伝統的な社会では「正常」または「善」とされるたぐいのものだ。登場人物は、自分独自のやりかたで善良さをくつがえし、悪になる。

これは、それぞれの登場人物が野心や虚無主義のささいな芽生え（彼らの「悲劇的欠点」）を内に抱えているという、アリストテレスの前提◆24とも矛盾しない。むしろ、彼の観察力をますます証明するものだ。これまで批評家たちは、悲劇の主人公について説明する際、アリストテレスの定義する致命的で悪質な欠点（マクベスの野心、オセローの嫉妬など）に注目してきたが、彼らの善良さがどう堕落していくかを考えるのも有意義なことではないだろうか。アメリカのリベラル映画ではこれはお約束である――『グッド・シェパード』でも『スーパー・チューズデー　正義を売った日』でも、理想主義の愛国者はしだいにモラルを蝕まれていく。しかしそれは、『スノータウン』（統合失調症のティーンエイジャーが、オーストラリア史上最も悪名高い連続殺人鬼の世界に取り込まれていく、残忍だが見事な物語）でも、トマス・クロムウェルが同様の堕落に陥るヒラリー・マンテルの小説『ウルフ・ホール』でも、同じように明らかに見える。クロムウェルを堕落させるのは善良さであり、彼をマクベスやマイケル・コルレオーネと同じ悲劇の道に向かわせるのは、ニューマン枢機卿への忠誠心である。さらに、後述するように、善良さというものは、まちがいなく典型的なパターンに従って腐食する。『ライン・オブ・デューティ』から『白鯨』まで、『フォースタス博士』から『ロリータ』まで（「善」は相対的な概念だ）、登場人物たちが目標を追求するうちに、道徳上の中心が崩れていく過程には、明確にたどることのできる道筋がある。善であろうとすること（『ゴッドファーザー』、『ライン・オブ・デューティ』）や、一見無害であろうとすること（『カルメン』、『フォースタス博士』）が最初の目標であっても、最終的な結末は同じだ。登場人物は、克服しがたい自己中心的な欲求にのみ込まれる。ダークヒーローのヒーローズ・ジャーニーは、『カサブランカ』のリックがたどった自己中心から無私への旅とは正反対の旅となる。これはテレビ、特にシリーズドラマが避けてきた道筋であるが、『ブレイキング・バッド』が証明したように、そこには豊かで肥沃な土壌があることも確かだ。

「目標は、チップス先生をスカーフェイスに変えることだった」と、AMCのテレビドラマ『ブレイキング・バッド』の製作者ビンス・ギリガンは、主人公ウォルター・ホワイトについて語っている。「これは狼男の物語であり、ジキルとハイドの物語であり、芋虫みたいな男を蝶にする物語だ――覚醒剤を作る蝶にね」。温厚な化学教師が麻薬を取引するサイコパスに変わるまでに、五シーズンがかかった。テレビドラマのシリーズとしては過激な逸脱だが、強欲とモラルの濃厚な旅路の結末は、『マクベス』の血にまみれたスコットランドの土壌にしっかり根ざしたものと言える。

『ブレイキング・バッド』は、まさに原型的な骨組がいかに機能するかを示している。物語の序盤で示される欠点が、ラストでは正反対のものを生みだす。悪が善になり、善が悪になる。闇の逆転劇は、善が悪に転じる物語に活用されるのが最も一般的だが、若い女性の理想主義的な愛が陳腐化していくさまを描いた『今日、キミに会えたら』が示すように、この骨組はさらに幅広い応用が可能だ。

一オクターブにつき八つの音しかないのに、どうして音楽が尽きないのかを理解するのは不可能に思えるが、全音が半音を生み、拍子記号やテンポやスタイルが内容を変えるのと同じで、非常に単純なパターンの中には無限の配列の可能性がある。異なる種類の欠点を提示し、登場人物にさまざまな方法で報酬や罰を与えれば、多様な物語が生まれる。中国映画『紅夢』では、頌蓮《スンリェン》が闇を受け入れることで、狂気という懲罰がもたらされる。『リア王』、『リチャード二世』、『ロミオとジュリエット』は感情的な成長の物語だ。原型的な物語なら登場人物は報われるべきだが、罰が与えられることで悲劇の感覚が容赦なく突きつけられる。『タクシードライバー』や『キング・オブ・コメディ』では、病んだ社会を暗い皮肉で論評するために、原型的物語にひねりを加え、闇の主人公が報われる。『白鯨』や『フランケンシュタイン』のねじれた世界では、主人公は怪物以上に悪い存在に見えるし、テレビ映画の『赤と黒の十字架』では（そして映画『年上の女』でも奇妙なほど同じように）、観客は主人公と社会のどちらが悲劇的な死に責任があるのかわからないまま、宙ぶらりんに放置される。映画『エリート・スクワッド』では、主人公は成長すると同時に衰えるという非常に曖昧な状態を演じる。『猿の惑星：創世記』では、社会がいかにたやすく自己破滅につながる種を生みだすかを表現するために、闇の逆転劇の骨組を取り入れている。『バッド・ルーテナント』はさらに一歩踏み込み、腐り切った不正行為に身を落としていく登場人物を讃えている。イプセンの戯曲『民衆の敵』でさえ、闇の逆転劇と解釈できる。この作品は、伝統的には暴徒の残忍さからの自由を求める叫びとして称賛されているが、自由への叫びというより、ひとりの人間が優生学の伝播や人間嫌いや狂気の際へと迷い込んでいく姿を描いていると見ることも可能だ（特に一九六四年のペンギン・クラシックス版の翻訳はそう解釈できる）。明らかにイプセンの意図とは異なるとは思うが（イプセンが絶対的に英雄側に立っていることは彼の手紙からもわかっている）、この物語が利他主義者の旅路として読める、つまり、主人公が「民衆」への憎悪にさいなまれていく過程として読めるという事実は、ヒーローズ・ジャーニーと闇の逆転劇とのあいだの境界がいかに薄く脆いものかを示している――さらに、幕構造を操作すれば、無限とは言わないまでも、たくさんの配列を作りだすのはたやすい作業になるだろう。

主人公と敵対者の闘い、危機を乗り越えて勝利にいたる旅、クライマックスと解決――どんな物語もこうした構築ブロックでできている。だが、これらはどうやって組み立てられるのか？　ドラマの伝統的なアプローチとして、最も推奨されているのは三幕構成だ。この単純な方法論は、ドラマの形式を語るうえで支配的なものだ。しかし、そもそも三幕構成とはなんなのだろう——そしてなぜ広く知られているのだろう？　非常にうまく機能するため、ほとんど疑問が出ることもない。だが、それは残念なことだ。なぜならこの三幕構成は、物語そのものを超えたものにも適用が可能だからだ。知覚について、物語について、人の心の働きについて、多くのことを教えてくれるものなのだ。

2 三幕構成

私は息子を叩いた。私の怒りは強力だった。正義のように。そのあと手に感覚がないことに気づいた。私は言った、「よく聞け、おまえに複雑な話をしたい」。私は真剣に、ていねいに、特に父親というものについて話した。私が話を終えると、息子は、許してほしいかと訊ねた。私はイエスと答えた。息子はノーと言った。切り札を切るように。

『手（The Hand）』は、アメリカの短編小説家、レナード・マイケルズによる完全な物語である。どんな物語にも同じ構造要素が含まれているとすれば、すでにおなじみとなった構築ブロックを、この作品の中で特定するのは比較的容易なはずだ。

主人公――語り手
敵対者――語り手の息子

契機事件――手の感覚がないことに気づく
欲求――自分の行動を説明したい
危機的状況――「私が話を終えると、息子は、許してほしいかと訊ねた」
クライマックス――「私はイエスと答えた。息子はノーと言った」
解決――「切り札を切るように」

『手』はもちろんドラマではなく、（非常に）短い物語である。構築ブロックは含まれているが、果たしてどのように組み立てられたものなのか？　どんな順序で？　どんなルールに従って？　そもそもルールがあるのなら、なぜそんなものが存在するのだろう？

物語構造とは何か？

脚本家のアラン・プレイターが初のテレビドラマの脚本を書き始めるとき、彼の伝説的エージェントのペギー・ラムジーに、「物語構造とかいうもの」とは厳密にはなんなのかと訊ねた。するとラムジーはこう答えた。「ああ、ダーリン、それはね、二つか三つのちょっとした驚きがあって、そのあとときどき大きな驚きが続くってだけのことよ」[01]。軽口のようにも聞こえるが、実のところ賢明で的を射た分析だ。ドラマに不可欠な構造的要素、つまり「幕」についてしっかりと押さえている。

　幕とは、登場人物の欲求に縛られた、行動の単位である。それぞれの幕に、始まり、中間、終わりがあり、この終わりが新たな予想外の方向へと物語を展開させる。ラムジーの言う「驚き」とは、もちろんこのことだ。古代ギリシャで「ペリペテイア」と呼ばれたもので、一般的には「反転」と訳される。

　簡単に言えば、登場人物が特定の目標を追い求めていると、予期せぬことが起き、探求の性質や方向性が変わってしまうことだ。小さな反転はどのシーンでも起きうるが、大きな反転は、作品をいくつかの幕に分ける傾向がある。知人のオビ＝ワン・ケノービを訪ねたルーク・スカイウォーカーが家に戻ると、養父母が殺されている――これが反転だ。復讐を誓ったルークは、新たな探求を始めるため、次の幕へと向かう。

　一幕劇は、古くはエウリピデスの『キュクロプス』までさかのぼることができる。シットコム形式のドラマは、二幕で演じられることが多いが（『となりのサインフェルド』は二幕ものの見事な作品だ）[02]、作品の長さが一時間以上になると、特にテレビではそうだが、三幕に満たない構成の作品はめったにない。ＣＭを入れるせいもあるが、広告の有無にかかわらず、視聴者の心をつかむためのフックやターニングポイントは、定期的になければならない。忘れないでほしいが、物語の幕数に制限はない。たとえば『レイダース』は七幕構成になっている。ただ、現代の脚本術を支配する原型の主流は三幕構成で、ストーリーテリングもそう構築されることが多い。

三幕構成

三幕構成がドラマの礎石になっているのは、それがアリストテレス的な◆03（つまりはすべての）物語構造のいちばん単純な単位を体現しているからというだけでなく、物理学的にも反論の余地のない法則に従っているからだ。すべてのものには、始まりと中間と終わりがなくてはならない。三幕構成という方法論を最初に提唱したのは、アメリカの脚本術の講師であるシド・フィールドで、彼は幕構成を、設定、対立（葛藤）、解決の三つの連続したパートに分解し、第一幕の終わり際のターニングポイント（契機事件）と、第二幕の終わり際のターニングポイント（危機的状況）を置いた。

現代のメインストリームの映画やテレビドラマでは、どんな物語の背後にもこのモデルがある。ただ、多くの人々の認識とは異なり、三幕構成はシド・フィールドの発明品ではない。『インディ・ジョーンズ』シリーズの時代背景よりもはるか昔の一八八五年、ライダー・ハガードによって書かれた小説『ソロモン王の洞窟』を読めば、そこにその構造のプロトタイプを見ることができる。

三幕構成

三幕構成の明確化は、世界初の脚本術マニュアルから始まった。エペス・ウィンスロップ・サージェントによる『劇映画のテクニック（The Technique of the Photoplay）』は、一九一二年、無声映画産業のゴールドラッシュ期に書かれたもので、貴重かつ現在でも楽しめる著書である。サージェントは、本人が望むなら、映画界初の「脚本術の権威」の称号を与えてもいい人物だ。幕構成については特に言及していないが、サージェントがあげる物語の手本のすべてにその萌芽が見られる（「物語には、始まりのみならず、目的地点〔と〕結末かクライマックスがなければならない」）。

脚本家のマーク・ノーマンは、アメリカの映画脚本史に関する著書『次に何が起きるのか？（What Happens Next?）』の中で、「（エドウィン・）ポーター と（D・W・）グリフィスによって映画に導入され、起源ははるか古代ギリシャにさかのぼる、原型的な物語パターンへの依存の強まり」についてこう書いている。

> 古典的な映画の物語は、構造的には単純だが、無数のバリエーションが可能で、ドラマやコメディにも適用できた。……観客がたや

すく共感できるような目標と欲求を持った主人公が紹介され、その後、主人公の邪魔をする個人の敵対者、もしくは敵対する力の代表が登場する。映画は両者の対立となり、そのシークエンスは多かれ少なかれ直線的にエスカレートする闘いとなる。カウボーイとガンマン、恋人たちと両親の対立は、古典的音楽の多くと同じように予測がしやすい。この闘いは、流れるように第三幕の対立へ、すなわちクライマックスへと発展していき、そして物語の形式に合った解決によって終わる。悲劇であれば死、喜劇であれば結婚というのが最も典型的だ。◆04

とはいえ、なぜわれわれは三幕で物語を語らなければならないのだろう？　チャーリー・カウフマンは三幕構成の形式に「あまり関心を持てない」と言い、それが気の抜けたありきたりの保守的な形式であることをほのめかしている。それでもカウフマンの映画はどれも三幕構成で成り立っている。＊欠点のある個人が異世界に放り込まれ、決定的な変化を遂げるという筋書きは、カウフマンの作品でも、リチャード・カーティスの作品でも定番となっている。なぜカウフマンは、自分がけなしていることをやらずにはいられないのだろう？　同じ基本パターンが果てしなくくり返されるという事実は、人が物語を語ることに、生物学的・物理的な理由とまではいかないにせよ、心理学的な理由があることを暗示している。人々がそのやりかたを選んでいるのではないなら、そうせざるを得ない何かがそ

＊『マルコヴィッチの穴』の詳しい分析については、付録Ⅲを参照のこと。

こにあるのだ。

もっと単純に言えば、人は世界を弁証法的に秩序立てて生きている。ランダムな物事を把握できず、観察できた現象や新しい情報すべてに秩序を押しつけようとする。われわれは存在する、われわれは新しい刺激を観察する、そしてその過程で、双方に変化が訪れる。弁証法の、命題（テーゼ）、反対命題（アンチテーゼ）、合（ジンテーゼ）だ。学生は、自分が知らない何かに出会い、それを探求し、吸収し、それをすでにある知識と融合させることで成長する。あらゆる知覚活動は、混沌とした世界に秩序を与え、理解しようとする試みなのだ。ストーリーテリングとは、ある意味このプロセスの現れとも言える。劇作家のデイビッド・マメットはこう言っている。「物語構造とは偶然の発明ではないし、意識的な発明ですらない。情報を秩序立てるための人間のメカニズムを、有機的に成文化したものだ。出来事、構成、結末。テーゼ、アンチテーゼ、ジンテーゼ。少年は少女と出会い、少年は少女を失い、少年は少女を手に入れる。第一幕、第二幕、第三幕だ」[◆05]

三幕構成を分解してみると、必然かつ不可避の形が動いているのが見えてくる。

第一幕――テーゼ
第二幕――アンチテーゼ
第三幕――ジンテーゼ

つまり「ハリウッド」流の原型的物語は、最も単純化された形式の弁証法なのである。◆06 欠点のある登場人物を登場させ、第一幕の最後に異世界に放り込み、その世界のルールを吸収させ、そして最終的には第三幕で、その人物が何を学んだかをテストする。簡潔な言葉でまとめると以下のようになる。

第一幕――欠点のある登場人物を登場させる
第二幕――敵対者と対峙させる
第三幕――両者を統合してバランスを達成する

同じこのパターンが、何度もくり返し現れる。すべての物語は、異世界に放り込まれる登場人物を描く。異世界とは、登場人物のこれまでの人生になかったもののすべてを象徴する場所であり、村を取り囲む森であり、登場人物はそこで再び自分を見つけなければならない。『ベオウルフ』、『ガリバー旅行記』、『闇の奥』の欠点のある主人公は、自分に欠けている特徴のすべてを具現化したかのような、見たこともない世界に直面する。映画も調べると、もっと明確に見えてくる。『カーズ』では、自分勝手で生意気なレーサーのライトニング・マックィーンが、一九五〇年代そのままのような田舎に放りだされる。『ジョーズ』では、ブロディ署長のアミティでの退屈な生活が、危険、恐怖、モラルパニックでめちゃくちゃになる。小説『プライズヘッド再訪』とその映画化作品『情愛と友情』では、郊外に住んでいる自己嫌悪の強い男チャールズ・ライダーが、想像を超えた贅沢と自信に満ちた世界に入り込む。新しい世界（「ジョン・マルコヴィッチの穴」の中に自分自身を見いだすこともこの好例だ）という考えを受け入れられれば、物語の原型やその構成要素も、全部きれいに焦点を結ぶはずだ。

ペギー・ラムジーの言った「驚き」は、より一般的には「期待のくつがえし」と呼ばれている。物語を新たな方向へと持っていく、意外だがもっともらしさのある、突然の展開のことだ。各幕の終盤に起こる傾向があり（『テルマ&ルイーズ』のレイプ未遂と銃撃、『長く熱い週末』の爆発事件はその好例だ）、『アリス・クリードの失踪』や『シックス・センス』のような、ひねりの多い作品ではさらに顕著になる。こうした花火をあげることを、安っぽい仕掛けと否定するのはたやすいが、期待のくつがえしは決してそういうものではない。すべてのストーリーテリングの根底にある、重要な構造的仕掛けであり、これが主人公を新世界へと誘う入口となるのだ。期待のくつがえしは現代の発明ではなく、「ペリペテイア」の仕掛けと同様のものだ。主人公を、現在の状態とは正反対の世界へ飛ばす道具だ――テーゼからアンチテーゼへ、故郷から未知の世界へと。

契機事件も同じだ。これは「対立の爆発」であり、主人公に欠けているすべての特徴を搭載した、構造的なツールだ。主人公に必要なすべての具現化である。クリフハンガーと契機事件と危機的状況は、本質的には同じものだ。幕の終わりのターニングポイントであり、主人公が新世界に入るための予期せぬ入口だ。主人公に欠けている資質から作られた爆弾が、既存の世界を爆破し、主人公を異世界へ放り込み、主人公はその世界を理解しなければならない。

つまりストーリーテリングは、人が学ぶ方法を成文化したものと見ることもできる。それが三幕構成の形で表現されているのだ。弁証法のパターン（テーゼ／アンチテーゼ／ジンテーゼ）は、人々が世界を認識する方法の中心にあるもので、物語構造を見るうえでも役立つ。欠点のある登場人物が、契機事件によって、自分に欠けているすべてを象徴する世界に投げ込まれる。その世界の森の暗闇で、古いものと新しいものが統合され、バランスを獲得する。人間は混沌を受け入れることができない。混沌に秩序を与えなければならない。混沌の侵略と秩序の回復を語る物語（すべての原型的な物語はそうだ）は、どうやっても三幕構成にならざるを得ないのだ。

ベルンハルト・シュリンクの小説『朗読者』（と、デイビッド・ヘアーの脚本による映画化作品）には、この三ステージが見事にはっきり描かれている。作品は三つのパートに分かれている。第一部では、十五歳のミヒャエル（映画では英語読みの「マイケル」）が年上の女性ハンナに恋をするが、ハンナはある日姿を消してしまう。第二部はその七年後から始まる。法学部の学生になったミヒャエルは、戦争犯罪の裁判の傍聴中に、かつて愛した女性が被告席にいることに気づく。アウシュビッツで看守をしていたとき、戦争犯罪を犯したことで起訴されていたのだ。ハンナは三百人ものユダヤ人女性を殺害した罪で有罪となり、第三部でミヒャエルは、自分が愛した女性と、世間で怪物と見なされている女との折り合いをつけようとする。最終的に、ハンナを理解することで（この場合、ハンナが字が読めなかったことを知ることで）、ミヒャエルは「真実」とのある種の和解を果たす。三つのパート（そして最後の三幕）は、愛と憎しみと理解、すなわち、テーゼとアンチテーゼとジンテーゼを演じているのである。

どんな物語も、第一幕では、特定の欠点や欠如がある登場人物が示される。第一幕が終わりに向かう途中、もしくは終わり間際で契機事件が起こり、主人公は「ウサギの穴に落ちる」。第二幕では、登場人物は元の世界に戻ろうとするものの、同じくらい重要なもうひとつの世界が自分を待っていて、そこで貴重な教訓を学べるかもしれないことに、だんだんと気づいていく。第二幕の終わりで最悪の状態に陥った主人公は、学んだ教訓を頼りに自分と対立する敵に立ち向かうか、それともすごすごと元の自分に戻るかを選ばなければならない。ほとんどの場合、この危機的状況において、主人公は人生最大の闘い（クライマックス）に挑み、自分の新しい技能を試し、吸収し、そして最後には苦労が報われる（解決）。デイビッド・ヘアーの『ウェザビー』やテレビドラマ『ヒトラーをなめる（Licking Hitler）』にも、チャーリー・カウフマンの『エターナル・サンシャイン』にも、そして全能の語り手が罪悪感と羞恥の世界に放り込まれる『手』にもこの形がある。これらの物語はどれも同じDNAを持っている。主人公が、自分と正反対の誰かや何かに出会い、それを吸収し、そして変わっていくのだ。

だが、三幕構成のおかげで、人々がストーリーテリングの根本構造に触れられるのだとすれば、二

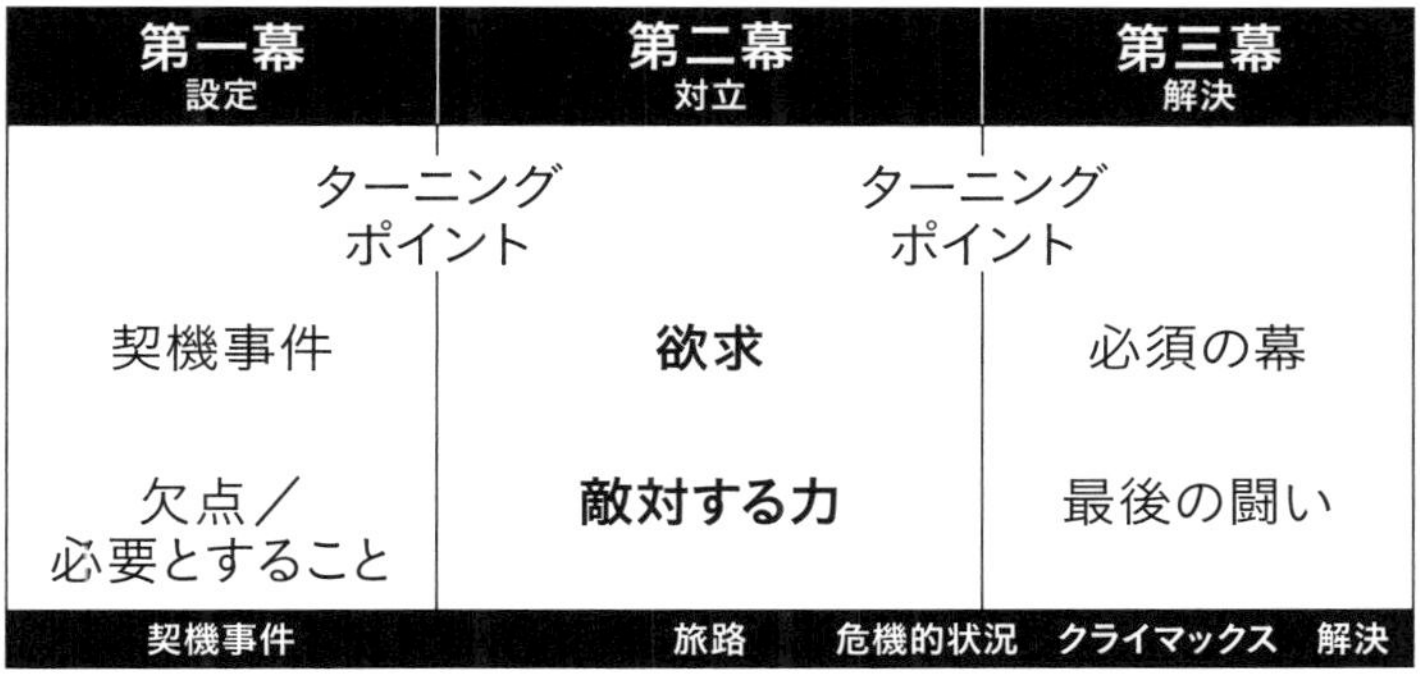

三幕構成の詳細

十世紀以前の演劇（シェイクスピアなど）の多くが五幕構成を採用しているのはなぜなのだろう？　五幕構成は歴史的には特異なものだと見なしたいところだが、その進化の過程や長続きしてきた理由、その基本的な構造の特徴などを探っていくと、もっと重要なものであることがわかってくる。そしてこれが、すべての物語がどう機能するのか、その決定的な手がかりをも与えてくれるのである。

3 五幕構成

紀元前八世紀ごろ、ローマの抒情詩人ホラティウスは、論文『詩論』で幕構成の原理を示した。このときにホラティウスが定義したモデルは、小セネカの戯曲に大きな影響を与え、のちに再発見されたその戯曲のおかげで、この影響は後世の戯曲の流れにも波及した。ホラティウスは「いかなる戯曲も、上演され、再び求められて舞台にかけられることを望むのであれば、五幕より短くも長くもしてはならない」と主張している。◆01

二〇〇七年、ジャーナリストのラファエル・ベアは、当時大流行していた「若いママ向け文学《ヤミー・マミー・リット》」を風刺した作品を、『ガーディアン』紙に発表した。◆02

第一章　赤ちゃんが吐く音で目が覚めた。私とのセックスにもう興味がない夫は、寝たふりをしている。メディアでエキサイティングなキャリアを積み、男にモテモテだった私はどこ？　どこですべてが狂ってしまったの？（もちろん子どもたちのことは別。子どものことは愛してる）

第二章　車で子どもを学校へ送っていくと、高価な靴を履いて四駆に乗った女に威嚇された。威張り屋の義母が訪ねてきて、無力な気持ちにさせられる。私が熱をあげてる男性《マン・アイ・ハブ・ア・クラッシュ・オン》（ＭＩＨＡＣＯ）にうっかりメールを送信してしまった。

第三章　ＭＩＨＡＣＯから返信が来た。ドキドキしてる。これって不倫？　夫はもう私から心が離れてるし、オッケーよね。「ポストフェミニスト」って連呼しても大丈夫そう。

第四章　ＭＩＨＡＣＯと抱き合ってキスした／寝た／寝そうになった。最高。でも罪悪感はある。夫と子どもたちのことは愛してる。一方で、義母は思っていた以上の人だということもわかってきた。ちなみに私のヒーローはパパ。

第五章　知り合いが集まるパーティに行った。すごくドラマティックだった。私の不倫のジレンマは危機的状況。不完全な現実生活と、妄想的幻影のどちらかを選ばなければならない。ＭＩＨＡＣＯがカス野郎だと気づいた私は、家族を選んだ。退屈な男だと思っていた夫は、実は安定した頼もしい人で、私の不貞を許してくれた。夫は私の新しいヒーロー。パパを超えることはないだろうけど。

ホラティウスの主張から二千年がたっても、ベアのパロディには、長い旅の中継地点が配置されている。ベアのパスティーシュがほとんど不気味なほど無意識に従っているのは、古代人が策定し、テレンティウスが出会い、ベン・ジョンソンを介して吸収され、そして、われわれが書き、読み、話すことに多大な影響を与えた作家、シェイクスピア自身も実践した五幕構成のパターンなのだ。

三幕構成と五幕構成

重要な点として強調しておきたいのは、五幕構成と三幕構成は別物ではなく、単にそれを細かく改編したものにすぎず、どちらも歴史的には古代までさかのぼることができる形式だということだ。どういうことか?　たとえば、ポランスキーの映画『マクベス』は古典的な三幕構成だが、シェイクスピアによる五幕構成もそこに組み込まれている。

簡単に言えば、五幕構成は、伝統的な「ハリウッド」的方法論である三幕構成の第二幕に、さらに二幕を挿入すればできる。第一幕と最終幕は、どちらの構成でも内容は同じになる。

		シェイクスピア	ポランスキー
契機事件	魔女の予言／ダンカン王殺害の決意	第一幕	第一幕
	マクベスが王となる	第二幕	
	バンクォー殺害／フリーアンス逃亡／マクダフ亡命	第三幕	第二幕
危機的状況	マクベス夫人発狂／マクベス見捨てられる（ワーストポイント）	第四幕	
クライマックス 解決	最後の戦い マクベス殺される	第五幕	第三幕

三幕構成と五幕構成

とはいえ、物語を理解するうえで、これがどう役立つのか？　アメリカの研究者トーマス・ボールドウィンは、シェイクスピアの幕構成に関する記念碑的な研究◆03の中で、初めて五幕構成を活用したのはテレンティウス（紀元前一九〇年～一五九年）であり、彼の戯曲はすべて同様の基本形が用いられていることを指摘している。◆04

第一幕では、登場人物がついに闘争を引き起こす決意にいたるまでの、必要な準備情報が説明される。……第二幕では、主要な戦いに先立つ予備的な動きと、これに対抗する動きが描かれる。第三幕では、若者たちと対立する勢力が徹底攻撃に出て、勝利を手にしそうになる。第四幕では、若者たちの司令官が反撃のために軍勢を集め、四幕の終わりで敵側を完全に打ち負かすが、若者たちはまだ公式の勝利はおさめていない。第五幕で、ようやく勝利する。

先ほどの「ヤミー・マミー」物語を重ね合わせてみれば、ベアの各章もこれにほぼぴったり重なる。偶然なのか、それとももっと深いつながりがあることの暗示なのか？　ボールドウィンはテレンティウスについてこう述べている。

> （彼の戯曲は、）はっきり完全に区分された五つのステージで構成されている。テレンティウスは、意識的に、意図を持って区分したにちがいない。そのぐらい、慎重かつ緊密にバランスをとった構造となっている。……テレンティウス自身がこの五ステージを実際の幕として分けていたかどうかは別としても、明確に五つの単位に分けて戯曲を構成していたことは疑うべくもない◆05。

ルネサンス期に古典的なアイデアを復活させたことで、忘却の彼方にあったこの幕構成も大々的な復活を遂げた。テレンティウスが確立したこのひな型は、フランスやエリザベス朝の劇作家たちが古典からアイデアを掘り起こそうとするなかで、彼らのスタンダードになっていった。セネカの作品はすべて五つのパートで構成されており（各パートのあいだにコロスと呼ばれる合唱隊が登場する）◆06、特に強い影響をもたらした。ベン・ジョンソンは、五幕構成をイングランドで最初に普及させた作家として広く知られ、自分の作品に全面的に取り入れたのみならず、初めて『詩論』を英訳し、ホラティウスの物語構造の考察を、知識欲と教養のある新しい世代に伝えていった。

シェイクスピアは五幕構成を知っていただろうか？　テレンティウスやホラティウスはシェイクスピアの通ったグラマースクールのカリキュラムに組み込まれていたし、幕構成は十六世紀半ばにはますます一般的な表現方法となりつつあったことを思えば、まずまちがいなく知っていただろう。実践はしたのだろうか？　一六〇八年に国王一座がブラックフライアーズ劇場を独占的に使用するようになるころには、ろうそくを切り揃えるという単純な技術（一幕の上演のあいだ一本のろうそくがもつようにする技術）も、幕構成の形式をうながすことになったのは確かだが、この幕構成を押し込んだのが後世の編集者たちかどうかについては、大きな（そして非常に興味深い）学術的議論もある◆07。ただ、意図や目的は大きな問題ではない。重要なのは、テレンティウス作品で初めて見いだされたパターンが、シェイクスピアの作品に驚くほど適合したことだ。仮にシェイクスピアが幕構成を好まなかった、あるいは幕構成について知らなかったとしても、彼の作品は、テレンティウスやジョンソンのものと共通する幕構成を自然に成立させている。このことは、ストーリーテリングに自然発生的な形があるという考えをさらに強めてくれる。

だが、その形とは果たして何か、そしてどう機能するのだろうか？　これに答えるには、再び過去へさかのぼらなければならない。

フライタークのピラミッド

エリザベス朝の演劇にも登場するテレンティウスの幕構成を初めて適切に成文化したのは、ドイツの小説家グスタフ・フライタークである。一八六三年、フライタークは大著『戯曲の技法（Die Technik des Dramas）』において「フライタークのピラミッド」を世に送りだした。幕構成の形式をじっくりと観察し、その基本形を見つけだしたのだ。

すべての悲劇には五つのステージがある、とフライタークは述べている。◆08

1　序幕

登場人物が登場し、時間と場所が確立される。物語の経緯がわかる。対立の兆しと演劇的

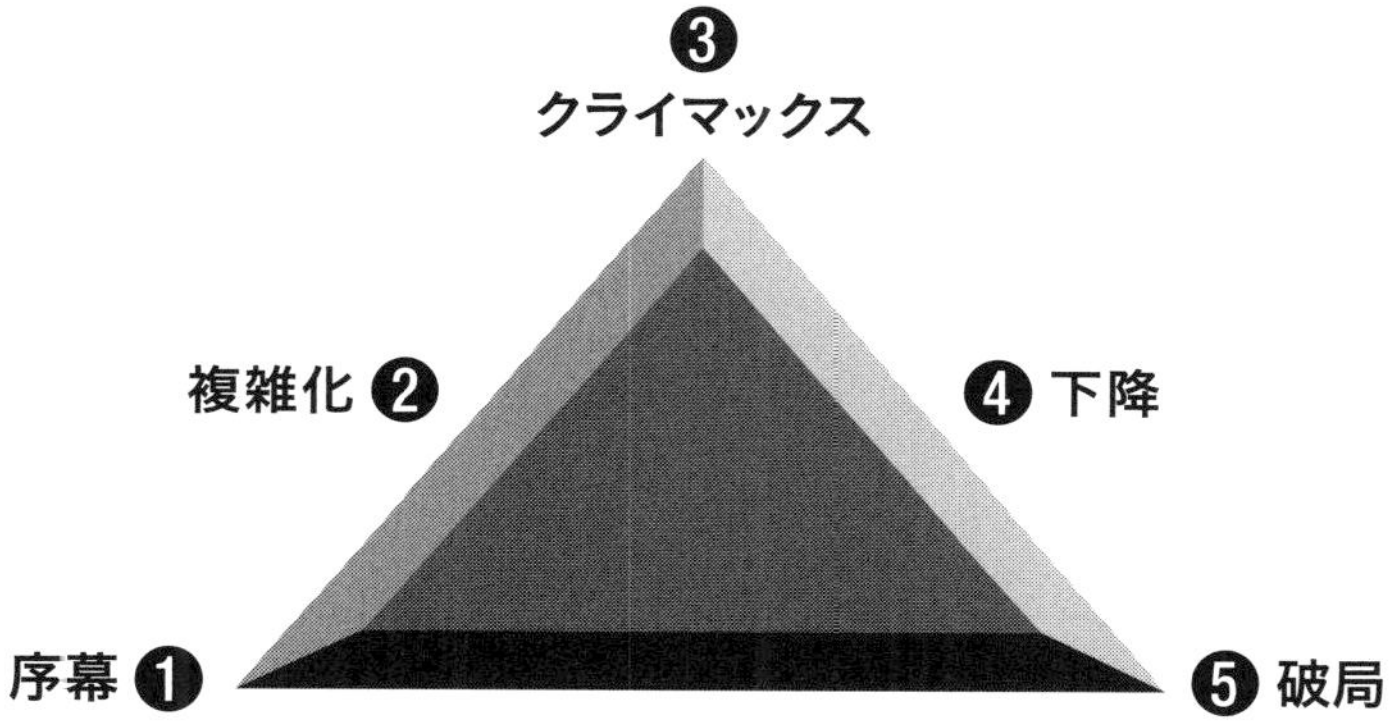

フライタークのピラミッド

緊張感に注意が向けられる。

2 複雑化

動きの筋道が複雑になっていき、「結び目」が生じる。利害が衝突し、陰謀が生まれ、出来事は明確な方向へと加速する。緊張が高まり、勢いが増していく。

3 クライマックス

対立が最大となり、主人公は岐路に立ち、勝利か敗北、墜落か飛翔にいたる。

4 下降

逆転が生じる。第三幕の結果がさらに展開し、勢いが落ち、誤った希望や恐怖で緊張が高まる。悲劇なら、主人公は救われそうに見える。悲劇以外なら、すべてが失われるように見える。

5 破局

対立は、破局、英雄の失墜、英雄の勝利と変容、そのいずれかを経由して解決される。

フライタークの幕構成の定義は、一見するとわかりにくく思える。直観的には、クライマックス（梯子の頂点というべき地点）は第三部ではなく第五部にあるべきようにも感じられる。だがフライタークは正しい。彼は、現在の物語構造の研究においては一般的に「ミッドポイント」と呼ばれる、大きな意味のあるものを初めて明らかにしたのだ。

ミッドポイント

『マクベス』におけるバンクォーの殺害と、『007／ゴールドフィンガー』のレーザー光線による拷問や『プリティ・ウーマン』のピアノの上でのセックスには、共通点がある。バンクォーは第三幕第三場で死ぬ。劇の中心、ちょうど真ん中であり、ボンドの拷問やビビアン・ウォードの誘惑と同様、ここから危険が大きく加速する。

成功する脚本には、ほぼ半分に位置する中盤に、ミッドポイントと呼ばれる重大な瞬間が存在する。『タイタニック』なら船が氷山に衝突する瞬間、『危険な情事』ではダンが愛人の妊娠を知る瞬間、『エイリアン』では何も知らないケインの腹をエイリアンが食い破って出てくる瞬間だ。

シェイクスピアの作品もまさにこの形に当てはまる。『ハムレット』の中盤で王子はクローディアスの罪を確信し、『リア王』では主人公が嵐の荒野の中で自分の本当の境遇を知る。リチャード二世がボリングブルックに王国を奪われたことを知るのも（「地べたに座って、王の死についての悲しい話をしよう」）、『オセロー』でムーア人のオセローがイアーゴーの餌に食いついてしまう場面も中盤だ。マーク・アントニーは『ジュリアス・シーザー』のちょうど中盤で群衆を暴徒化させ、◆09『冬物語』のリオンティーズはデルポイの神託を知る。『マクベス』もまったくこの典型だ。バンクォーが殺され、その息子フリーアンスが逃亡したとき、マクベスは何か重大な変化が起きたことを認識する。シェイクスピアもそのことを明白に表現している。

私は血だまりに踏み込んだ
ここまで来てしまった以上
もう戻ることなど到底できぬ。

この場面は第三幕第四場だ。マクベスにとっても、そして登場人物全員にとっても、この先人生が以前の形に戻ることは二度とない。

では、テルマとルイーズが愛する人とのセックスを経験したあとで、そのままキャラクターが入れ替わってしまうのはなぜだろう？　『ボーン・アルティメイタム』のジェイソン・ボーンが、中盤に自分の苦境の真実を知るのはなぜだろう？　感情を満足させる物語の形を生みだすうえで、ミッドポイントはなぜ重要なのだろう？[10]　物語理論にまったく無知な作家は、そこを意識せずに物語を書いているのだろうか？　人生を変えるような重要な動きは、作品の中盤で起きるべきだということを、何が彼らに教えているのだろう？

クリストファー・ブッカーは、百科事典的なストーリーテリングの探究書『七つの基本プロット（The Seven Basic Plots）』[11]の中で、すべての物語は五つのセクションに分けることができると主張した。できるかぎり簡潔に要約すると、以下のようになる。

軍隊への召集
夢の段階
苛立ちの段階
悪夢の段階
死からのスリリングな脱出と解決

この五つのステージは、（次に示すとおり）実際には単純なパターンに従っている。つまり、テレンテイウスの戯曲から見いだされたものとまったく同じだ。

1　設定、行動のきっかけ
2　物事がうまく進み、最初の目的が達成される
3　敵対する力が強さを増し、物事がうまくいかなくなる
4　物事がさらに悪い方向に進み、危機を招く
5　危機的状況とクライマックス。敵対者との最終決戦。事態は良くも悪くも解決する

さて、それぞれのステージを幕に当てはめるとどうなるだろう？　理不尽なほどの簡略化にも見えるが、ブッカーのパターンは、すべて詰め込んだシンプルなあらすじのように、シェイクスピアの幕構成にぴったりと当てはまる。『マクベス』で試してみよう。◆[12]

1　魔女の予言とダンカン王殺害の決意
2　マクベスが王となる
3　マクダフの亡命
4　マクベス夫人は発狂し、マクベスは見捨てられる（ワーストポイント）

5　最後の戦い。マクベスは殺される

『ロミオとジュリエット』はどうだろう。

1　ロミオとジュリエットの出会い

2　ロミオとジュリエットの秘密の結婚

3　ロミオがティボルトを殺して追放され、ジュリエットはパリスと結婚させられることになる。ジュリエットは同意するふりをし、自殺を決意する

4　修道僧はジュリエットに結婚を承諾させ、仮死状態になる薬を飲ませる。ロミオはジュリエットが死んだことを伝え聞き、ジュリエットの事情を説明する手紙も行きちがいで届かない（ワーストポイント）

5　ロミオは墓地に駆けつけて自殺する。ジュリエットが目覚め、恋人が死んでいるのを見て、自分も自殺する

ホラティウスからシェイクスピアやジョンソン、スクリーブからモリエールやラシーヌにいたるまで、各ステージはこの形式にぴったりとおさまる。ジェームズ・ボンドの映画、『エイリアン』シリー

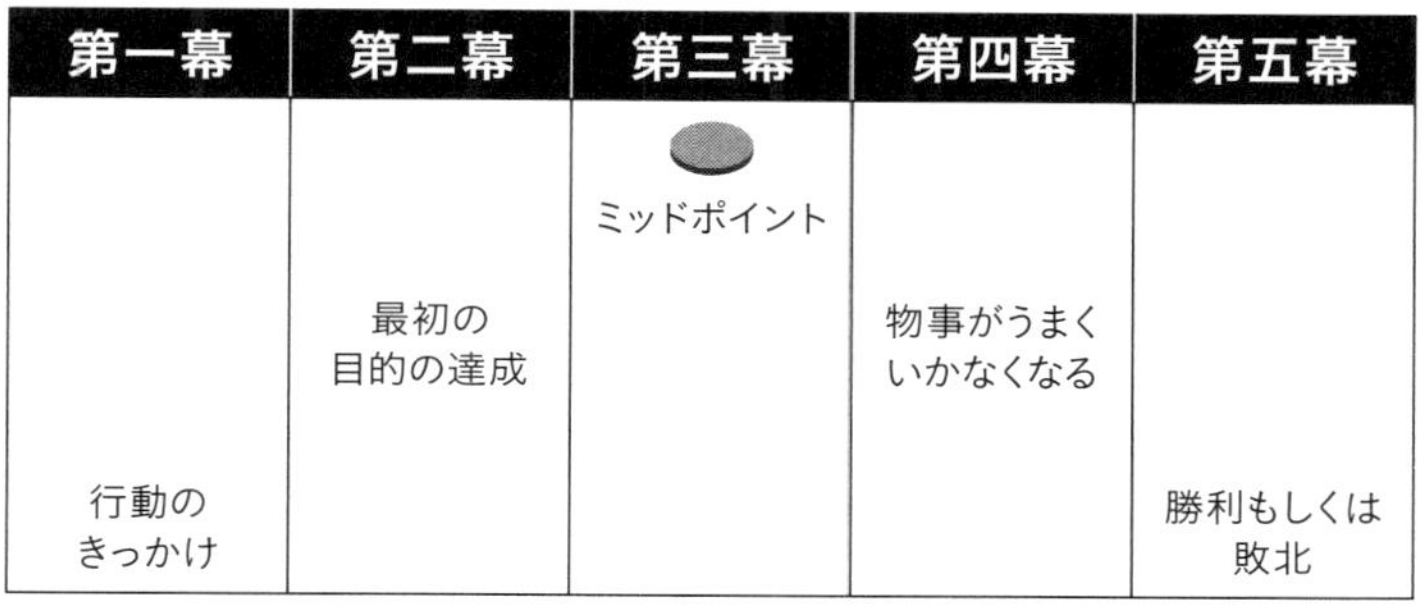

第一幕	第二幕	第三幕	第四幕	第五幕
		ミッドポイント		
	最初の目的の達成		物事がうまくいかなくなる	
行動のきっかけ				勝利もしくは敗北

ドラマティック・アーク

ズ、ピクサー映画――成功した映画やテレビドラマのどれを取ってみても、ホラティウスが明確にし、テレンティウスが作品に採用した形が見いだせる。[13]

ハリウッド映画は伝統的に五幕構成の作品とは考えられていないため、三幕構成のひな型で作られた映画でも、きれいに五幕構成の形式にも当てはまることがなおさらよくわかる。[14] 五幕構成は、三幕構成作品の第二幕が実際にどう機能するかを明らかにするばかりか、その過程で物語構造そのものの性質も際立たせてみせる。ミッドポイント、そして第二幕と第四幕の幕間は、非常に明白な形を示している。

ブッカーはその形を目にしていたものの、根底にあるものの細部を見落としている。第三幕に入っても、物事が即座に次々とうまくいかなくなるわけではない。[15] むしろ、動きは幕の中盤でピークを迎え、後半になってから形勢が逆転する。各幕での登場人物の運を、ターニングポイントがどう反映しているかをグラフにすると、グラフの頂点となるミッドポイントが物語の非常に重要な瞬間であることがわかるだけでなく、「ドラマティック・アーク」というおなじみの軌跡が、非常に明白に提示されていることがわかる。

脚本に関わる人間なら誰でも、好むと好まざるとにかかわらず、キャラクター・アークという概念には出会ったことがあるだろう。キャラクター・アークというものは、実際に存在するし、その形の根源的な対称性は、そこに深く有意義な何かがあることを暗示している。単純すぎるだろうか？　古典的な物語構造に批判的なチャーリー・カウフマンは、そう考えている。「私にとっては、『絵を描くときには、ここに必ず空、ここには人、ここには地面を描かなければならない』と言っているのと同じだ。そういうものではない。ほかの芸術形式やほかのメディアでは、創造活動に使えるものだけを受け入れているにすぎない」◆16

カウフマンの例えは正しくない。いいかげんな美術史の知識で、ルネサンス時代の完璧に科学的な比率、いわゆる「黄金比」を否定してみたところで、芸術とはなんらかの秩序やバランスを見いだすものであることに変わりはない。ジャクソン・ポロックなどの抽象表現主義者たちでさえ、混沌の中に形を見いだしてきた。だからこそ、『マルコヴィッチの穴』でロッテがジョン・マルコヴィッチの頭の中に入り、友人のマキシンとセックスするという不倫を犯しても、カウフマンが流行に逆らったことにはならないのだ。この出来事は映画のちょうど中盤で起こり、ロッテの夫を敵に回すことで危機感を高める。典型的なミッドポイントだ。カウフマンは、内容と形式を取りちがえている。五幕構成を学んでいけば、登場人物たち――もちろん『マルコヴィッチの穴』の登場人物も含め――が嬉々として進む、基本の旅路が存在することがわかってくるはずだ。

さて、ではなぜいま三幕構成が主流になっているのだろう？　五幕構成は、二世紀以上にわたり、支配的な演劇形式だった。それはなぜか？　そして五幕構成が本当に重要なものだったのなら、何がその終焉を招いたのだろう？

五幕構成VS三幕構成

芸術的衝動は別として、どんな芸術形式にも、発展の触媒となる二つの大きな要素がある。生物学とテクノロジーだ。五幕構成が一般的なものになったのは、出来のいい物語を作りやすくする演劇的ひな型を提供してくれるからというだけではないだろう。人間が長いあいだ立っていられないことや、人間の膀胱の容量には限りがあること、つまり、ひんぱんに休憩をとる必要があることも、重要な役割を果たした可能性が高い。夜間や屋内での上演にはろうそくが使われるため、上演時間にも限りがあった。こうした理由のいずれか、あるいは全部によって、五幕構成が物語を組み立てるうえで最も受け入れやすいということになったと見られる。

五幕構成は、「良くできた戯曲《ピエス・ビアン・フェ》」（英語で言うところの「ウェルメイド・プレイ」）を生み育てたとされるフランスの巨匠、ウジェーヌ・スクリーブ（一七九一〜一八六一年）の作品で頂点を極めたとされる。スクリーブは多作な劇作家だった（彼が「書いた」作品は四百以上、作品集は七十六巻にも及ぶ）が、これはスクリーブが若手を雇い、自分が完璧に磨き上げた方式に従わせていたからだと考えられている——今日のジェームズ・パターソンのような作家と同じだ。[17] スクリーブは、古典的なシェイクスピア風の形式を中心に作品を組み立て、各幕はターニングポイントや運命の逆転の場面で終わらせている。時事的な話題の題材を求め、「詩的正義に従って報酬が公平に分配される」ような結末、つまり「当時の道徳」を強化するような結末にこだわった。[18]

　時事的なものを扱ったために時代遅れになる宿命を背負ってはいたが、スクリーブが初めて大量生産のひな型を明示した、重要な劇作家であったことは事実だ。劇作家たちがその正統性に疑念を持ち、自分はそんな金目当ての仕掛けよりも高尚な立場にあるのだと主張したくなるのも無理はなく、そのせいでスクリーブの名声は傷ついてしまった。彼の作品が素晴らしく見事に構成され、颯爽とした美辞麗句の仕掛けに満ち、少なくともその当時はとても楽しいものであったという事実にも、曇りが生じてしまった。スクリーブの成功、人気、そして何よりエンターテインメントにこだわるスタンスは、その当時でさえあざけりの対象となった。ジョージ・バーナード・ショーは軽蔑的にこう問いかけている。「人は、シェイクスピアやモリエール、アリストファネスやエウリピデスのように書くことができるのに、なぜスクリーブのように書かなければならないのか？」[19]そうは言っても、スクリーブが過小評価されていることは確かで、その影響力が大きなものであったことは疑いない。

若きイプセンは、スクリーブの戯曲の二十一本を演出しており、[20]スクリーブがこの十九世紀の演劇界の巨人にも影響を与えたことは明らかである。イプセンの五幕物の『民衆の敵』は、四幕物（『ヘッダ・ガブラー』）や三幕物（『幽霊』）と同様に、ほとんど異様なまでに原型を踏襲している。実のところイプセンは、英文学教授のスティーブン・スタントンも指摘しているように、[21]スクリーブの物語構造を採用し、「最終幕の伝統的な解明部分を真面目な議論」に置き換えることで、「演劇芸術の新しい流派を創始した」のだ。[22]ショーの物言いも不誠実である——ショーはスクリーブがイプセンに与えた影響を知っていたし、[23]ショー自身の作品にもスクリーブとの妙な類似点がある。

スクリーブがいなければ、イプセンの作品もショーの作品も存在しなかったかもしれない（少なくともいまと同じ形では）。「ウェルメイド・プレイ」という言葉が、一九六〇年代に一種の略式表現として悪用されるようになったことや、[24]テレンス・ラティガンらがイギリスの舞台から追いだされたことは、さまざまなことを物語っている。こうした考えかた、つまり、この手の技巧は本物の戯曲の敵であるはずだという疑念は、現在でもまだ残っている。イプセンやショーのみならず、T・W・ロバートソンからオスカー・ワイルドまで、ブルワー＝リットンからJ・B・プリーストリーまで、連綿と続く何世代もの劇作家に影響を与えたスクリーブにとって、さらには演劇そのものにとっても残念なことである。スクリーブの作品は古くさくはなったかもしれないが、彼の非常に重要な功績はもっと認知されて然るべきであろう。

十九世紀に三幕構成が復活したのは、シェイクスピア形式への反動ではなく、生活が快適になり、テクノロジーが発展した影響が大きい。『テンペスト』の嵐を、言葉だけで想像する必要はなくなった。観客は、暖房の効いた空間でベルベットの座席に座り、舞台装置や洗練された照明の妙技を自由に駆使する、演劇の魔法に耽溺できるようになった。劇場へ足を運ぶことは、突如として気軽な娯楽となった。たとえ華々しいスペクタクル（これも現代のワイドスクリーンや3Dの発明みたいなものだったにちがいない）がなくても、ひんぱんな休憩が減ったおかげで、たまの娯楽がはるかに少なかった時代においては、演劇鑑賞はより快適な体験となった。三幕構成が復活したのは、映画が誕生し、映画の構造、ひいてはのちのテレビドラマの構造の進化が、劇場に負うところが大きかったからだ。単に出発点として、そこが最も便利な地点だったのだ。

ここまで見てきたとおり、成功した三幕構成の作品は、より大がかりな構成の形を模倣している。三幕構成における主人公の旅の形は、五幕形式の求めるところに応じ、より明確に設計される。ハリウッドの方法論である三幕構成を苦手とする脚本家は、五幕構成を使えばミッドポイントをうまく置くことができることが多い。幕構成を賢く使えば、よりしっかりとした構造を作り、物語の緊張感を高め、観客の心をつかむターニングポイントを一定間隔で生みだすことができる。新人脚本家がよく陥る問題のひとつ、第二幕の「たるみ」や支離滅裂さ、混乱、話についていきにくいといった欠点も、解消しやすくなる。

一方、五幕構成には別の効果もある。五幕構成という形式は、さらに深く掘り下げていけば、非常に驚異的で精緻な根源的パターンを見いだすこともできるのだ。

4 変化の重要性

彼はトイレの貯水槽の裏に銃を見つけ、自分を落ちつかせてから手洗所の出口に向かう。小さなイタリアン・レストランの中では、ソロッツォとマクラスキーがじりじりしながら座っている。彼はテーブルに戻る。席に着くと、地下鉄の轟音が上方から響いてくるが、彼には自分の心臓の音しか聞こえない。客たちは何も気づかず会話を続け、列車は悲鳴を上げるように通りすぎていき、彼は立ち上がり、銃を抜き、一瞬静止し、同席する二人の額にすばやく弾丸を撃ち込む。血しぶきが上がり、テーブルが倒れ、マイケル・コルレオーネの人生は永久に変わる。

マイケルが悪徳警部とその友人のギャングを殺害するシーンは、ハリウッドの象徴のようなシーンだ。ただしそれは、単に『ゴッドファーザー』の観点からの象徴ではない。マイケルの顔を見てほしい。忠実に法を遵守する戦争の英雄と、これから殺人者になろうとしている男とのあいだにある葛藤、ファミリー・ビジネスと距離を置いて未来を見てきた息子と、自分を永遠に犯罪組織に結びつける行為とのあいだにある葛藤が、その瞳の奥に見える。引き金を引く瞬間、マイケルの運命は決まる。かつての自分とこれからの自分のあいだの葛藤と、一方の状態から他方の状態に移るために必要な意志の行為が、完璧にとらえられている。◆[01]

実のところ、これはどんな映画にもあるシーンだ。アル・パチーノは、この一瞬で、すべての物語が土台とする本質を表現している——変化と、それを達成するために登場人物が体験する内面的葛藤を。

立体的な物語の主人公は、欠点克服の旅に出る。目標に到達するのに必要な特質を学ぶ——言い換えれば、変化を遂げるということだ。変化は物語上の欲求と切っても切り離せないものだ。登場人物が何かを望むなら、それを手に入れるためには変化しなければならない。

アーロン・ソーキンの映画『ア・フュー・グッドメン』では、キャフィー中尉（トム・クルーズ）が、悪辣なジェサップ大佐（ジャック・ニコルソン）の罪を暴くことを目標にする。キャフィーは独りよがりで薄っぺらい甘やかされた男で、弁護士としての駆けだしのキャリアは、つねに法廷を避け、司法取引で依頼人の運命を決めてきた。そのキャフィーが、陸軍で絶大な権力を持つジェサップを、暴力行為で新兵を死なせた罪に問おうとする。キャフィーが成長し、欠点を克服し、ジェサップを法廷に立たせて一対一で闘う勇気を持たないかぎり、その目標は達成されない。キャフィーの欠点は、男の世界に生きる子どもだということだが、それでも正義を望む。そのためには変化し、男にならなければいけない。変化することでしか成り立たない物語的な原型の、ひとつの形である。『ブレイキング・バッド』のアンチヒーローであるウォルター・ホワイトは、それをうまく表現している。理科の授業に無関心な生徒たちに、化学について説明するため、彼はこう言っている。

「まあ、厳密に言えば（化学は）物質の研究だ。だが、私は変化を研究する学問だと考えている。考えてみてくれ。電子はエネルギーのレベルを変化させる。分子は？　分子は結合を変化させる。元素は結合して化合物に変化する。そう、それが生命のすべてだ、わかるか？……解決と崩壊を何度も何度も何度もくり返す。成長し、衰退し、変容する」◆02

変化は人生の基盤であり、つまりは物語の基盤でもある。興味深いのは、物語そのものと同じように、変化にも基本パターンがあるということだ。原型的な物語には、必ずひな型（あるいはそれに近いもの）がある。物語構造の謎の解明を助けてくれる、不変の方法論だ。

変化の方法論

このパターンとは何か？　そしてどう機能するのだろうか？

リドリー・スコット監督、カーリー・クーリ脚本の映画『テルマ&ルイーズ』は、五つのステージに区分けすることができる。

1 二人の女性がキャンプ旅行に出かける。ルイーズは神経質で抑圧された女性で、テルマのほうは無邪気で自分では幸せだと信じているものの、過酷な結婚生活を送っている。バーに立ち寄って楽しい時間をすごそうとしたとき、テルマは男にレイプされそうになる。ルイーズは男に立ち向かい、相手を撃ち殺す（契機事件）。

2 ルイーズはすぐさまテルマと現場から逃げ、メキシコに向かうことを決意する。テルマは夫のダリルのもとに戻りたくて仕方なかったが、電話をかけたとき初めてダリルの支配的な本性に気づき、ルイーズと逃げることに同意する。警察からも逃れるため、二人はメキシコへ向かう。

3 だんだんリラックスしてきた二人は、旅を楽しみ始める。テルマにうながされ、ルイーズはハンサムな若い男（ブラッド・ピット）を車に乗せ、ようやく自分のボーイフレンド（マイケル・マドセン）に連絡し、援助を求める。その夜モーテルで、二人の女性はそれぞれセックスをする。ルイーズは翌朝ボーイフレンドに最後の別れを告げるが、テルマのほうは若い男に金を奪われたことに気づき、そこから旅の主導権を握る。収入も援助もない逃亡の旅の途中、テルマはスーパーマーケットに強盗に入る。殺人容疑で二人を探し始めていた警察は、初めて二人の居場所の明確な手がかりをつかむ。

4

警察がしだいに二人に迫ってくる。ルイーズはテキサスを通るのはいやだと言い張り、何年も前にテキサスでレイプされたことがあると打ち明ける。目的地は信じられないほど遠く、いやらしいタンクローリーの運転手に追われてますます苦境に陥り、二人は夜通し車を走らせ、自首するかどうか考える。しかし二人は、偶然に自分たちの居場所を明らかにしてしまう。(危機的状況)

5

失うものが何もなくなった二人は、タンクローリーの運転手に反撃し、罠に誘い込んで積荷を爆破する。警察に追い詰められた二人は、あくまで立ち向かうか、あるいは別の道を選ぶしかなくなる……。二人は手をつなぎ、車のアクセルを踏み込んで、崖からその下の渓谷へと飛びだしていく。

残酷な家父長制社会に抑圧された二人の平凡な女性が、けちくさい中産階級的な生活を超えた充足感を見いだすのは、自殺という行為ではなく、もっと優美なもの、壮大なものなのだ。脚本家、キャスト、監督が持てる技術を総動員したことにより、観客は、主人公たちが欠点を克服したこの結末が、ある種の「昇天」であり、報われたラストだったと信じることができるのである。

構造

脚本家のカーリー・クーリが意識的に五幕構成で脚本を書いたかどうかはわからないが、この映画を古典的な五つの原型ステージに分けるのはたやすい。また、分割することで、根底にある対称的な統一性が浮かび上がってくるのも興味深い。「第三幕」は四十分続き、ミッドポイントで二分されるが、そのほかの各幕の時間は二十分である。

この映画では、テルマが依存心の強い少女のような女性から、自由な女性へと成長する一方で、ルイーズも、方向はちがうが似たような旅路をたどり、抑圧から解放される。テルマは自己決定を学び、ルイーズは人と何かを共有する能力を身につける。二人の旅路は対等だが、正反対の道を歩んでいる。さらに、主要人物の欠点、すなわち、テルマの無邪気さとルイーズの厭世的な皮肉っぽさに観客が共感できれば、この物語の基本構造が、相反するものを中心として構築されているというばかりでなく、両人物が同じように欠点を克服し、自己実現を達成していることも見えてくると思う。

とはいえ現段階で重要なのは、二人が同じ基本パターンに従って変化するということだ。このパターンは、登場人物の主要な欠点や必要とするものを中心に構築される。どんな物語においても、こうした要素は最初から意識されるものではない。これら欠点がどう意識され、対処され、最終的に吸収されていくかを追っていってみよう。

テルマ――ルイーズ

第一幕

素朴――皮肉屋
状況をわきまえている――状況をわきまえている
新世界――新世界

第二幕

警察に電話したい――逃げたい
嘘をつく――嘘をつく
二人は一緒にメキシコに行くことに同意する

第三幕

車内で歌う／テルマとＪＤの絆／ルイーズはジミーに電話する
それぞれのボーイフレンドとのセックス

テルマが主導権を握る——ルイーズはそれを許す——強盗

第四幕

未来への恐れ
過去の自分への退行
新しい自分を受け入れるか否か？

第五幕

新しい自分の主張
タンクローリー爆破
自殺／昇天

異なる方向からのアプローチにもかかわらず、多くの重要なポイントは共有されている。テルマはより大きな自信を身につけ、ルイーズはやりすごすことを学ぶ。二人の対等かつ正反対の反応が、たがいを補い合い、最終的に二人は自分自身の中でバランスを取り、完全なものになる。*

*これと同じパターンは『ハムレット』などにも適用されている。付録IIを参照のこと。

立体的な映画をどれでもひとつ選び、登場人物が各幕でどう変化していくか、どう欠点を自覚し、最終的に吸収していくかを図示してみると、同様のパターンが見つかるはずだ。このパターンが事実上の「変化のロードマップ」で、登場人物は自分の欠点をより深く知り、徐々に受け入れたりごまかしたりしながら、最後は完全に生まれ変わる。まとめると以下のようになる。

変化のロードマップ

第一幕
何も知らない
知り始める
気づく

第二幕
疑う
ためらいを克服する
受け入れる

第三幕

知ったことを実験する

ミッドポイント――重要な知識を得る

知ったことを再び実験する

第四幕

疑う

再びためらう

あと戻りする

第五幕

再び気づく

再度受け入れる

完全に消化する

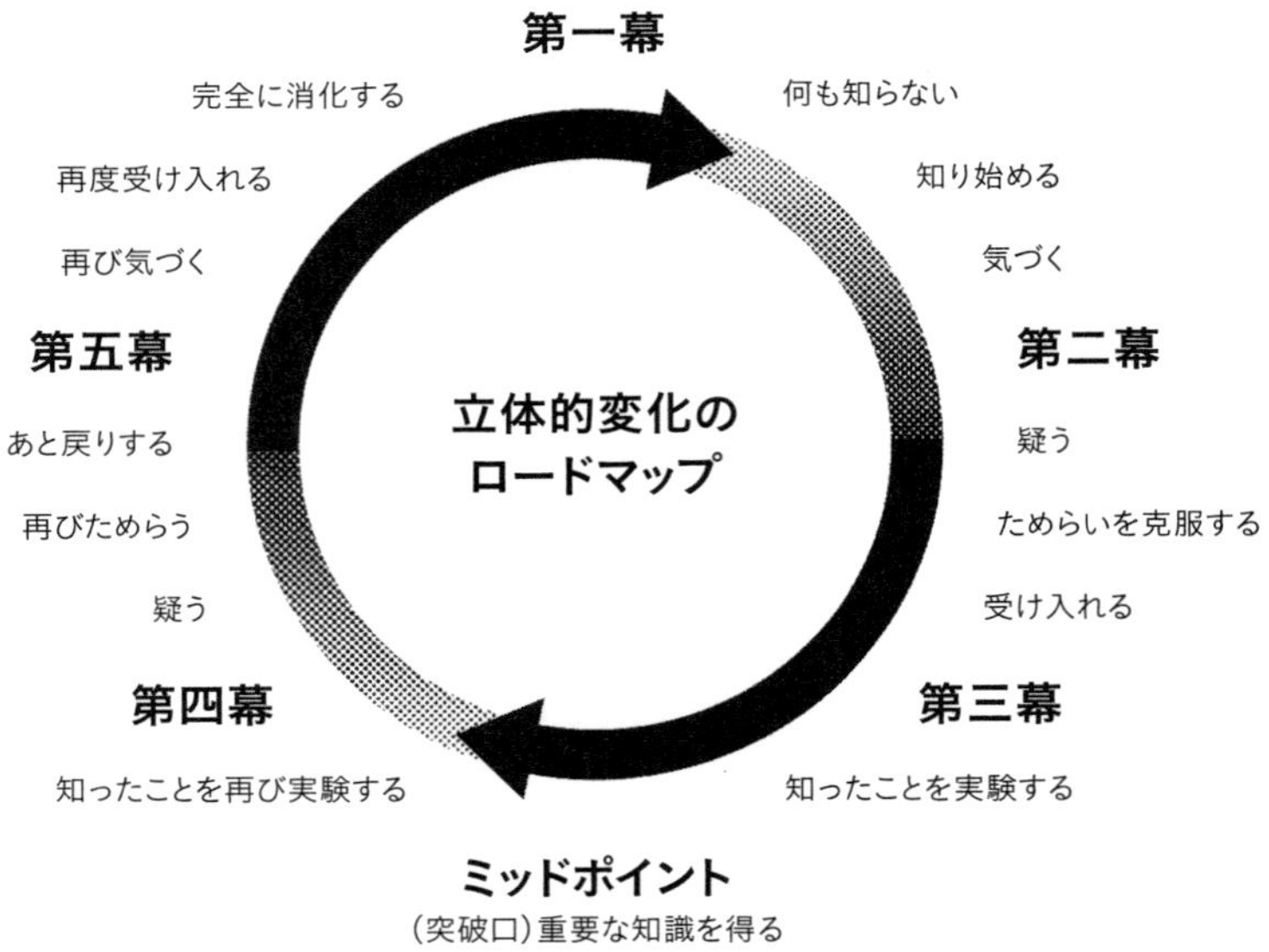

図示すると上図のようになる。

『となりのサインフェルド』は、脚本家の決まり文句を巧みにもじり、「ハグがなければ学びもなし」というキャッチフレーズを使っていたし、スクリプト・エディターが脚本家に「あなたの登場人物が学ぶことはなんですか」と訊ねても、多くの脚本家は目をぐるっと回すだけだろう。しかし、このロードマップが示すとおり、学びはどの立体的な物語をとっても、その中心にあるものだ。つまり、登場人物がいかに変わっていくかということなのだ。登場人物は自分の欠点を克服するために、パターンに従って学ぶ。意識していなかった欠点が表面化し、新しい世界で露出し、反応を引き起こす。欠点を克服する方法を探求し、疑念を覚えたり言い逃れをしたりしたのち、登場人物はようやく欠点を制圧することを決意し、新しい自分を受け入れる。

『ダンシング・ヒーロー』、『アタック・ザ・ブロック』、『善き人のためのソナタ』にも同じ設計が見られる。『マイ・ジンク・ベッド』のみならず、デイビッド・ヘアーの全作品に、多かれ少なかれ見られる形でもある。欠点が異なれば映画も別物になる。『ダンシング・ヒーロー』のスコットは勇気を学び、『アタック・ザ・ブロック』のモーゼスは自分の臆病さと闘い、『善き人のためのソナタ』のウィースラーは共感を身につけなければならない。『E.T.』の冒頭で、ジャックは母親を怒らせた弟のエリオットを叱る。「まったく」とジャックは言う。「もっと大人になれ。たまにはほかの人がどう思うか考えろ」。それがエリオットの欠点だ。人の気持ちを理解できるようになり、最終的にはいちばんの親友を家に帰すための旅に出なければならない。それぞれの幕で、異なる闘いのステージがある。エリオットはこの欠点を、テルマやルイーズとまったく同じパターンを踏襲し、徐々に克服していく。◆03

このパターンを逆転させると『マクベス』や『ゴッドファーザー』になり、登場人物の善良さはまったく同じパターンで腐敗していく。原型的な物語においてはすべての登場人物に欠点があり、「ロードマップ」はそれを克服する方法を示している。* こじつけに聞こえるだろうか？　確かに単純に見えるが、『カサブランカ』から『アイアンマン』まで、『JUNO／ジュノ』から『赤ちゃん教育』ま

*付録Vを参照のこと。

で、『アフリカの女王』から『007／カジノ・ロワイヤル』まで、どの映画でもいいから検証してみてほしい。シェイクスピア作品にも、ヘアーの『マイ・ジンク・ベッド』やカウフマンの『マルコヴィッチの穴』にも、デル・トロ作品にもこのパターンが見える。

だが、なぜなのだろう？　こんな画一的な構造が、なぜ存在するのだろうか？

クリストファー・ボグラーとヒーローズ・ジャーニー◆04

一九七三年公開の『アメリカン・グラフィティ』は、その出資額との比で、史上最も成功した映画となった。生みの親のジョージ・ルーカスは、物語の本質について考え始めた。壮大な神話物語とはどういうものだ？　現代の西部劇とはどんなものだろう？◆05　さまざまな文化全般で同様の物語が自由に現れる現象を調査していた人類学者、ジョーゼフ・キャンベルの研究と遭遇したルーカスは、キャンベルのユング的な神話解釈と、自分が生みだそうとしている作品とのあいだに類似点があると気づく。ルーカスは双方を融合させ、その結果、途方もない成功をおさめた。◆06『スター・ウォーズ』はそうして誕生したが、それと同時に、映画業界を丸ごとのみ込みかねない怪物も生まれた。

一九七〇年代初頭は、アメリカ映画に並外れた活気のあった時代だった。『ファイブ・イージー・ピーセス』、『タクシードライバー』、『チャイナタウン』などが製作される時代は健全な時代と呼んでいいだろうが、それでもいくつかの（記念碑的な）例外を除けば、ハリウッドが最も得意とするタイプの映画、すなわち、巨額の興行収入を生めるような作品は出てきていなかった。このため、貪欲な映画業界が『スター・ウォーズ』の博した熱狂的な人気を目の当たりにし、それがひな型に基づいた複製可能な作品であることを知ると、大騒乱が巻き起こった。まるでゴールドラッシュだった。突然に「地図」が出現し、その地図に従わない作品は製作も難しくなった。とはいえ、その地図は簡単に読めるものではなく、金の採掘者の多くは近道を行きたい衝動に抗えないでいた。

そこに現れたのが、ディズニーの若き脚本アナリスト、クリストファー・ボグラーだった。ボグラーは、キャンベルの叙事詩のような神話研究書、『千の顔をもつ英雄』を七ページの覚書にまとめ、◆07やがてそれが『作家の旅 ライターズ・ジャーニー』という著作となり、当時の映画製作者や映画会社幹部に影響を与えるひな型となった。純粋主義者の怒りが醸成されだしたのも、急速に賢者の石となりだしたこのひな型に従わなければ脚本を使ってもらえない、と多くの脚本家たちが感じ始めたのも、このころだった。彼らにとってボグラーは、インスピレーションの源を、組み立て式家具のように平箱包装にしてみせた人物だった。実のところそれは誤解だったのだが、『スター・ウォーズ』から『ライオン・キング』まで、映画における物語の旅の構造は、まさに卑金属を金銀に変換できる手法のように見えたし、多くの人がそうと感じてしまったのだ。

さて、ボグラーがまとめたものとはなんだったのか？　辛辣な言いかたをすれば、「キャンベルの模造品」だ。その原則は単純化され、縮小されてはいるが、非常に重要なもの——キャンベル自身も意識していないような——の核心部分は含んでいる。ボグラーは、キャンベルが一九四九年に定式化した「原質神話《モノミス》」に基づいて、構造モデルを生みだしたのだ。◆08

キャンベルは、古代文化の伝統的な物語（通常、人間の行動や自然現象の起源に関する超自然的な物語）の中に、同じひとつの基本パターンが見いだせることを主張した。この原質神話は、「英雄が日常の世界から超自然的な驚異の領域へと踏みだしていく。そこで信じがたいような力に遭遇し、決定的な勝利をものにする。英雄は、仲間に恩恵を与える力を得て、この神秘的な冒険から帰還する」という非常に単純なものだ。キャンベルがあらゆる神話の中に見いだしたのは、英雄が魔法の霊薬を探す旅、そして、それを故郷に持ち帰ろうとするがゆえに起きる戦いだった。

私自身が初めてボグラー（ひいてはキャンベル）の作品に出会ったのは、まだ若手の脚本リーダーだったころだが、私はかなり不躾にそれをはねつけた。当時は『イーストエンダーズ』の仕事に関わっていたが、ヒーローズ・ジャーニーが、コインランドリーで働くポーリーン・ファウラーに応用できるとは思えなかったのだ。その後、物語構造理論をもっと真剣に探求するようになったとき、私は再びこのヒーローズ・ジャーニー理論に向き合った。この理論には欠陥があるし、単純化されてもいるが、◆09物語構造の重要な要素を切り分けるのには役立つ。ボグラーのモデルは、十二の重要なステージで構成されている。

1　日常世界にいる英雄が紹介され、
2　そこで英雄は冒険への誘いを受ける。
3　英雄は最初は冒険に乗り気でない、もしくは冒険の拒否をおこなうが、
4　師にうながされ、
5　最初の戸口の通過をし、特別な世界に入っていき、
6　そこで試練、仲間、敵に出会う。
7　英雄は第二の戸口を越え、最も危険な場所へ接近する。
8　そこで英雄は最大の苦難を乗り越える。
9　英雄は報酬を獲得し、
10　日常世界への帰路につき、霊的な死に見舞われ、
11　さらに第三の戸口を越え、復活を体験し、その体験によって変化する。
12　日常世界に役立つ霊薬、恩恵、もしくは宝を持って帰還する。

私がこの説をすぐに否定した理由のひとつは、最大の劇的地点の「最大の苦難」が、フライターク

と同じで物語の中盤にあることだった。つまり、引き返す旅の中で、敵対する力が強まっていかないように思えたせいだった。さらにもうひとつ理解できなかったのは、ヒーローズ・ジャーニーと幕構成という脚本の方法論が、なぜ二つも存在するのかということだ。ひとつだけか、まったく存在しないかのどちらかではないのか？

だがこの難問は、二つの単純な作業によって解明することができた。ひとつめは、二つの方法論をひとつにまとめるという試みだった。ボグラーのモデルと幕構成を組み合わせてみたのだ。ボグラー自身もこのモデルが三幕構成にどうおさまるかを示しているが、五幕構成に当てはめると、これがまたいっそう興味深い。

第一幕

1　日常世界にいる英雄が紹介され、

2　そこで英雄は冒険への誘いを受ける。

第二幕

3　英雄は最初は冒険に乗り気でない、もしくは冒険の拒否をおこなうが、

4　師にうながされ、

5　最初の戸口の通過をし、特別な世界に入っていき、

第三幕

6　そこで試練、仲間、敵に出会う。

7　英雄は第二の戸口を越え、最も危険な場所へ接近する。

8　そこで英雄は最大の苦難を乗り越える。

9　英雄は報酬を獲得し、

第四幕

10　日常世界への帰路につき、霊的な死に見舞われ、

第五幕

11　さらに第三の戸口を越え、復活を体験し、その体験によって変化する。

12　日常世界に役立つ霊薬、恩恵、もしくは宝を持って帰還する。

もうひとつの作業は、これを既存の作品に応用し、登場人物の欠点克服に当てはめてみたことだった。◆10

バズ・ラーマン監督の『ダンシング・ヒーロー』のスコット・ヘイスティングズは、素晴らしいダンサーだが感情面に問題を抱えている。ナルシストで仕事中毒の一匹狼なのだ。パン＝パシフィック・ボールルーム選手権で優勝しようと必死だが、実は親密さを求めている自分というものに気づいていない。それがスコットの欠点なのだが、「親密さ」を「霊薬」と考えてみると、興味深いことがわかってくる。

第一幕

野心的で、強情で、情緒不安定なスコットが、狭い自分の世界の中で、自分のやりかたで勝つことに執着している。

スコットはアマチュア・ダンサーのフランに出会い、一緒に踊ってほしいと誘われる。これは「勇敢になる誘い」だ。

第二幕

最初は乗り気でなく、誘いを拒否するが、フランの性格の強さに背中を押される……スコットは最初の戸口の通過をし、競技会でフランと踊る。

第三幕

フランとのダンスを続け、彼女に接近していくことで、スコットはダンス仲間から嘲笑され、試練に遭遇し、新たな仲間を作り、敵対者を挑発する……そして、第二の戸口を越え、パートナーとしての二人を非難するダンス連盟に立ち向かい、最大の苦難に耐えて彼らを退ける。

スコットはフランを、つまりは報酬を手に入れ、自分の弱さをフランに見せる。心で踊ることを学び、世界を新たな目で見てみようと試みるが、しかし……

第四幕

……新たに見いだした勇敢さがもたらすプレッシャー、仲間からの圧力、失敗することの恐れに対処するのが思った以上に難しいと気づいたスコットは、疑念、自信喪失、不安から、もとの日常世界へあと戻りしてしまう。フランと出る競技会で勝てないという不安に駆られ、フランを拒み、精神的な死に直面する。

第五幕

スコットは、勝利と、真実の愛がもたらす親密さとのどちらかを選ばなければならない。彼は第三の戸口を越え、復活を体験する——ようやく自分を苦しめてきた相手との最終対決に直面し、フランと最後の競技会で踊る。ルールを無視し、心のリズムで踊る。

この経験により変貌を遂げたスコットは、霊薬、すなわち日常世界に役立つ恩恵、もしくは宝を持って、日常世界へと戻ってくる。


幕構成とも明白にぴたりと重なり合ったこの構造において、英雄や日常世界が必要とする霊薬、手に入れがたい宝とされるものは、まさに主人公が欠点を直すために必要とする要素とも同じものだ。この物語は、スコット独自の問題を克服するための、鍵を探す旅路なのだ。

支配権を握ることを学ぶテルマ、手放すことを学ぶルイーズも同じである。物語の形は、彼らがいかにして自分の人生にはなかった良質なものを見つけ、たぐり寄せ、最終的に自分のものにするかを中心に構成されている。欠点のあるところからスタートし、霊薬を見つけ、その使いかたを学び、完成させる。

キャンベルの原理を現代映画の中から最初に見つけだし、共通構造というアイデアを掘り起こしていったことは、ボグラーの功績である。ただし、ボグラー自身は「原質神話」との類似性を指摘しただけで、それ以上深く掘り下げようとはしていない。また、ボグラー自身の説明はしばしば混乱し、そうなる理由を理解しようとする真の試みが（擬似神秘主義的な迷信崇拝以外）見られないため、彼の研究には苛立たされるところもある。◆[11]

ボグラーの方法論は、それが登場したときの喝采の大きさの割に、本質的には三幕構成を主人公の視点から見ているだけにすぎず、特に複雑でも独創的でもない。この方法論の最も有意義な貢献は、何より重要な「なぜ？」、すなわち、物語構造が存在する理由の解明を助けるためのツールになれるかもしれないということだ。ボグラーの方法論と「伝統的」物語構造に共通する重要な特徴、「ミッドポイント」もしくは「最大の苦難」をより掘り下げてじっくり見ることにより、この疑問の解決に近づいていきたい。

ミッドポイントの重要性

『ゴッドファーザー』のミッドポイントは、マイケルが警官を撃ち、彼の人生が永遠に変わる瞬間であることはわかっている。『タイタニック』では氷山に衝突する瞬間だ。だが、そもそもミッドポイントとは実のところなんなのか？　伝統的なハリウッドの三幕構成、ボグラーのモデル、そしてシェイクスピアの五幕構成にも共通しているのはなぜなのか？　本当のところ、ミッドポイントはなぜ存在するのだろう？

変化の方法論におけるミッドポイントは、ボグラーの「最大の苦難」の瞬間に相当する。「ヒーローズ・ジャーニー」で、主人公が「敵の洞窟」に入り「霊薬」を盗みだす地点であり、変化の方法論では「大きな変化」の瞬間である。◆12 必ずしもいちばん劇的な瞬間ではないが、最上位レベルの意義を持つ地点である。『マクベス』でも示されるように、そこからあと戻りはできない。初めて新たな「真実」が主人公の前に現れる。主人公は宝を手に入れるか、欠点を直してくれる「霊薬」を見つける。ただし、注意すべき大事な点がある……物語のこの段階では、主人公は霊薬の扱いを正しく理解していない。よって「帰路」は、主人公が「霊薬」を手に入れたことにどう反応するか、賢く有益に使いこなすことを学べるかどうかという要素で成り立っている。

『アフリカの女王』では、アフリカの中心部で起こったドイツ軍による虐殺をきっかけにめぐりあった川船の船長をハンフリー・ボガート、宣教師をキャサリン・ヘプバーンが演じている。二人はたがいに反感を持ちつつも、ドイツの戦艦を爆破するために危険な川を下ろうとする。映画のちょうど中盤、彼らの船は、要塞を通過するという決死の移動を敢行する。予想に反してこれが成功すると、二人はこの幸運に有頂天になり、初めて抱き合ってキスをする。

『テルマ&ルイーズ』と同じように、二人の主人公は明らかに正反対である。男は粗野で世俗的、女は上品だが抑圧されている。感情的には、二人がそれぞれの欠点を初めて完全に克服する地点に、ミッドポイントが刻まれる。男は優しさを示す。女は性的感情を表現する。二人のその場での反応は、気恥ずかしそうで、起きたことを否定しているように見える。どちらも前の自分に戻りたがっているが、戻れない。賽は投げられ、どちらもキスの結果とともに生きなければならない。そのうえ、この映画にはさらに危機が加わる。ドイツ軍が彼らの存在に気づくのだ。英雄である二人は、怒りに燃える冷酷な敵に追われながら川を下り、それと同時に、新たに見いだした親密さを受け入れなくてはいけない。

つまりミッドポイントとは、主人公が非常に強力な「薬」を与えられるも、それを適切に扱うための必要な知識が身についていない瞬間と言える。主人公がいかにしてその知識を身につけるかが、映画後半の基本的な主題を形作ることになる。よく練られたミッドポイントには、リスクとリターンの比率というものがある。登場人物は必要不可欠な何かを手に入れるが、そのせいで周囲の危険が高まる。ミッドポイントとは、賭け金を劇的に引き上げる障害であり、主人公はその過程で、障害を乗り越えるために変わらざるを得なくなる。この変化が、主人公にとってはあと戻りのきかない地点となる。「解決策」を見つけるための往路の終わりであり、ここから復路が始まる。

メル・ギブソンが監督した『アポカリプト』は、文字どおり、物語全体が往路と復路を中心に構成されている。主人公の若い戦士ジャガー・パウは、捕らえられ、生贄にされるために何百マイルもの道を連れていかれる。身重の妻は取り残され、死に直面する。物語のちょうど中盤、パウはいよいよ生贄にされようという瞬間に逃げのび（このとき初めて全力で勇気を振り絞る）、傷つきながら帰り道を急ぐ。パウに屈辱を味わわされ、復讐に燃える残忍な部族から妻を守るために。物語の冒頭のパウは勇気のない若者として描かれる。そしてもちろん、男となって終わる。これは変化の方法論を適切に表現しており、最大の変化は物語の中心部分に意味深く埋め込まれているように見える。

これは映画だけでなくテレビドラマでも同じだ。ドラマ『第一容疑者』の最初の三シリーズはどれも二部作で、それぞれの第一部の終わり、すなわち、事実上は各シリーズのミッドポイントで、捜査全体の方向性を変えてしまうような新しい障害が出現し、視聴者はそれに直面するジェーン・テニソンに向かって警告を叫ぶことになる。ミッドポイントが現れる地点は、偶然とは思えないほどみな同じだ。むろん偶然ではない。その真の意味を理解できれば、謎の扉はひらく。物語がなぜそうした形になっているのか、その理由が扉の向こうに隠されている。

5 人はどうやって物語を語るのか

『トム・ジョウンズ』は百九十八章からなる十八巻の小説で、最初の六巻は田舎、次の六巻は旅先、最後の六巻はロンドンが舞台となっている。……小説のちょうど真ん中で、主要登場人物の大半が同じ宿を通過するが、出会ってしまうと物語が早々に終わるような組み合わせの登場人物同士は会うことはない」と、作家兼批評家のデイビッド・ロッジは言う。「対称性というのは、読者が意識している以上に、小説家にとっては重要なものなのだ◆01」

E・M・フォースターの『インドへの道』は、インドを訪れたイギリス人女性と地元の医師とのあいだで起きた、マラバー洞窟での不明瞭な「事件」を中心に書かれた小説だ。謎に包まれた暗い洞窟での事件は小説のちょうど中盤で起き、小説の内容のすべては、最初はその瞬間に向かって突き進み、その後はそこから渦を巻いて広がっていく。フィクションにおいてはこうした出来事がよく中盤で生じるが、こうした現象は、何かしら構造的に重要なことが起きている暗示とも考えられる。ホメロスの『オデュッセイア』はなぜ二十四巻に分かれているのだろう。最初の十二巻はオデュッセウスがトロイアからイタケーへ帰還する物語、残りは王国を取り戻す物語になっている。なぜウェルギリウスの『アエネーイス』も、同様の配置がおこなわれているのか？　モンドリアンは次のように言う。「芸術家は、均衡のとれた関係を自発的に創りだす。完全な調和が芸術のゴールだ」◆02。ここでも単純化しすぎないよう注意する必要はあるが、「ミッドポイント」というものが存在するのは、物語が対称に向かう傾向があり、その中心には独自の特殊な重要性があることを示唆しているようでもある。

反直観的なやりかたに思われるかもしれないが、ここで物語のほかの形式、すなわち平面的な物語や複数の主人公の物語形式では、ミッドポイントがどう機能しているのかを見てみよう。これにより、ミッドポイントの存在がただの偶然かどうかを掘り下げて突き止めたい。

平面的な物語における「ミッドポイント」

変化がすべての物語の根源にあることは確かだが、前述したように、平面的な物語の主人公は変化しない。だが、物語は変化なしには存在しえない。変化こそが物語であり、たとえば刑事がいつも同じままでいる世界では、物語の動力の燃料となるものは何もない。

『刑事コロンボ』や『主任警部モース』の古典的エピソードにおいては、主人公は捜査中の犯罪の裏にある「真実」を追求する。内面的な旅をする主人公は、真の自分を見つけるために旅をして自分を癒やそうとするが、純粋に外面的な物語の主人公は、捜査中の犯罪の本質を知り、犯人を逮捕することで世界を癒やす。主人公の内面は変化しない。変化するのは、状況に関する知識だ。

このタイプの登場人物には、欠点ではなく知識の不足があり、それが物語が進むにつれて改善されていく。物語の最初では、モースは殺人犯のことを何も知らないが、最後にはすべてを知る。こうした変化にもパターンがある。『MI－5 英国機密諜報部』のシリーズ3の最終回（ベン・リチャーズ脚本）◆03で、主人公のアダムは、妻フィオナと仲間のエージェントのダニーが誘拐されていることを知る。この物語も伝統的な五幕構成に分解することができる。

第一幕

アダムはフィオナに「全世界を引き換えにしても君を手放したりしない」と言う。そのフィオナが、ダニーとの日常的な任務の最中、北アフリカのテロリストに誘拐される。（契機事件）

第二幕

誘拐犯はイギリス政府に、イラクからの全軍即時撤退を要求する。首相はその夜のサミットでそれを発表しなければならない。フィオナとダニーは、仲間にSOSを伝えようと必死に画策する。アダムがようやく二人が誘拐されたことを知ったのは、自分自身がカテラ（別の誘拐犯）に捕らえられたときだった。

第三幕

MI－5が不審に思い、行方不明の同僚の組織的捜索を開始する。エピソードのちょうど中盤、彼らはアダムとカテラに盗聴器を仕掛ける。これによりMI－5は、テロリストの正体を知る。（ミッドポイント）

ダニーとフィオナは脱出を試みるが、再び捕らえられてしまう。ダニーはフィオナを救おうとして殺され、アダムはその様子を電話で聞かされる。

第四幕

カテラはアダムに、首相の発表を見るためにサミットへ連れていくよう迫る。その途中、アダムはカテラを「転向」させようとするが、なかなかうまくいかず、それればかりか時計の秒針の音が聞こえたことで、もっと恐ろしい事態になっていることを悟る。カテラは政府の発表を見たいのではない。彼女の胃の内側に爆弾が縫いつけてあり、アダムを騙して首相のところへ連れていくよう仕向けたのだ。（危機的状況）

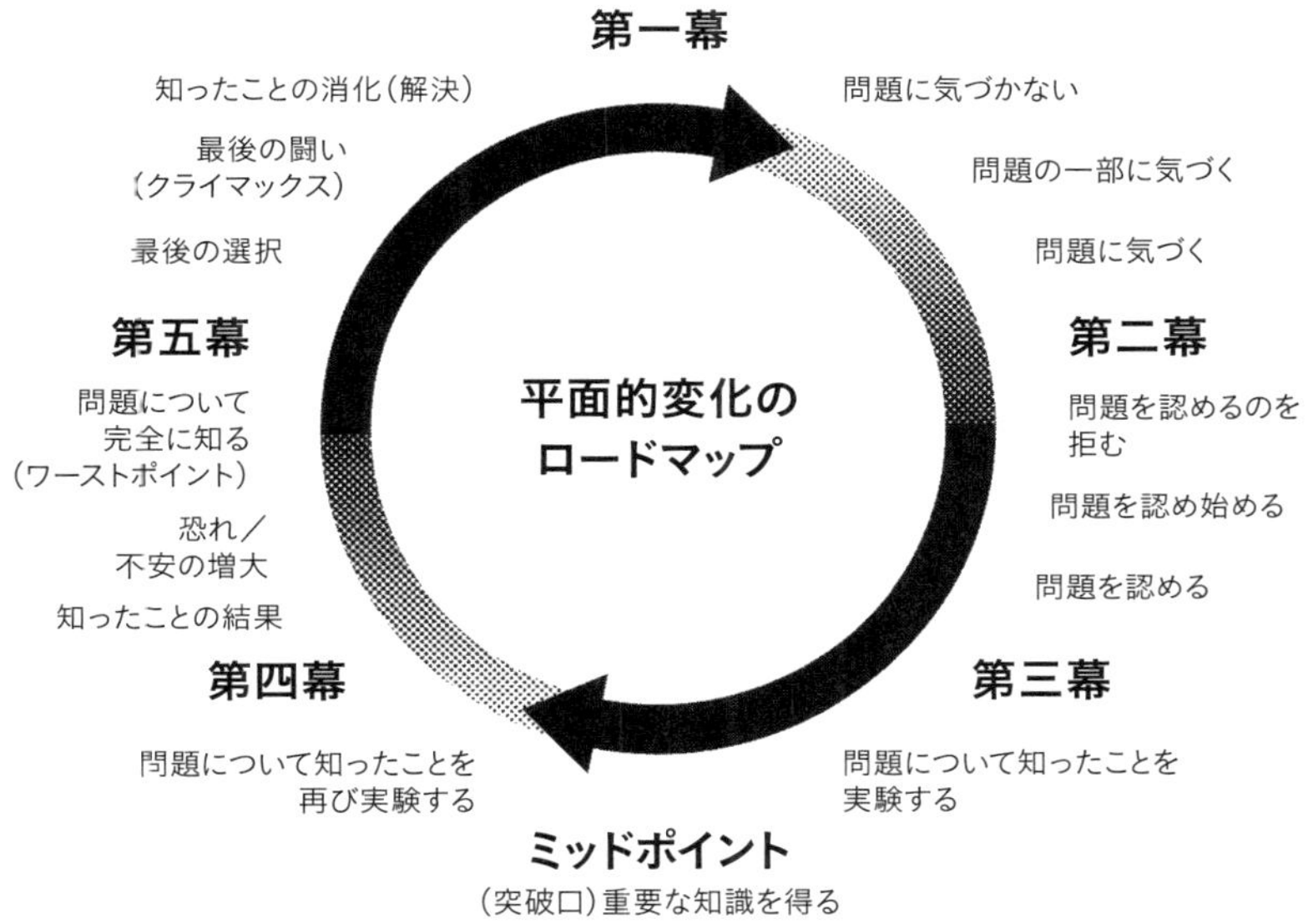

第五幕

アダムはカテラの真の動機を知り、彼女を説得してフィオナの居場所を言わせる。時間との闘いに勝ったアダムは、妻と国を救う。

この物語が古典的な構造に従っているだけでなく、エージェントたちの「知っていること」が、立体的な物語の場合と同様に、変化しているのもわかるだろう。物語の冒頭ではアダムは何も知らず、第二幕の終わりで初めて敵対者の存在に感づく。ミッドポイントでは誘拐犯の正体がわかり、第四幕の終わりでは、自分と首相のそばにいるのが人間爆弾だということに気づく（図参照）。

要するに、平面的な物語におけるミッドポイントは、主人公が自分と敵対する力の性質を、本当に理解し始める瞬間なのである。ここでは、ＭＩ－５が、アダム、フィオナ、ダニーを誘拐したのが誰かに気づき、特定する瞬間だ。いわば「真実の瞬間」なのだ。

拉致されたジェームズ・ボンドが、自分の両脚のあいだから股間に迫ってくるレーザー光線を見て、ゴールドフィンガーの本性を知る瞬間も◆04、トム・クルーズが、自分の所属する法律事務所はマフィアの隠れみのであると気づく瞬間（『ザ・ファーム 法律事務所』）もそうだ。主人公が、自分の使命の解決策を手にする瞬間であることもしばしばだ。それは、追跡している物体（『００７／ロシアより愛をこめて』における暗号解読機レクター）であったり、人物（『００７／スカイフォール』でハビエル・バルデム演じるシルバ）であったりする。◆05 刑事ものの映画では、物語を完全にくつがえして、初めて本当の犯人の具体的な手がかりをもたらす、情報の断片などがそうだ。アガサ・クリスティの作品ではしばしば、殺人事件そのものがミッドポイントで起きる。当然ながら、これは契機事件ではない。契機事件となるのは、ポアロが犯罪行為を最初に疑った瞬間だ。

スリラーのミッドポイントとは、目標を達成するための外面的な旅路の往路が終わり、復路が始まる地点だ。この瞬間から、主人公の冒険は二度とこれまでと同じにはならない。平面的な物語にも立体的な物語と共通するものがあるというのは、非常に意味深い。どちらにとっても、ここが「真実の瞬間」なのだ。

ほかのタイプの物語はどうだろう？　ロバート・アルトマンの複数主人公の映画や、タランティーノの形式破壊映画『パルプ・フィクション』も、果たしてこのモデルに従っているのだろうか？

複数主人公

ジョージ・ルーカスの『アメリカン・グラフィティ』は、カート、スティーブ、トード、ジョンの四人のティーンエイジャーがすごす、一九六二年のある一夜の物語だ。J・F・ケネディ暗殺の少し前のことで、アメリカそのものの無垢さをほのめかす映画のようでもある。舞台はルーカス自身が育ったカリフォルニア州モデストという小さな町で、カートは親友のスティーブと一緒に東部の大学に進学することになったが、突然にそれをやめる決意をするところから物語が展開する。同時代のロックンロールをバックに流してノスタルジーをただよわせつつも、このあとの悲劇の予兆も示している。トードはベトナムで行方不明になり、ジョンは飲酒運転の車に命を奪われる（観客はそれを最後のテロップで鮮烈に知らされる）。

各登場人物にはそれぞれの行動のきっかけがあり、彼らはそれぞれが森に放りだされる――比喩的にも（非常にクールなジョン・ミルナーは十二歳の少女の子守をするはめになり、極端に危険を嫌うカートはひと晩の犯罪に手を染める)、文字どおりの意味でも(トードとスティーブは、映画のちょうど中盤で置き去りにされる)。自分と正反対のものに直面することで、四人はそれぞれに学び、自分なりに変わる。小さな町に残ろうとしていたカートは、町を去って大学へ行くことを決意し、去るつもりだったスティーブは残ることを決意する。

登場人物たちは、世界や時間の枠組によってともに結ばれてはいるが、それぞれに独自の物語があり、それぞれの契機事件、ターニングポイント、危機的状況、クライマックス、解決がある。各登場人物は、映画全体が第二幕に移る前にそれぞれの第一幕を演じ終え、その後も同様に最後まで進む。ではミッドポイントは? ジョンは町の車両廃棄場で十二歳のキャロルに語りかけるが、この場面は死の表象《メメント・モリ》であるばかりでなく、登場人物の誰かが初めて、偽りの人格をつくろってみせたりせずに、本音を口にする場面でもある。ジョンは真実を語る。ひとりの登場人物のミッドポイントが、ほかのすべての登場人物のミッドポイントも効果的に具現化する。そしてここから、四人のティーンエイジャーは、自分なりに、自分の真実を認めていかなければならない。この映画の見事な支柱となる感動的なシーンだ。このことは、変化のモデルについて、何を物語るだろう?

複数の主人公のいる物語は、題材(『バックマン家の人々』)、地域(『ダイナー』)、登場人物の交流(『ショート・カッツ』)、テーマ(『バベル』)、あるいはそうしたすべての変形など、数多くのさまざまな形で個々の物語が結びつけられるので、複雑に見えるかもしれない。登場人物の多いドラマである『ザ・ホワイトハウス』や『ER緊急救命室』の最初のエピソードなどは好例といえるが、最も洗練された形式においても、一見すると断片的でつながりのない、風刺的アプローチをとっているように見える。しかしよく見れば、同じ構造ルールが適用されているのがわかる。契機事件から解決まで、物語の重要な構成要素はすべてそこにあり、別々の人物がそれを動かしている。ストーリーテリングのバトンは、登場人物たちそれぞれの小さな物語が進むなかで、ひとりの人物から別の人物へと受け渡されていく。契機事件はドクター・グリーンに、ミッドポイントはハサウェイ看護師に、クライマックスはドクター・ベントンに影響をもたらす。こうして別々の登場人物がひとまとまりになり、視聴者が認識できる物語の形が生まれてくる。

ソビエト連邦のさまざまな地域における経済政策を探った小説、フランシス・スパフォードの『レッド・プレンティ（Red Plenty）』でさえ、この原理と同じ、しかも非常に洗練された形が見えるはずだ。多様な主人公が、各自の物語と各自のパートを受け持ち、ロシア経済、さらには共産主義そのものの創造、興隆、破綻の全体像を描きだすためにつなぎ合わされていく。偶然に見えることも、実は固定された必然なのだ。古典的な物語の形から離れるのは、もはや不可能なのではとも思えてくる。

クエンティン・タランティーノとロジャー・エイバリー原案の『パルプ・フィクション』では、三つの別個の物語が語られている。パンプキンとハニー・バニーがダイナーで強盗をもくろみ、ビンセントはボスの女ミアをディナーに連れていかなければならず、ブッチはボクシングの試合で故意に負けることができない。出来事が時系列に並んでいないため、物語のしきたりを無視しているようにも見えるが、その構造をよく見てみると、非常になじみ深い形になっていることがわかる。

プロローグ

ハニー・バニーとパンプキンは、いま自分たちのいるダイナーで強盗を働こうと決意する。

第一幕

ジュールスとビンセントは、ボスのマーセルスのために人を撃ちに行く。ビンセントはマーセルスの妻ミアをディナーに連れていくよう命じられたことを明かすが、気乗りしていない。

（契機事件）

第二幕

ブッチはボクシングの試合でわざと負けるよう指示され、金をもらう。ビンセントはミアを「ジャック・ラビット・スリムズ」に連れていく。二人は踊る——そして絆が生まれる。

第三幕

ビンセントはミアを家に送る。ミアが麻薬を過剰摂取してしまい、切羽詰まったビンセントは賭けに出て、アドレナリンの巨大注射器をミアの心臓に突き刺す。（ミッドポイント）

ブッチはマーセルスを裏切り、試合に負けなかったばかりか、相手を殴り殺してしまう。ブッチは逃亡を図るも、ひどくセンチメンタルな理由で大事にしていた腕時計を忘れたことに気づく。引き返すと、マーセルスの命令で報復するために待ちかまえていたビンセントに出くわす。ブッチはビンセントを殺したが、今度はマーセルス本人に遭遇する。

第四幕

マーセルスとブッチは「ゼッド」と呼ばれる男に監禁される。ゼッドはマーセルスを閉じ込めておいて、そのあいだマーセルスをレイプする。ブッチはマーセルスを救出し、おかげでガールフレンドのもとに帰らせてもらえる。あの不朽の即妙なやりとり「ゼッドって誰？」「ゼッドは死んだよ」が生まれたのは、ガールフレンドの問いかけによるものだ。（危機的状況）

第五幕

場面はプロローグのダイナーに戻る。パンプキンとハニー・バニーは銃を抜くが、ジュールスとビンセントに阻まれる。ジュールスは贖罪行為によって自分の欠点を乗り越え、ビンセントは別の闘いのために復活している。

『パルプ・フィクション』は、特に「ヒーローズ・ジャーニー」を生みだすため、物語の時系列を並べ替えている。タランティーノとエイバリーは、主人公たち（特にブッチとビンセント）のあいだでバトンの受け渡しをおこなわせ、ビンセントの死をダイナーでの対決と勝利の前に移動させることで、行動への誘い、冒険、死、再生という古典的な構造を作りだしている。各主人公はそれぞれに明快な三幕構成の物語を持っているが、それらをインターカットで並べ替えることで、全般としては五幕構成の「オリジナルの形」、つまり、ほかの物語と変わらない形を生みだしている。中心にあるのは、ひとつの象徴的なシーンだ――ビンセントがミアの心臓にアドレナリンを注入する場面は、この映画の掲げる真実、すなわち死に対する生の勝利が響きわたる場面だ。もちろんこれは、死を扱うヒットマンの世界とは正反対のものであり、観客を激しく高揚させる。実に巧妙なハッピーエンドの先触れとなるミッドポイントにふさわしいものだ。

つまりこの方法論は、ジャンルものであれ、アートシアター向けの作品であれ、平面的な物語、立体的な物語、複数主人公の物語のどれにでも、枠組を提供してくれる。どの物語の「真実」も、中盤で主人公が直面することになるものなのだ。

物語の形

シェイクスピアの戯曲や、ここまでに紹介した映画のひとつを選び、第一幕と第五幕、第二幕と第四幕、第三幕の前半と後半を比較してみよう。どれでもおたがいに、おおよその鏡像になっているはずだ。ミッドポイント前とミッドポイント後は正反対の精神状態を映しだす。物語の往路の各地点は、復路における各地点の鏡像になっている。次に、変化の方法論を見ると、第一幕と第五幕も鏡像になっていることに注目してほしい。こうした強い対称性の傾向は、無視しがたいものだ。

平面的であれ、立体的であれ、ここまで見てきた、もしくは言及してきた物語には、次にあげるように、驚くほどたくさんの共通要素があった。

- 「故郷」がおびやかされる
- 主人公がなんらかの欠点や問題を抱えている
- 主人公は問題を是正するため、もしくは解決策となる鍵を探すため、旅に出る
- 物語の真ん中の地点で是正方法や鍵が見つかる
- 帰りの旅で主人公は、鍵を手にしたことで招いた結果と向き合わなければならない
- 文字どおり、もしくは比喩的な、死と直面する

・主人公は新しい自分に生まれ変わり、今度こそ鍵を手の内に入れ、「故郷」は救われる

これを見ると、ひとつの基本構造があることがわかる。そしてそれは、非常に単純なものだ。

そこへ旅する／旅から戻る

この形式は、文字どおりそのままで、たやすく見つけだせることも多い。あたかもオルフェウスとエウリュディケのように、何よりも大事なものを冥界に降りていって取り戻し、生者の土地へ戻そうとするのに似ている。ペルセポネからイアソンまで、神話にも豊富に見られる形だ。バスター・キートンが機関車「将軍」号を奪い返すため、連邦主義者の砦に乗り込む物語もそうだ。それにもうひとつ、かなり幼いころによく見聞きした、この物語もそうだろう……

貧しいジャックは豆の木に登り、巨人と金の卵を生むガチョウを見つけ、卵を持って戻り、巨人を倒し、もう貧乏ではなくなった。

ドラゴンが姫君をさらう。ひとりの男が危険を承知で助けに行き、ドラゴンを倒し、姫君を

連れて戻るが、ドラゴンは本当のところ死んではいなかった……。

この形の要点をまとめると次のようになる。

- 問題が生じる
- 主人公が旅に出る
- 解決策を見つける
- 戻る
- 問題が解決する

シンデレラは王子様の愛を見つけ、それを家に持ち帰る。ヘンゼルとグレーテルは魔女を出し抜く勇気を見つけ、やはりそれを家に持ち帰る。テセウスはミノタウロスを倒し、ペルセウスはゴルゴンを倒す。共同体には火が必要だ……男には女が必要だ……女は愛を求めている……必要とされる何かが物語の中盤で見つかるというパターンが、果てしなくくり返される。主人公は、実際にドラゴンを倒したり神々から火を盗んだりしなくても、見つけた問題を解決するために故郷を離れ、そしてその解決策を故郷に持ち帰らなければならない。そこへ旅する／旅から戻る、だ。

この形式に当てはまるようには見えない物語もある。『プライベート・ライアン』、『地獄の黙示録』、『E.T.』、『ゴッドファーザー』などは、主人公が映画の中盤ではなく、最後に自分の欲しいものを手に入れる構成になっている。なぜこうした作品は、外面的な旅の最後に結論が出るのだろう？

答えは単純だ。「そこへ旅する／旅から戻る」という典型的な構造は、それ以上にわかりやすく見てとれる、外面的な旅の中に隠されているからだ。『プライベート・ライアン』の中盤、チームはライアンの居場所を突き止め、このまま進むのは自殺行為であると悟る。希望や勇気が勝るにつれ、彼らは前進を決意する。『地獄の黙示録』の中盤では、チーフが通常の任務遂行のため、サンパンと呼ばれる平底船の捜索を主張する。ウィラードは罪なき乗客を撃ち、チーフの言い分を却下する。『E.T.』ではE.T.が故郷に「電話」をかけ、『ゴッドファーザー』では、これまでも見てきたとおり、マイケルは映画の核心部分で残忍な殺人を犯す。

これらの出来事に共通するものは明確だ。各映画のミッドポイントは、主人公が完全な存在となって物語を終わらせるために必要な特質を、初めて主人公が受け入れる瞬間だ。自分についての「真実」を発見する瞬間なのだ。原型的な物語における真実は、それまでの自分とは正反対の人間をすべて具現化する。主人公はその真実を受け入れ、物語の後半でそれを吸収し、理解しようとする。

つまりミッドポイントとは、立体的な物語では登場人物が自分にできることを知る場であり、平面的な物語では敵（もしくは主人公の苦境）に関する真実が明らかになる場だ。両方が同時に描かれることもよくある。『ゴッドファーザー PARTⅡ』では、マイケルはミッドポイントでフレドの裏切りを知り、粛清する決断を下す（観客がそれを知るのはずっとあとのことだが）。

ある程度のレベルにある物語はどれも、探求対象の真実を追うさまを描いているものだ。認知という行為は、知覚されたものの「真実」を探しだすことと言ってもいいが、ストーリーテリングもそのプロセスを模倣している。物語の「真実」はミッドポイントにある。この地点での主人公の行動は、そこにある障害を乗り越え、真実を吸収し、帰りの旅を始めることだ――その「真実」の本当の意味を理解するための旅を。

このように、「そこへ旅する／旅から戻る」構造は、すべての原型的な物語に存在する。文字どおりの形で示されるか（『ジャックと豆の木』）、表向きの物語の下に隠された内面的変化の一部として示されるか（『E.T.』『ゴッドファーザー』）、あるいは探し求め、回収し、それに基づいて行動するための知識として具現化される（『MI-5 英国機密諜報部』）という形をとる。

要するに、次のようなおなじみの形に似たものが見つかるはずだ。

- 主人公は問題を抱えていて
- なじみ深い世界を離れ
- 旅に出て

・探しているものを見つけ
・それを持ち帰り
・その結果、追われることになり
・主人公はその結果を克服し、問題を解決する◆06

物語が主人公のことを、自分が信じていることや支持していることすべての正反対の世界にどうやって放り込むかについては、ここまですでに探ってきた。契機事件は、主人公に欠けている特性のすべてを具現化する。ミッドポイントの事例はどれも、この欠けている資質の核心、つまり、主人公の最初の状態とは正反対のものを含んでいるように見える。それこそが、主人公が探す「真実」であり、ジョーゼフ・キャンベルが言うところの、敵の洞窟に隠された霊薬なのである。

物語がこうした形をとることで、個人が自分に欠けているものを見つけ、手に入れ、吸収することが可能になる。平面的な物語においては、悪党の逮捕や患者の治癒への道を明らかにする重要な手がかりがこれに当たる。どちらにおいても、主人公が学ばなければならない真実が現れる。小説家のヒラリー・マンテルは、「森への旅」という原型的な物語のプロセスに関し、特におとぎ話についてこう書いている。

森への旅路は、誕生から死、そして再生にいたる、精神の旅の一部なのだ。木こりの子であるヘンゼルとグレーテルは、森の周辺のことはよく知っているが、森の中心部のことは知らない。白雪姫は森に捨てられた。森の奥では何が起きるのだろう？ 文明社会やそこに生じる不満は、森の中の理不尽で不明瞭なものの前で屈してしまう。村に戻れば、われわれはぎくしゃくした人間関係の中で神経過敏になっているが、森は完全な狂気を解放する。鳥や動物が語りかけ、いまは亡き魂の声が聞こえる。コテージのちっぽけな薄暗い灯りは、消えゆく記憶でしかない。何もかも消してしまう闇の中に迷い込むと、顔の前に掲げた自分の手も見えない。自分の身体とそれ以外の境もわからなくなる。われわれは樹木に、樹皮に、樹液に溶け込んでしまう。そして、この緑色の血から新たな命を引きだし、癒やされる。◆07

マンテルの言葉は、彼女が意図した意味をはるかに超え、あらゆる物語の形、すなわち、道に迷うことによって自分を見つけるという不朽のパターンにも及んでいる。つまりすべての物語は、なんらかの意味で、自分に欠落した部分を見つけ、それを手に入れ、自分自身を完全なものにするための森への旅と言うこともできる。ストーリーテリングとはそうした単純なものであり、それと同じぐらい複雑なものでもある。それがパターンだ。人々はそうやって物語を語る。

とはいえ、物語の微細な構造、つまりストーリーテリングのもっと細かい部分や、一見無関係にも見える面については、さらに深く掘り下げる必要がある。物語構造とは、雪の結晶のような繊細な構造を持った、巧妙かつ順応性のある反復可能なパターンだが、それにとどまらず、登場人物、台詞、テーマ、ジャンルなど、すべての根底にあるものでもある。『明日に向って撃て!』の脚本家のウィリアム・ゴールドマンは、「映画脚本とは構造である」と言っているが、[08] これは脚本に限ったことではない。すべては物語なのだ。なぜそう言えるのかを見ていくことにより、ひょっとすると、人がなぜ物語を語るのかという問いの答えも見えてくるかもしれない。

第二幕

昼の森の入口

6 フラクタル

芸術とは、秩序と混沌との継続的な闘いから生まれると同時に、その闘いを要約するものでもある。無秩序を表現するときでさえ、秩序や形式を求めるのが芸術だ。ギリシャの彫像[◆01]にも、ポロックやニューマンのカラーフィールド・ペインティングにも、考えられるかぎりの芸術運動やその中間にあるものにも、そうした緊張感が見られる。相反するものを調和させようとする、人間の自然な衝動から生じる緊張感だ。

フリードリヒ・ニーチェは『悲劇の誕生』の中で、「芸術は、アポロン的-ディオニュソス的二元性により、その継続的な進化を遂げている」と言明している。これは、形式と内容、頭と心、規律と欲望のあいだにある緊張感が、物語構造の構築ブロックであるとニーチェが信じていたことを暗黙のうちに伝えている。

イギリスの脚本家業界の重鎮であるジミー・マクガバンはかつてこう言った。「脚本は二度書くものだ。一度目は、情熱、怒り、エネルギー、フラストレーションをすべて注ぎ込む。そのあと最初に戻って、頭を使って書く」[02]。心を失えば単なる取扱説明書にしかならないし、意識的な知的成形を忘れれば『オン・ザ・ロード』ができるだけだ。どちらもある種の芸術だと主張する人もいるだろうが、トルーマン・カポーティがケルアックの作品を辛辣に批判したのは有名な話で、「これは書いているのではなく、タイプしているだけだ」という言葉は、この両極端の事例のどちらにも当てはまる。偉大な芸術には両方が必要だ。

ジャクソン・ポロックと「アクション・ペインティング」の場合はどうだろう？　一見すると、ポロックの抽象表現主義も混沌としているように見えるが、深く掘り下げてみると、根底にある構造を見いだすことができる。ポロックの絵画は「フラクタル」、すなわち、作品の小さな部分が全体の構造を模倣し、単純な幾何学模様が異なる倍率でくり返されるという構造になっている。木の枝の写真を思い浮かべてみてほしい。大きさや背景がわからない場合、写っているのが小枝か、大枝か、幹か、見分けがつかないはずだ。各部分が拡大・縮小されて複製されているからだ。

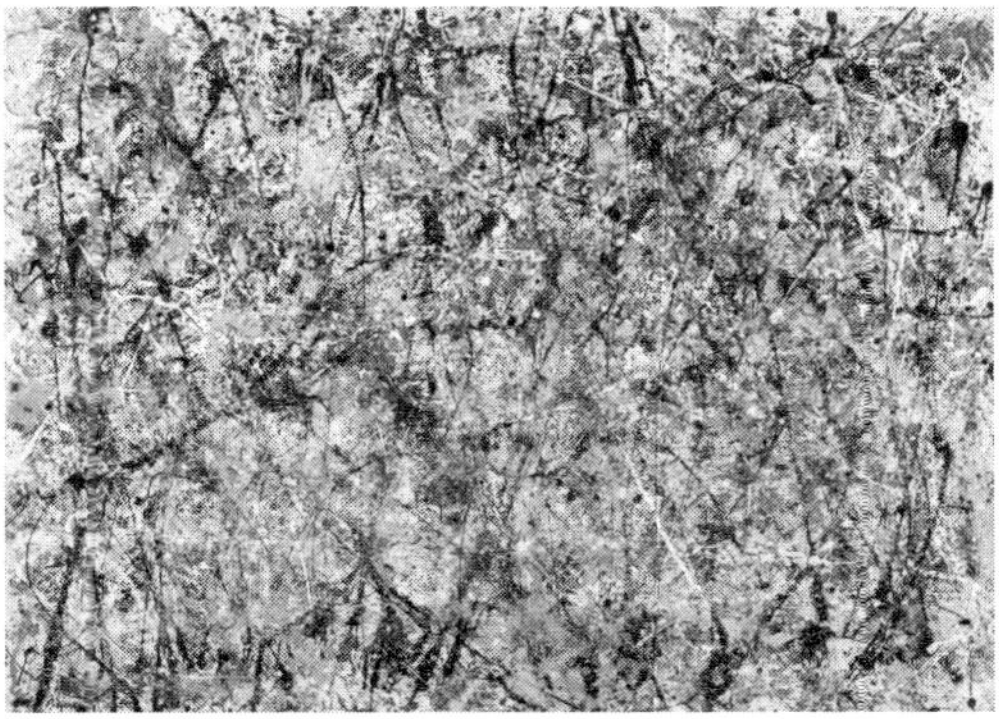
ジャクソン・ポロック《ナンバー1、1950（ラベンダー・ミスト）》
1950年、ワシントン・ナショナル・ギャラリー蔵

物語も同じだ。物語は幕で構成され、幕はシーンで構成され、シーンはビートと呼ばれるさらに小さな単位から構成されている。これらの単位はすべて、三つのパート、つまり三幕構成全体のフラクタルとして構築される。[03] 物語に設定、契機事件、危機的状況、クライマックス、解決が含まれるのと同じで、幕にもシーンにもこれらが含まれる。

この三部形式が最も顕著に現れるのは、始まり、中間、終わりの部分で、これは設定、対立、解決に当てはまる。少年が少女と出会い、少年が少女を失い、少年が再び少女を手に入れるという流れの、数え切れないほど語られてきた物語だ。『フォー・ウェディング』、『恋人たちの予感』、『ノッティングヒルの恋人』もそうだ。興味深いのは、同じ構造内の細部バージョンもまた、細胞レベルでまったく同じ機能を果たしているということだ。物語は、こうした「秘密の職務」から形成されている。物語構造が無限に複製され、幕の中でも、シーンの中でも進行している。

まず幕を観察し、幕の順序が幕の目的にどう影響するかを分析してみたい。さらに、シーンの観察をミクロレベルまで掘り下げ、このフラクタル構造がどう機能しているか、より明確に理解していきたい。自由と混沌に見えるもの、芸術の気まぐれのようにしか見えないものの下に、非常に秩序正しい世界があることがわかるはずだ。

7
幕

『レイダース／失われたアーク《聖櫃》』は、明確に定義された七つのステージから構成された、古典的な物語構造を備えている。第一幕では、インディ・ジョーンズと、ナチスの考古学者ベロックとのライバル関係の種が蒔かれる。第二幕では、インディが契約の箱（聖櫃《アーク》）を見つける使命を与えられる。第三幕では、インディと、元恋人のマリオンとの結びつきが描かれ、二人はともに聖櫃探しをすることに同意する。第四幕では聖櫃が見つかるが、敵に奪われてしまう。第五幕では聖櫃を奪還するものの、第六幕ではまたそれを奪われ、マリオンまで連れ去られる。第七幕でインディは聖櫃とマリオンの両方を救いだし、ベロックを倒し、恋人の愛で報われる。*

「森への旅」の形は非常にわかりやすい。ミッドポイントは、暗い洞窟内（場所はたまたまだが）で聖櫃を発見するという、明白かつ典型的なものだ。このミッドポイントは、第四幕のちょうど中盤にあり、物語に古典的な対称構造をもたらしている。契機事件（ベロックとのライバル関係という設定）と、危機的

＊詳細な構造分析については、付録Ｉを参照のこと。

状況（ベロックがインディの目の前で聖櫃とマリオンの両方を奪っていく）が鏡像のようになっていることでも、この物語構造は確認できる。各幕を構成する明確な行動単位として、聖書の宝である聖櫃を、ある場所で手に入れ、別の場所で失い、また他の場所で取り戻したりすることで、幕同士のつながりを生みだしている。

このスピルバーグの大作について、インターネットでざっと検索してみたところ、まったく異なる幕構成の可能性を主張する意見が五つばかり見られた。脚本のローレンス・カスダンが七幕構成を意図したかどうかはわからないし、私が見たあらすじにもそうはっきりと区切ったものはなかった。では、なぜ幕構成だと言いきれるのか？　その答えは、重要な構造的問い、すなわち、幕をどう定義するか?を考えることによって決まる。

幕が識別できるのは、物語全体の形を模した三部構成になっているからだ。幕が物語上の欲求によって結びつけられ、登場人物はターニングポイントによって新たなゴールを求め出発するということは前述したとおりだ。さらに、フラクタル理論に従えば、すべての幕には、主人公、敵対者、契機事件、旅路、危機的状況、クライマックス、そして場合によっては解決まで、物語に不可欠な要素が全部含まれ、ひとつの欲求によって定められた行動過程は、成功失敗にかかわらず最後まで遂行される。カスダン脚本の第一幕の筋書きを見てみよう。

一九三六年、考古学者のインディ・ジョーンズは、ペルーのジャングルで、罠が仕掛けられた神殿に隠されている黄金の偶像を探していた。像を手に入れたインディは寺院を出るが、そこでライバル考古学者のルネ・ベロックが待ちかまえていて、彼に像を奪われ、置き去りにされて殺されそうになる。インディは待機させていた水上飛行機で脱出する。

物語の重要な要素はすべて揃っている。

主人公——インディ・ジョーンズ
敵対者——ベロック
契機事件——寺院の発見
欲求／旅——黄金の偶像を手に入れる
危機的状況——ベロックに待ち伏せられている
クライマックス——ベロックに像を奪われる
解決——インディは命からがら脱出する

この中に、厳重に防備を固めた神殿から偶像を回収する場面を、ミッドポイントとして含めてもい

第一部	第二部	第三部
ターニング ポイント1	ターニング ポイント2	

フラクタル構造

い。これもまた「森への旅」となっている。物語全体の形を完全に模倣した、非常にシンプルな三分割ユニットだ。より小さなユニットが物語構造の中で継続的にくり返され、より大きな全体像を構築する、フラクタル構造である。ポロックの絵画や、分子と原子の関係と同じだ（図参照）。

『英国王のスピーチ』の第一幕にも、際立った類似性がある。そこには非常に明確な三つのステージが存在している――バーティことアルバート王子のウェンブリーでのひどい演説、治療法を探すバーティの妻の姿、そして未来の王バーティとローグの出会いだ。映画全体の縮図のような第一幕であり、それぞれの契機事件（演説）、危機的状況（バーティがローグに会いに行くかどうかの選択）、クライマックス（ローグとの対峙）、そして明確なミッドポイント（妻エリザベスが暗い地下の部屋に行き、オーストラリア人の言語治療士ローグを見つけだす瞬間）がある。

最終幕も同様だ――国王がローグを呼び戻そうと彼の家を訪れ、ウェストミンスター寺院でリハーサルをおこない、思いをしぼりだすような最後のスピーチをする。これに加え、実にふさわしいミッドポイントもある――「私には伝えたいことがある！」

つまり幕とは、作品全体のフラクタルな構築ブロックなのだ。それがわかれば、同じ三部形式からできているほかのたくさんの構造的要素も、明瞭に見えてくるようになる。これらはいったいなんなのか、そしてなぜそうなるのだろう？

問答形式

三幕構成の物語では、一般に、第一幕と第二幕のターニングポイントが契機事件や危機的状況の地点に相当し、第一幕は物語の設定、最終幕はクライマックスを受け持つ。このため、契機事件と危機的状況の地点はたがいに直接関連している。どんなふうに？　最初の物語上の爆発が起きて決断がくだされ、そこから起きうる最悪の結果が◆01、つねに危機的状況の地点で具現化されるのである。

巧みに構造化された物語であれば、この決断により、登場人物は容赦なく、自分が最も恐れていることに直面させられ、根源的な欠点に対峙させられる。登場人物が全力で関与することをためらえば、危機的状況が訪れ、愛する人を失う可能性に向き合わされたりする（『カサブランカ』）。登場人物が利己的なら、変わらないかぎり失うかもしれないものを突きつけられる（『トイ・ストーリー』）。登場人物が臆病なら、そのせいで支払う犠牲の大きさを考えさせられる（『ノッティングヒルの恋人』）。

原型的な物語構造では、シーン、幕、物語の各レベルの構造は相互に連鎖し、主人公が最も深い恐れや弱い部分に直面するよう仕向け、危機的状況でそうしたものと対決させるという機能がある。『トイ・ストーリー』の冒頭部のウッディは自己中心的で、無私無欲のリーダーを装ってはいたが、見捨てられることを恐れていた。そこへバズがやってきて、ウッディは偶然とはいえバズを窓の外に突き落としてしまい、これによって事実上（森の中に）追放される身になってしまう。危機的状況においてほかの誰かと協力できるようにならなければ、この追放の旅を終わらせることはできない。見せかけだけでなく真に無私無欲とならなければ、永遠に友人たちを失うことになるのだということを、危機がウッディに「告げる」。

ときには、問答形式で構造を考えるほうがたやすいケースもある。問い——マクベスがスコットランド王を殺す決断をくだした結果、起こりうる最悪の事態は何か？　答え——かつての自分の仲間が大軍となり、マクベスに復讐しに進軍してくること。優れた物語構造は、危機的状況において、主人公にかつての自分と新しい自分のどちらかの選択を迫る。ここは忘れないでほしいが、マクベスの欠点は実は謙虚さであり（この物語は闇の逆転劇だ）、最終幕のマクベスは、「女から生まれた者」が自分に危害を加えることはできないという信念を持つなどして、傲慢さを全面的に取り入れることにより、謙虚さという欠点を克服する。控えめだった戦争の英雄マクベスは、全能の暴君に変貌して旅を終え、悲劇の主人公として死ぬ。

問答形式は、物語をひとつにまとめるのみならず、どの幕にも登場する構造だ。『テルマ&ルイーズ』の場合、男性の同行者がいない二人の女性が郊外の幹線道路沿いのナイトクラブに立ち寄った際、起きうる最悪の結果（小契機事件）となるのは、ひとりが男にレイプされそうになり、もうひとりがその男を射殺する事態に陥るということだ（小危機）。この映画の最終幕においては、ガソリンを積んだタンクローリーを爆破することで起こりうる最悪の結果は、警察に追跡され追い詰められることだ。どちらの幕でも、第二のターニングポイントが典型的な危機的状況として機能し、古典的な選択が主人公たちに示される――自首するか、それとも逃げつづけるか。どちらの幕においても、主人公たちの最後の選択は逃亡だ。

こうした三部構造が理解できると、さらに二つのことが明白に見えてくる。どの幕にも同じ基本形が存在するが、それが物語の中で登場する順序により目的が変わってくる。物語の冒頭に登場する三部構造はそれ自体が契機事件となり、物語の中盤ではミッドポイントの基盤となり、物語の終盤ではクライマックスを形成する。これが物語の形式美だ。単純に構造化された細部が有機的に結合し、驚くほど複雑なユニットを作り上げるのだ。

8

契機事件

ルーカス　君の任務は、海軍の哨戒艇でヌン川をのぼっていくことだ。ヌーマンバでカーツ大佐の進んだ道に入り、情報を拾っていけ。大佐を見つけ、手段を選ばず彼の軍団に潜入し、大佐の指揮権を終わらせろ。

ウィラード　終わらせる？　大佐を？

（中略）

民間人　形を問わず任務を打ち切らせるんだ。

——ジョン・ミリアス／フランシス・コッポラ脚本『地獄の黙示録』

『地獄の黙示録』では、ベトナム戦争で神経症に見舞われているウィラード大尉が本部に呼びだされ、ある任務を与えられる——川をさかのぼり、はぐれ者の大佐を暗殺せよというものだ。どんな物語も冒険なのであれば、契機事件とは冒険の旅を始める誘いと言える。主人公に「これがあなたのゴールです」と伝える誘いだ。

物語が「むかしむかし、何々が起こった」というものだとすれば、契機事件とは、物語をスタートさせる「何々」のことだ。とはいえそれは、いつもそんなに単純なことなのだろうか？

ピーター・ウィアー監督の一九八五年の映画、『刑事ジョン・ブック 目撃者』では、アーミッシュの少年が駅のトイレで殺人を目撃する。この事件の担当となったジョン・ブック刑事（ハリソン・フォード）は、同僚のマクフィーが犯人だと気づいて愕然とする。自分の悪事がバレたことを知ったマクフィーは、ブックを殺そうとするが、ブックは少年とその母親を連れて街から逃げ、アーミッシュのコミュニティに身を隠す。

脚本術のマニュアル本では、契機事件とは登場人物の住む世界を吹き飛ばす爆発などと説明されることも多いが、もしそうだとしたら、この『目撃者』では、いわゆる「行動へのきっかけ」はどの部分に当たるのだろうか？

前述のとおり、第一幕は、物語の全体構造を模倣した三部形式となっている。

1 設定（小契機事件を含む）

2　対立（葛藤から生じる危機的状況）
3　（クライマックスと）解決

『スター・ウォーズ』では、レイア姫がダース・ベイダーの軍勢から逃れ、救助を求めるメッセージとともにC－3POとR2－D2を派遣する。一方、惑星タトゥイーンでは、誰からも認められないルーク・スカイウォーカーが、現在の生活に苛立っている。ルークはSOSメッセージを発見するが、何もしない。だが、義理の両親が殺害されてしまったため、この星を出て復讐を果たす決意をする。

『お熱いのがお好き』では、禁酒法時代のもぐりの酒場で働いていたジェリーとジョーの二人のミュージシャンが、警察のガサ入れで職を失ってしまう。金に困り、別の仕事場に向かうために車を借りようとした二人は、偶然にも、のちに聖バレンタイン・デーの虐殺と呼ばれるギャングの抗争事件を目撃してしまう。自分たちの命が危険に晒されていることを自覚した二人は、逃げるためには女性楽団に入るしかないと考える。女性として入団し、マイアミまで逃げるのだ。

どちらの映画にも、三つのステージが明白に見いだせる。どちらの第一幕でも、主人公は次のとおりになる。

- 自分の日常世界以外の世界に対する関心を呼び覚まされる。

・その世界にどう反応するかを考えて行動に出るが、それが危機を引き起こす。
・その結果、新世界に突入することを決意するしかなくなる。

フラクタルな物語構造はすぐに見える——『目撃者』でもこのパターンが実に明瞭に機能している。第一幕の第一ステージは、アーミッシュの少年が目撃した殺人事件をブック刑事が担当するところまでだ。第二ステージは、マクフィーが犯人だと明らかになるシーンでクライマックスを迎える。古典的な観点から第一幕のどこが契機事件かを特定するなら、第一幕の危機的状況（第二のターニングポイント）だろう。[◆01] 良くできた危機的状況はどれもそうだが、期待をくつがえしてクリフハンガーと呼ばれる緊張の場面を生み、それまで動いていたものに対するアンチテーゼの地点となる。ブック刑事が、自分の住む狭い世界から、新しく経験する「森への旅」の最初の大きな一歩を踏みだすべきか、選択を迫られる瞬間だ。ここでもフラクタル構造の不思議さがよくわかる。

これが、4節で検討した「変化のロードマップ」に従っているか、観察する価値はある。この方法論の第一幕が、「（新しい世界に）気づかない」から「しだいに気づく」を経て「気づく」状態へと移行しているなら、契機事件の構造的機能、つまり、主人公を異質な世界へ放り込むという機能は、よりいっそう明白に見えるはずだ。

『テルマ&ルイーズ』でも同じだ。映画の冒頭、二人の女性はキャンプに出かける。道路沿いのバーに立ち寄ったことは、自分たちの住む世界から別の世界へ踏みだす明確な一歩となる。二人は髪をおろし、以前の自分を脱ぎ捨て始める——だが、これは物語だ。すべての行動に結果がともなうことになる。テルマは地元の無学な肉体労働者に目をつけられ、乱暴されそうになる。危機が生じる。男を殺すか、脅して追い払うかの選択を迫られたルイーズは、挑発されて思わず男の頭を撃ち抜き、テルマとその場から逃げる。二人はまったく異質な世界——森の中に再び放り込まれる。

観客は登場人物の旅がどうなるかを最初から知っているわけではないので、どれが契機事件になるかがすぐにわかるとは限らない。ロバート・レッドフォードが監督した映画『普通の人々』は、兄の死がトラウマになっているティーンエイジャーのコンラッド・ジャレットが、精神科医に助けを求めていくさまを描いている。森への旅が始まる瞬間は、これが癒やしへの旅であることがわかって初めて明らかになる。旅を誘発するものは何か？　第一幕の第一ステージは、コンラッドが目の前で母親に朝食をゴミ箱に捨てられ、新しいトラウマに突き落とされたところで終わる。これが内省の旅の口火を切り、兄の死のフラッシュバックへとつながっていく。コンラッドは、苦しみつづけるか助けを求めるかの選択をしなければならない。[◆02] 契機事件が「何か」が起きることであれば、フラッシュバックはコンラッドが助けを求める動機であり、最終的には心の平穏を見いだすための「どうするか」となる。実のところ、この三つはどれも相互に関連している——していなければならない——が、すべての構造の根源である問いと答えは、この幕の危機的状況とクライマックスに存在している。

この定式において、契機事件は二つの要素をもたらす。第一幕の危機的状況は、主人公がこれまでの自分と決別するのか？という問いを投げかける。さらに、前述したとおり、物語を本格的に動きださせるには、主人公はそれにどう応じるか決断しなければならない。「爆発」とそこから生まれる欲求は、危機とクライマックスの形でしばしば第一幕で引き起こされる。これらの地点を「何か」と「どうするか」として見ておくと役に立つかもしれない。危機は「何が問題なのか？」の「何か」、クライマックスは「これにどう対処するか？」の「どうするか」だ。

多くの場合、決断は単純かつすばやく下される。『地獄の黙示録』では、ウィラードは差しだされたタバコを受け取ることで、行動への誘いにはっきり応じる。三部構成の観点で見れば、この決断は第三ステージ、つまり第一幕のクライマックスに当たる。ただ、物語を語る方法はこれだけではない。ここまでも見てきたように、幕構成の美点は、音楽のように無限に調整できるということだ。一般的によく見られるが、最も誤解されている調整方法のことを、ジョーゼフ・キャンベルは「冒険の拒否」と呼んでいる。これもまた、五幕構成のプリズムを通して見て、初めてその本質が鮮明に見えるものだ。

誘いの先延ばし

『レイダース／失われたアーク《聖櫃》』では、ベロックに対するインディの反感は第一幕で火がつくが、第二幕の終わりで任務を与えられるまでは、あまり方向性は持たない。インディがベロックを嫌っていることは第一幕が終わるまでにわかるが、この時点ではそれ以上展開しない。二人がライバルになるのは、インディが第二幕でラーの杖飾りを探し始めたときで、そこからようやく両者が映画の中心的なアクションに関わるようになる。厳密には、インディの行動は反応の先延ばしと言える。反感は第一幕で生じているが、それが動きだすのは第二幕の終わりだ。『エリン・ブロコビッチ』も同様のパターンをたどる。第一幕はエリンの絶望的な求職活動を中心に展開するが、この映画の真の物語、化学物質にまつわる不法行為の解明は、第二幕の終わりまで浮上してこない。これはよくあるテクニックだ――ＢＢＣの『時空刑事１９７３ライフ・オン・マーズ』でもこの形式が組み込まれ、第一幕で犯罪が起こるが、第二幕の終わりのさらなるターニングポイントがモチベーションになるまでは、サムかジーンのいずれかが捜査に加わるのを拒む。

　この先延ばしにはどんな意味があるのか？　「変化のロードマップ」がその基本パターンを見せてくれる。第二幕で主人公は「変化への拒絶」から「変化の受け入れ」へ移行する。◆03『テルマ＆ルイーズ』では、テルマは最初、ルイーズとメキシコへ行くことを拒む。映画が始まって四十分後、電話で夫に見くだすようなミソジニーにあふれた言葉を聞かされたテルマは、ようやくメキシコ行きに同意する。

立体的な物語では、主人公が第一幕の終わりから旅を始めるのはめずらしくないが、第二幕のターニングポイント、いわゆる忘れられている「誘いの拒否」までは、根本的な変化の過程は描かれない。『刑事ジョン・ブック 目撃者』では、ジョン・ブックは第一幕の終わりにアーミッシュのコミュニティに逃げ込むが、そこからレイチェルに銃を渡すまでに二十分を要し、そこからようやく本当に、利己主義から無私無欲への旅が始まる。こうした仕掛けはシェイクスピアでもよく使われる。マクベスは第一幕の終わりに王の殺害を思いつくが、第二幕の終わりまではあれこれ迷う。ハムレットの父親の亡霊は、第一幕の最後で復讐を要求するが、息子がクローディアスを罠にかける決意をするのは第二幕の終わりだ（「芝居こそうってつけだ」）。『リア王』では、第一幕はリア王がゴネリルのもとを立ち去るところで終わるが、第二幕の終わりまで、王は自分が二人の娘に拒絶されていることに気づかない。嵐の荒野の真ん中へと向かうリア王の真の旅は、そこから始まるのだ。◆04

契機事件とは、脚本術によくある教えのような、単純な「爆発」ではない。構造の出現であり、世界に秩序をもたらす方法の産物である。ほかのどの幕でもそうだが、契機事件は、テーゼ、アンチテーゼ、ジンテーゼで構成されている——おのずから完全な構造を備えた三部形式だ。物語構造に疑問があれば、検証のためにおとぎ話を参照してみるといい。おとぎ話は、人が語るほとんどすべての物語のＤＮＡを持っている。たとえば『ジャックと豆の木』だ。

1　父も亡くなって金に困ったジャックの母親は、息子に牛のデイジーを売りに行かせる。

2　市場へ行く途中、ジャックは不思議な見知らぬ男の口車に乗せられ、牛と魔法の豆とを交換してしまう。ジャックの母親は激怒し、豆を窓から投げ捨てる。

3　ひと晩たつと、巨大な豆の木が空に向かって伸びている。

どの部分が契機事件だろう？　ひとつの側面に焦点を当てざるを得ないとすれば、契機事件は、家を出て森へ冒険するよう、ジャックに誘いがかかることだ。新世界のジンテーゼに向けて、第一ステージのテーゼは拒否される。ここから森への旅（豆の木を登る）が始まる。とはいえ、契機事件がつねに「爆発」であるとは限らない。『フォルティ・タワーズ』には爆発はなく、ただただ複雑さが増していく。ハリウッド作品であれば極端になる傾向があるので、バジルが気に入らない客が現れるところから物語が始まることは充分ありうる。物語の始まりにつねに大きな爆発音が鳴る必要はない。小さな亀裂から陽射しが差し込むようなものであってもいい。◆05　そう考えると、契機事件とは、物語において主人公が最初におこなう重要な選択である、という考えかたもあるだろう。

契機事件を精査して見えてくるのは、フラクタルな物語構造の普遍性だ。どの幕にも二つのターニングポイントがあり、あとのターニングポイントは、主人公を未知の世界に飛び込ませる爆発の役割を果たす。第一幕では、二つめのターニングポイントは契機事件と呼ばれ、二幕では危機的状況と呼ばれる。構造的にはこれらは同じものだ。主人公に提示される選択肢であり、名称や機能が物語中の位置によって変わるだけだ。どんな物語でも、前半のターニングポイントが森に導き、後半では帰路の道しるべとなる。

　どのターニングポイントも、すべての選択肢と同じで、異なる世界への冒険の誘いだ。契機事件は最初の誘いにすぎない。しかしこの誘いは、物語全体や、幕の中だけで起こるのではない。物語の基本的な構築ブロック、つまりシーンのミクロ構造の中でも、こうしたフラクタルのパターンは継続し、複製されていくのだ。

9 シーン

「ドラマとは、退屈な部分を取りのぞいた人生のことである」

——アルフレッド・ヒッチコック

ジャック・クラブは百二十一歳。その誕生から死までを描いた映画の上映時間は百三十九分。普通より長い上映時間ではあるが、『小さな巨人』の脚本家たちがクラブの人生をカバーするのに割くことができた時間は、一年当たりわずか六十秒強だ。◆01

もちろん、脚本家の仕事は時間配分ではない（ちなみにこの映画には、主演のダスティン・ホフマンとフェイ・ダナウェイを含め脚本家として五人の名前がクレジットされており、それも上映時間が長くなった理由かもしれない）。脚本家の仕事は、物語の最も重要で最も意義のある瞬間に焦点を当て、物語を精製して鑑賞に適した上映時間（通常は一時間か一時間半ほど）に落とし込むことだ。脚本家はそうした瞬間を探しだす。抽出し、濃縮する。削り、磨く。そして、そこから全体をとらえ、物語のタイプやジャンルに応じた形で提示する——通常は原因と結果の連鎖として。

すべての物語構造は、変化の骨組の上に成り立っている。前述したとおり、完全な変化を遂げる過程は、一般に「ドラマティック・アーク」と呼ばれる。物語は幕で構成され、幕はシーンで構成され、これらの各単位もそれぞれ異なる種類の変化を表出する。物語は全体で完全な変化を提示し、幕は大きな変化を、シーンは個々のささいな瞬間を見せる。それぞれが変化の単位となっているので、脚本家は、有機体のひとつひとつの細胞となるシーンに集中する。これらの単位を正しく選んで構築すれば、人生全体の本質をとらえるささいな瞬間を表現した、説得力のある、スリリングで、感動的な作品を生みだすことができる。

だが、それらはどう機能するのだろう？　基礎部分に詰め込まれたものは、細部のレベルでどんなふうに作用するのだろう？　そしてそこには、より大きな物語形式についても、何か明らかにしてくれるものがあるのだろうか？

完結した物語や幕と同じで、シーンも内部に構造を持っている。シーンは、設定から対立、危機へと移行し、ここでもクライマックスと解決を生みだしていく。幕や物語と同じく、シーンも独自の三部構成となっており、まさに原型的な物語の形を模倣している。

どんな物語においても主人公がゴールを目指すなかで敵対者と闘うように、シーンもその構造を複製している。ドラマ『イーストエンダーズ』でローレン・ブラニングが飲みたがったり、『ザ・ホワイトハウス』のバートレット大統領がベッドを出るだけのシーンでは不充分なのだ。物語は各シーンレベルの対立を求める。ローレンが飲みたがってもキャットは止めなければならないし、バートレット大統領がベッドを抜けだそうとすれば、妻がそれを阻止しなければならない。物語が生まれるためには、主人公は自分と対等かつ敵対する相手の欲求と向き合わなければならない。どのシーンでも、主人公と敵対者の目的は真っ向から対立する――ここでも相反するものが存在する。

つまり、主人公と敵対者にはそれぞれの目的があり、物語が完結するうえでは、勝つのは一方だけだ。ローレンやバートレット大統領夫人が勝ちたいなら、ターニングポイントが必要になる。このターニングポイントをいかに使うかが、説明の巧さなどと同様に、脚本家の能力を問われる部分だ。ターニングポイントは構造上の重要なツールであり、シーンでの機能を知ることで、すべてのドラマ、すべての物語においても、それがどう機能するかを理解する助けにもなる。

ターニングポイント

すべてのシーンにターニングポイントがある理由は単純だ――シーンが存在するためにはターニン

グポイントがなければならないからだ。脚本家は、物語を語るためにターニングポイントを選ぶ。ターニングポイントが変化の単位であり、登場人物の人生における重要な瞬間だからだ。

次にあげるのは、トニー・ジョーダン脚本による『イーストエンダーズ』のシーンだ。二人の姉妹、キャットとゾーイが口論している。ゾーイはスペインに行きたがっているが、キャットは行かせたくない。ゾーイが家族に叔父のハリーと一緒に住むつもりだと話したことで、インド料理店で激しい口論が起きる。キャットは強く反応し、ゾーイに行くなと命じ、酒の勢いもあって、二人の口論は自宅のあるアルバート・スクエアまで続く。

シーン33／60。ブリッジ・ストリート。屋外。夜。午後十一時半。

（ゾーイはキャットを追ってレストランを飛びだす）

キャット ゾーイ、待ちなさい！

ゾーイ いや！　いつも文句ばっかり、うんざりよ！

キャット 文句を言いたいわけじゃないの。

ゾーイ 人前で恥をかかせないで。

（キャットはブリッジ・ストリートでゾーイに追いつき、パブ「クィーン・ビクトリア」から

は下品な騒ぎが聞こえてくる)

キャット とにかく私の言うことを聞いてよ。

ゾーイ 行くって決めたの、姉さんが止めても無駄。

キャット じゃあ賭けにしようじゃないの。パパのところへ行って訊くの、どっちの言い分に賛成かって。

ゾーイ ほっといてよ。

キャット スペインになんか行かせない!

ゾーイ 行くわよ。

(ゾーイは立ち去ろうとするが、キャットはゾーイの腕をつかむ。ゾーイはくるっと振り返り、キャットを押しやる)

ゾーイ ほっといてよ!

キャット ほっとくもんですか!

ゾーイ これは私の人生なのよ。

キャット あなたをスペインには絶対行かせない。

ゾーイ なんでよ?

キャット 私が決めたの、いいわね?

ゾーイ　なんで姉さんが決めたことを守らなきゃいけないのよ。
キャット　それはそうよ……だけど……。
ゾーイ　（口を挟む）私に指図しないでよ、母親でもないくせに！
（ゾーイは再び背を向け、今度こそ立ち去ろうとする）
（ゾーイの背中に叫ぶ）母親よ！
キャット
（ゾーイはその場で足を止め、キャットを振り返る）
（フェードアウト）

シーンは脚本の主要な構築ブロックだが、それをさらに「ビート」と呼ばれる小さな単位に分解することもできる。トニー・ジョーダンのシーンは、全シーンが一連のアクション（動き）とリアクション（反応）でできていて、それぞれが個々の「ビート」を構成している。

キャット　とにかく私の言うことを聞いてよ。――**アクション**
ゾーイ　行くって決めたの、姉さんが止めても無駄。――**リアクション**
キャット　じゃあ賭けにしようじゃないの。パパのところへ行って訊くの、どっちの言い分に賛成かって。――**アクション**

ゾーイ　ほっといてよ。——**リアクション**

両登場人物とも、同等かつ相反する望みをかなえたがっている。ひとりがひとつのことをする（または言う）と、もうひとりが反応する。これがシーンのあいだずっと続き、やがて決定的瞬間にいたる。

キャット　あなたをスペインには絶対行かせない。——**アクション**

ゾーイ　なんでよ？——**リアクション**

キャット　私が決めたの、いいわね？——**アクション**

ゾーイ　なんで姉さんが決めたことを守らなきゃいけないのよ。——**リアクション**

キャット　それはそうよ……だけど……。——**アクション**

ゾーイ　（口を挟む）私に指図しないでよ、母親でもないくせに！——**リアクション**

（ゾーイは再び背を向け、今度こそ立ち去ろうとする）

キャット　（ゾーイの背中に叫ぶ）母親よ！——**予想外のリアクション**

すべてのシーンは、アクション／リアクション／アクション／リアクションを基本として進み、突然予想外のリアクションが訪れる瞬間、すなわち、一方のキャラクターが目標を達成し、もう一方が目標を失う瞬間まで続く。それがターニングポイントだ。

シーンが物語構造の小宇宙であるとすれば、シーンのターニングポイントは、幕と物語の双方における「危機的状況」の瞬間に相当する。危機的状況と同じように、ターニングポイントは主人公に選択を要求する。その選択によって投げかけられる問い、つまり「主人公は何をしようとしているのか？」に対する答えが、次のシーンの仕掛けを形作る。ここでも三幕構成が、細胞レベルで複製されている。

なぜターニングポイントは変化を強いるのか？　変わらなかった場合の結末を登場人物に突きつけるからだ。『ア・フュー・グッドメン』のマクロの物語構造においては、ダニエル・キャフィーが成長しなければジェセップ大佐を倒せない。同様に、キャットも真実を語らないかぎり、ゾーイを失うという可能性を突きつけられている。キャフィーは、最終幕の危機的状況において、子どものまま変わらずに依頼人の評決を司法取引するか、大人の男としてジェセップと法廷で対決するかの選択を迫られる。キャットのシーンの危機的状況では、正直になるか、娘の怒りを浴びつづけるかの選択を迫られる。キャフィーがマクロ構造において、キャットがミクロ構造において、両レベルで迫られる選択は、どちらもこれまでの自分を殺して新しく生まれ変わるか否かの選択だ。登場人物は、厳しいほうの道を選ばなければならない――正しい選択をすることで、どちらもすべてを失う可能性ははるかに大きくなる。キャフィーは起訴のチャンスを失うかもしれず、一方のキャットは暗い秘密を打ち明けなければならなくなる——自分がゾーイの実の母親であるだけでなく、（視聴者でさえ知らないことだが）聖人然としたハリー叔父さんが小児性愛者で、何年も前にキャットをレイプして妊娠させ、生まれた子どもがゾーイだったのだということを。より厳しい道を選ぶことにより、キャットは最大のトラウマとなっている秘密を明かさざるを得なくなるのだ。

遅れて入り、早く出る

脚本家のウィリアム・ゴールドマンはかつてこう言った。「私は可能なかぎり、ぎりぎりの瞬間までシーンを始めない……そして事が済んだとたんに終わらせる」[02]。たいていの脚本家は、「遅れて入り、早く出る」という格言を知っている。執筆の工夫として、このやりかたは物語に大きな勢いを生みだすが、興味深い副作用もある。いくつかの要素が省かれてしまうことが多いため、シーンの構造がわかりにくくなるのだ。

どのシーンにも、構造的に正しければ省いてもいい（そしてよく省かれる）三つの要素がある。設定は前のシーンからの暗黙の了解にできる。クライマックスと解決は、どちらもそのあとのアクションの中で展開できる。実際のところは、対立だけで各シーンを構成してもいい。うまくやれば、フランス語の母音省略のように、一連の動きが決して止まらない、対立と危機を軸にした物語を構築することができる。これは、イギリスのテレビドラマ『ザ・ストリート（The Street）』の製作者、ジミー・マクガバンが果てしなく使いつづけたテクニックであり、アーロン・ソーキンの『ザ・ホワイトハウス』でも目をみはる効果を上げている。特に「正義は死なない（後編）」というエピソードの第一幕を観てみるといい。最初のシーンは大統領が撃たれたという事実を示して終わり、そこからどんどんドラマティックに展開していく。

このテクニックは、極度に力強い物語の推進力を生むため、「トップスピン」と呼ばれることもある。どんなシーンも「どうしてこうなったのか?」という疑問で終わるが、それ以上に重要なのは「どうやったらここから抜けだせるのか?」だ。脚本家は、危機の地点でシーンを切ることにより、疑問のあとに答えが続き、そのあとまた疑問がやってくるという一連のつながりを作っていくことができる。

これがなぜ効果的なのだろう?

E・M・フォースターは言う。「物語というものが持ちうる唯一の利点は、次に何が起きるか知りたいという気持ちにさせるということだ。逆に言えば、ただひとつの欠点しかない、つまり、次の展開を知りたいという気持ちにさせない物語というものもありうるのである」◆03。危機的状況で切ると、各シーンの結末に説明が必要になるため、好奇心や期待が生まれ、満足感が先延ばしになり、続きを見ようという気持ちが起きる。推理小説家のリー・チャイルドは、物語を推進する技術について簡潔にこう述べている。「小説の冒頭で疑問を投げたりほのめかしたりしておいて、意識的に徹底して答えを伏せておく。安っぽい虚飾に見えるかもしれないが、必ずうまくいく[04]」。刑事ものや医療小説の骨組においても同じことが言える。

先に、契機事件とは疑問の投げかけであり、危機的状況でその答えが与えられると述べたが、実のところは、どんな物語も問いと答えの反復によってできていると言っても過言ではない。チャイルドの言うことは虚飾ではない。彼は物語を実によく理解している。「遅れて入り早く出る」という手法は、このプロセスをひたすら加速させ、どのシーンも「ワーストポイント」で強制的に切り上げていく。

『時空刑事1973ライフ・オン・マーズ』の共同制作者で、イギリスのテレビドラマ界で最も成功した脚本家のひとりであるアシュリー・ファロアは、『イーストエンダーズ』でその技術を学んだ。このドラマの執筆手法をどうマスターしたかについて、こう語っている。「『イーストエンダーズ』の書きかたがわかってきたのは、すべてのシーンの最後に流れるドラムの音を想像するようになってからだった[05]」。意識して明確に言語化したわけではないだろうが、ファロアは図らずも重要な物語構造の真実に出会ったのだ。各エピソードのクリフハンガー場面を示す象徴的なドラム音が、各シーンに内在する「予想外の反応」、ターニングポイント、危機的状況と、事実上同一だと気づいたというわけだ。

クリフハンガーは危機であり、危機はクリフハンガーだということに。

キャットがゾーイに告げる言葉、自分は母親なのだという「予想外の反応」は、期待のくつがえしの典型例だ。登場人物の人生に起きた爆発であり、それによって彼らの旅は道を外れてしまう。こうしたテクニックは、『ドクター・フー』やテレビドラマの『バットマン』、サタデイ・モーニング・ピクチャー〔英国で一九二〇年代から七〇年代にかけて土曜の午前中に上映されていた一連の子ども向け映画〕などを観て育った世代にはおなじみのものだ。実質的にはどのシーンも小契機事件で構成されており、それがひとつにつながって物語を形成している。どのシーンの危機も、登場人物の人生を動揺させる小爆発であり、それによって、動揺を解決するための新しい計画（もしくは欲求）が登場人物の内に生まれる。

つまり、契機事件は、物語の第一幕だけにあるわけではない。フラクタル形式の契機事件は、全幕のラストのみならず、全シーンの中でも生じる。期待のくつがえしは、すべての原型的物語において不可欠な仕掛けである。観客は、何かを期待する道筋に導かれるが、角を曲がったところで直面するのは期待と正反対のものだ。これがアクションにおけるテーゼとアンチテーゼなのである。

10 すべてをひとつに

洒落っ気のない男が、特権階級に招かれ、世界でも最もクールなクラブを作り上げるが、その過程で法外な報酬を手に入れたにもかかわらず、ただひとりの友を失い、いまだにガールフレンドを取り戻せないでいる。『ソーシャル・ネットワーク』は、マーク・ザッカーバーグがガールフレンドに振られたことの反動で、友人のエドゥアルドの助けを借りてフェイスブックを作ったプロセスを描いた、アーロン・ソーキン脚本、デイビッド・フィンチャー監督のフィクション形式の作品だ。これは「森への旅」構造を備えた現代の悲劇だ。エリートWASPの世界にマークを招き入れた双子のウィンクルボス兄弟は、マークにない資質のすべてを象徴している。だが、この物語構造でいちばん際立った特徴のひとつは、第一幕と最終幕の関係が非常に明確かつ直接的なことだ。

第一幕

1　マークはエリカに捨てられる

2　女の子の顔の格付けサイト《フェイスマッシュ》を立ち上げる――エドゥアルドを仲間に誘う
3　ウィンクルボス兄弟がマークを仲間に引き入れようとする

第五幕

1　ウィンクルボス兄弟がマークを訴える
2　フェイスブックを立ち上げる――エドゥアルドをクビにする
3　エリカと「友だち」になろうとする

二つの幕は鏡像になっている。

すべての幕は、同じ基本要素で構成された、個々のフラクタル単位だ。だが、それらを一列に並べてみると、興味深い現象が起きる。まるで生物のように、それぞれの単位が独自の特徴を持ち、より大きな全体像の構造を支えるようになる。幕同士が結びつくことで、全体に対称性が生まれ、単位個別の機能は、より大きな物語構造を支えるように進化していく。作品は、完璧な状態に達することはほとんどないにしても、執筆や推敲により、各幕がそれぞれに独自の重要な役割を果たすような形をとるようになり、古典的な形を再生産していく傾向がある。さて、それぞれの幕で具現化される独自の構成要素とは、いったいどのようなものだろうか？

第一幕

どんな第一幕においても、通常の三部構造には明確な目的がある。第一幕のミクロの危機的状況は、次の幕と物語全体の両方にきっかけを提供する。ここまで見てきたとおり、第一幕の危機は、物語全体における危機と直接的で明確な関係を持っている。『ゴッドファーザー』の第一幕で、マイケル・コルレオーネは無邪気に兄の結婚式に出席する。マイケルは自分の一族のビジネスに関わる気はなかったが、それも父が撃たれるまでの話だ。父が撃たれるというアクションにより、「マイケルはどう反応するのか？」という問いとともに、彼は第二幕へと駆り立てられる――この問いが、物語全体の背骨を形成することにもなる。マイケルは、父を裏切った人物を突き止めなければならない。第一幕は、主人公が森の縁に立ち、そこから旅が始まろうとするところで終わる。

第二幕

第二幕が始まると、登場人物は最初に発覚した自分の欠点に対し、すぐ効果の出る解決策を選ぼうとする傾向がある。マイケルは新しい世界を認識するが、そこに足を踏み入れるのは父親を守りたい一心からだ。マイケルが本当に変化するのは、二度目の「契機事件」、すなわち、父親がまだ暗殺者に狙われていることに気づいてからだ。主人公が二度と元には戻れないと悟る地点は、構造的にはここだ。テルマは二度と少女のようにはふるまえない。ダニエル・キャフィーも少年には戻れない。ライトニング・マックィーンも騒々しい子どもには戻れない。さらに第二幕には、第二幕独自の行動への誘いや危機的状況が存在し、それが主人公に、これまでの自分と新しい自分のどちらかを選べと迫る。『ゴッドファーザー』では、マイケルは父を暗殺しようとした人間を騙し、そのことに恐れではなく爽快さを覚えたことに気づく。マイケルは森に踏み込んだのだ。

第三幕とミッドポイント

物語のミッドポイントは、当然ながら第三幕のミッドポイントでもある。くり返しになるが、個々の幕は全体の物語の形式を内包している。どちらにも同じパターンが見える——登場人物は、前半は物恐れていたことを、ここでは熱心に受け入れている。ここまで見てきたとおり、ミッドポイントは物語の「真実」であり、[◆01]主人公が受け入れなければならない「真実」でもある。

「英雄の魂から噴出するこの偉業、もしくは魂に流入する前触れ的な感銘は、崇高な奮闘による最初の偉大な結果、あるいは、命に関わる内的葛藤の始まりである」[◆02]。『戯曲の技巧』におけるグスタフ・フライタークのミッドポイント（あるいはフライタークが言うところの「クライマックス」）の説明は、現代の基準からすれば大げさに響くかもしれないが、まちがってはいない。森の真ん中で、登場人物は新しい自分を受け入れる。二度と失われることのない知識を、「探し求めた」場所で「見つけ」、決してあと戻りはできない。マイケル・コルレオーネは勇気を奮い起こして警官を射殺し、そしてその変化がもたらした報酬、つまり、平穏なシチリア島で美しい女性との結婚生活を味わう。しかし話はそう単純ではない。変化は再び訪れる。マイケルの妻が殺害される――これが第三幕の危機となる。そしてその危機により、マイケルは以前の自分の行動に直面させられる。マイケルは再び選択を迫られる。立ち止まって過去の自分に戻るか、それとも、自分が見つけた闇の「霊薬」を飲み、その魔法の力を借りて故郷に向かうかだ。

第四幕

第四幕の危機は、もちろん物語そのものの危機的状況である。主人公にとっては、変化を受け入れて勝利するか、変化を拒んで失敗するか、その決断を迫られる瞬間である。すべてが終わり、失敗を宣告されることになりかねない「ワーストポイント」だ。文字どおり、もしくは比喩的な意味での死の臭いが、空気を曇らせることもめずらしくない。『マクベス』から『トイ・ストーリー3』、『キック・アス』、『長く熱い週末』、『ショーシャンクの空に』にいたるまで、死はすべてを曇らせる。[◆03] ここでもその理由は構造的なものだ。

究極の危機的状況に直面した主人公は、物語構造から単純な問いを投げかけられる——引き返して死を選ぶか、それとも変化して生きるか？　新しい自分を生きるには、過去の自分（マイケル・コルレオーネの場合は父親）の死が必要だ。主人公にとって最大の試練だ。マイケルには、父のマントを引き受け、自分が受け入れた冷酷さで、父の死の復讐を成し遂げる準備ができているのか？　森の真ん中で学んだ教訓を、故郷まで持ち帰れる強さは備わったのか？

第四幕の興味深い副産物としては、映画『チーム★アメリカ／ワールドポリス』で「モノローグ」と呼ばれているような部分が多くなることだ。ブロフェルドやゴールドフィンガーが、陰謀計画の「方法」や「理由」を語ったり、主人公が自分のモチベーションを説明することの多い幕だ。物語が闇から光への旅だとすれば、このスピーチは、ジグソーパズルの最後の一ピースと見ることもできる。ここでようやく本当に登場人物の動機が理解され（フィリップ・クローデル監督作『ずっとあなたを愛してる』のように）、それから最後の「闘い」に突入する。モノローグに大きな疑念を感じている脚本家もいる——これについては14節で再び触れたい。

ドン・コルレオーネは果樹園で倒れて死に、マイケルは召喚を受ける。果たして彼は召喚に応じるのか？ もし応じるなら、どんなゴッドファーザーになるのだろう？

第五幕

通常、主人公が最終幕に突入するときには、敵対者を倒す、自分の恐れに打ち勝つ、欲しいものを勝ち取る、故郷に帰る、愛する人を手に入れるなど、具体的な目的を持っている。要するに、第五幕における「ゴール」は、物語そのものの主要な（そして本物の）ゴールと同一と考えていい。主人公は、故郷に伝えるべき真実を携えて、もと来た道を戻らなければならない——その真実は、故郷の人々が聞きたい真実とは限らない。原型的な物語では、主人公が直面しなければならない敵対者は主人公の欠点の具現化であり、外的な闘いと内的な闘いは同一化される。ミッドポイントで得た知識を使い、第四幕の試練で試された主人公は、困難に打ち勝って敵を倒し、欠点を克服して完全体となる。マイケル・コルレオーネは敵の邪悪さをすべて吸収し、敵よりも悪魔的な人物となる。自分の甥が洗礼を受けるとき、マイケルもまた洗礼を受ける——血の洗礼を。マイケルは、自分の魂に残っていた最後の善良さの名残を乗り越え、このうえなくダークな完全性を得るのである。

フラクタル構造と変化

物語構造に対称性とバランスが求められるのであれば、どんな物語でも第一幕と最終幕のあいだに明確な関係性が見えるはずだ。変化の方法論が正しく機能していれば、それも見えるはずだ。

完全な物語には、二つの大きなターニングポイントがある。ひとつは主人公に行動への誘いを送り、もうひとつはこの誘いを受け入れた結果を主人公に示すターニングポイントだ。この結果が障害となって主人公の前に現れ、おのずから最終選択をうながす。フラクタル理論が正しいとすれば、構造の縮図は（第一幕の契機事件の分析で述べたように）第一幕に現れるだけでなく、最終幕にも生じるはずだ。この考えかたが正しいなら、最終幕は物語全体と同一の三部構造を示し、次のようになるはずである。

1　ワーストポイントに直面した主人公は、新たな「行動への誘い」があるまでは、動揺し、行動に迷う。やがてチャンスが訪れ、再び変化のための努力をうながされる。

2　主人公は選択をおこない、誘いを受け入れる。筋の通った結論に到達するまで、行動の筋道を執拗に追い求めることに没頭する。

3　それにより主人公は最終選択をおこない、自分の欠点を克服するため、最も危険で深遠な課題を達成しなければならない。

『ゴッドファーザー』の展開はまさにこれである。ドン・コルレオーネは、死ぬ直前に息子に、ファミリーの中に裏切り者がいる、取引を仲介しようとマイケルに近づいてくるのがその人物だと告げる。変化のロードマップにおける用語を使い、このあとに続く非常に明確な三段階を説明してみよう。

再び気づく――マイケルは父の葬儀の席で、忠誠心の厚いファミリーのメンバー、テシオから取引の仲介を持ちかけられる。テシオが裏切り者だったのだ。マイケルは行動に出ることを決意する。

再度受け入れる――マイケルはテシオを殺害し、さらに、甥が洗礼を受けるあいだに、自分に楯突こうとうる人間たちを皆殺しにする。

完全に消化する――妻のケイに、自分の妹の夫を殺したのかと問われる。マイケルはケイの目を見て、殺していないと答える。妻への嘘は大罪だ。マイケルは悪を極めたのだ。

第五幕の最初のターニングポイントは、変化への努力を決意するチャンスが提示される（小契機事件）か、意識的にそれを決断する、もしくはその両方である。

『テルマ＆ルイーズ』の第五幕は、逃亡できる可能性がないことに主人公たちが気づくところから始まる。自首する選択肢もあったが、二人はタンクローリーを見つけ……。

『E.T.』では、エリオットがE.T.の死を静かに悼む。そのとき、E.T.の心臓が光り始め……。

『ダンシング・ヒーロー』のスコットは、父親が自分のステップで踊らなかったことをずっと後悔していたと知る。自分は勇敢になりたいのか、それとも恐れを抱えたまま人生を生きたいのか？　ティナと踊るのか、それとも自分が本当に愛しているフランと踊るのか？

二つめのターニングポイントは小ワーストポイントで、最も困難な選択がここに含まれる。

『テルマ＆ルイーズ』では、二人の主人公はグランドキャニオンで警察に追い詰められる。降伏するか、それとも別の逃避行を受け入れるのか……。

『E.T.』では、エリオットは親友に別れを告げることを選ばなければならない。

『ダンシング・ヒーロー』では、スコットはアドバイスをいっさい無視し、フランと踊ることを選ぶ。だが、電源プラグを抜かれて音楽を止められ、二人は競技会の出場停止処分を受ける。それでも、スコットの父親やフランの父親と祖母、そしてついには観客全員が手拍子を始め、スコットはようやく、音楽なしでも心のリズムで踊ることを学ぶ。

また、三部構造になった最終幕は、その物語の第一幕の構造と鏡像をなしていることが多い。

『ゴッドファーザー』

第一幕

1　結婚式――マイケルはケイに対して正直

2　人生を謳歌している

3　父が撃たれる

第五幕

1　裏切り者の正体がわかる
2　死の乱痴気騒ぎ
3　葬儀――マイケルはケイに嘘をつく＊

『テルマ&ルイーズ』

第一幕

1　家父長制と社会規範への服従
2　男性に服従を強いられ、おびやかされる
3　犯行現場からの逃走

第五幕

1　警察に発見される
2　男性を服従させ、おびやかす
3　家父長制と社会規範の拒否

＊ほかの事例は付録Ⅴを参照。

『E.T.』

第一幕

1　E.T.は地球に足止めされる

2　権力から逃れるためのチェイスシーン

3　エリオットがE.T.と親しくなる

第五幕

1　嘆き悲しむエリオット

2　権力から逃れるためのチェイスシーン

3　E.T.は故郷に帰る

『ダンシング・ヒーロー』

第一幕

1　スコットが自分勝手なステップで踊る
2　フランと踊ることを拒む
3　フランと踊ることを選ぶ

第五幕

1　スコットはフランと踊ることを選ぶ
2　フランと踊る
3　自分の心のリズムに合わせてフランと踊る

各幕の中に小さな物語構造があることには、さらに広い意味がある。原型的な物語をひとつ選び、ミッドポイントで折りたたんでみれば、物語の対称性を求めることがいかに重要か、なおさら明確に理解することができる。第一幕の序盤と第五幕の終盤が相互に鏡像となっているばかりでなく、第四幕は第二幕と、ミッドポイントで二分された第三幕の前半は後半と、たがいに鏡像になっている。

第二幕では、主人公が変化への努力を受け入れるためにさらに動くが、第四幕ではこれが逆行する。圧倒的に不利な状況に直面し、主人公の誓いは試され、ワーストポイントが近づくにつれてすべてを投げだす可能性も出てくる。

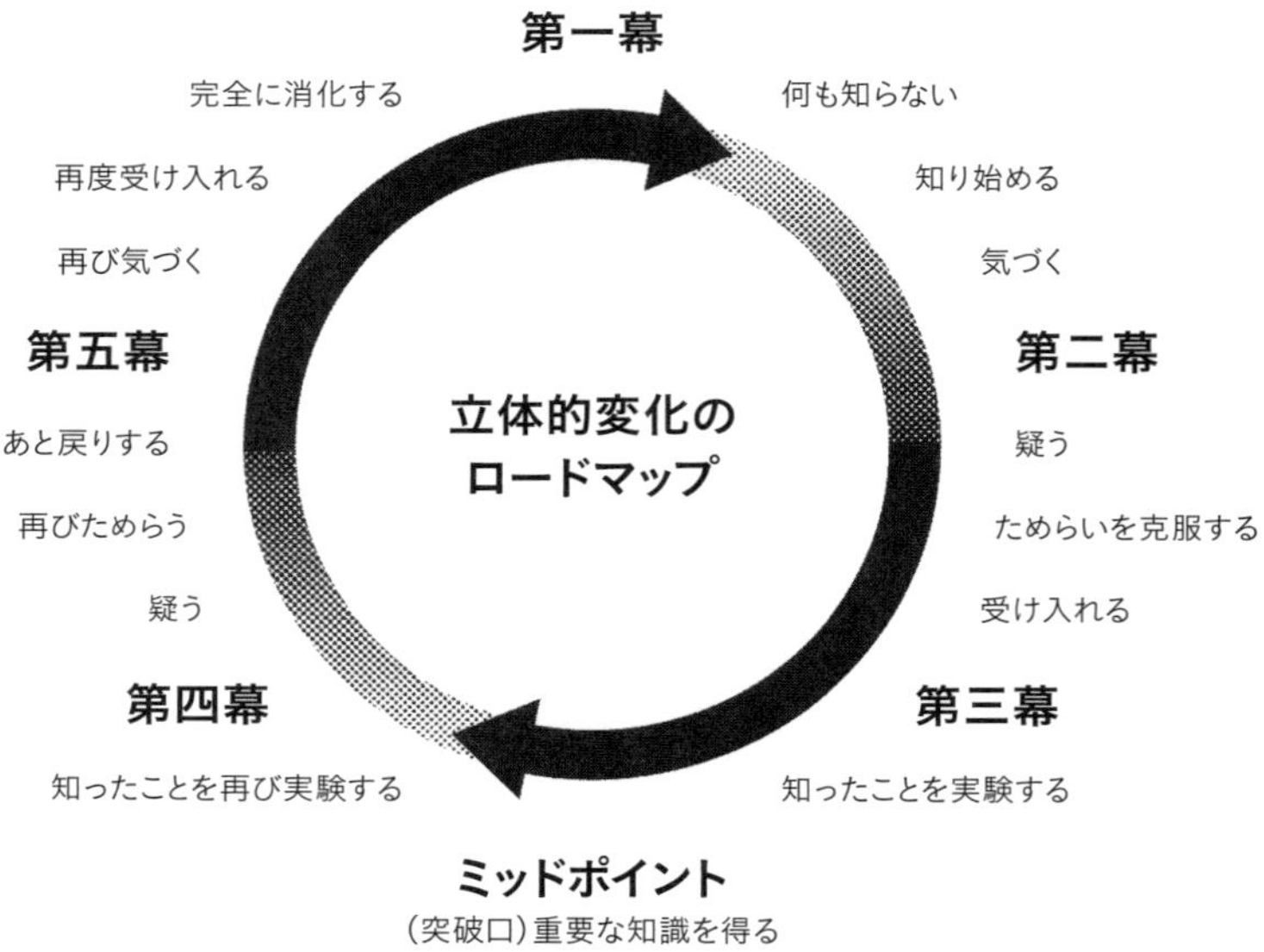

変化のロードマップをもう一度見てみよう。

各幕の三部構造だけでなく、図を二等分すると（中央に縦線を引く）、一方の半分がもう一方の半分と完全な関連性を持っていることに注目してほしい。始まりと終わりがブックエンドのように「知らない」／「知っている」状態に挟まれているだけでなく、第三幕の前半と後半もそうである――第二幕と第四幕も、同じ旅の逆バージョンとなっている。

第一幕と第五幕、第二幕と第四幕、第三幕の前後半――これらすべてが、ミッドポイントを真ん中に置いて、たがいのこだまとなり、鏡のように映し合っている。さらに、完全な原型的物語においては、第二幕の危機は、その鏡像となっている第四幕の危機に直接的に関連した契機事件のように機能する。物語構造においてと同様、登場人物の要素もそうなっている。『テルマ＆ルイーズ』の第二幕の終わりで、ダリルはテルマに軽蔑されるが、第四幕の終わりでは、テルマとルイーズを見つけだすうえで重要な役割を果たす。『ハムレット』の第二幕では、ローゼンクランツとギルデンスターンはハムレットに付き添うが、第四幕ではハムレットに殺される。どのレベルにおいても、同じ構造的関係を見いだすことが可能なはずだ。どんな脚本でも、前半で「この決断によって生じる最悪の結果はどういうものか」という問いがあり、後半で「これだ」という答えが返ってくる。

フランシス・フォード・コッポラとマリオ・プーゾが『ゴッドファーザー』の脚本を書いたとき（プーゾは自分の小説にも似た構造を採用していた）、どちらもこのことを意識していたのだろうか？　たいていの作家は、まずそんなことは考えない。ではなぜ、このような対称性が生じるのだろうか？

映画やテレビドラマを観ているときの観客や視聴者は、物語として正しいと思えるなんらかの感覚を得ることがある。それがないと、不満を覚えたり、最悪の場合死ぬほど退屈してしまう。理由はいろいろ考えられるが、作品の要素の配列に問題があるケースが多い。作品が目指す構造にはまっていないと、どこかがおかしいと感じてしまうのだ。ときには意図的にそうなっている場合もある。コーエン兄弟の作品（『ミラーズ・クロッシング』、『ノーカントリー』など）では、この無秩序さがある種のトレードマークになっている。が、退屈な作品（『バッドボーイズ2バッド』、『かいじゅうたちのいるところ』など）の多くは、形式の失敗によるところが大きい。古典的なシェイクスピア作品では、三部構造が五幕分くり返される。各幕に、テーゼ、アンチテーゼ、ジンテーゼが含まれている。シェイクスピア作品からは、正しさが感じられる。仮にシェイクスピア本人が幕間の休憩を入れていなかったとしても、編集者が幕間のタイミングを決められるのは驚くべきことではない。自然な形やリズムを備えた三部構造ユニットの終わりに、幕間を入れればいいだけだ。

ただし、これは重要なことだが、偉大な作品がこの形に適合しないことも充分にありうる。これまで見てきたフラクタル・パターンは、あくまで理想のパターンで、例外を見つけるのはそう難しくない。意図的にパターンを破壊している映画（『アンドレイ・ルブリョフ』、『ウイークエンド』、『白いリボン』など）もあるが（これについては後述する）、それ以外は単に構造が不完全なのだ。第三幕の後半や第四幕がないもの（『ライオン・キング』）、ときには第五幕がないものもある。第七幕まであっても、史上四番目に成功した作品もある。結局のところ、脚本とは、脚本家が中間部分に好きに幕を足すことができるものだ。物語が構造に依存するように、構造もそれぞれの物語が求めるものに依存する。構造に完璧にはまる脚本はほとんどないが、まったく欠点のない芸術作品など、そうあるものでもない。その不完全さにこそ、作品の長所が存在することもある。

これも強調しておきたいが、多くの作家は良識的で、意識して物語構造のことを考えたり、図表をそばに置いて執筆したりはしないものだ。興味深いのは、原型的な物語構造というものが、いかに無意識のうちに生まれるかということなのだ。人の脳は左脳と右脳に分かれ、左脳は秩序や構造や論理、右脳は想像力や創造性に関与する。両方の脳が調和したときに最大限の機能を発揮するのと同じで、物語も同じようなバランスに引き寄せられるものらしい。ストーリーテリングとは、相反するものをひとつにまとめ、その中にある秩序と混沌の対立を鎮めることなのだ。

当然のことながら、これは物語全体や、そのフラクタルな縮図の中でのみ起きることではない。相反するものの関係性は、人々が実際に物語を知覚する方法の基本となっている。それがすべての鍵であり、次はそこに目を向けていきたい。

第三幕

森の中

11 見せること、語ること

彼女が僕に対して不機嫌だということを、映画の中で表現するにはどうすればいい？

「彼女は僕に対して不機嫌だ」と言うのではなく、「彼女は足を踏み鳴らしている」と言えばいい。◆01

――ザ・ストリーツのマイク・スキナー

フォルクスワーゲンの「不良品《レモン》」は、広告史において然るべき地位を占める一枚物広告だ。広告代理店のドイル・デイン・バーンバックは、ドイツで製造された小型車を、サイズ重視のアメリカに売り込めという指示を受けた――しかも第二次世界大戦のわずか十五年後にだ。それでも彼らは、マーケティング界の「クリエイティブ革命」を引き起こした。広告の顔を変容させたこの革命は、語るのではなく示すことによって起きた。

この広告を見て、「自分はまず何を考えるだろう?」と考えてみてほしい。おそらく、この写真と小見出しにどんな関係があるのかを考えるのではないだろうか。「この車のどこが不良品?」と思い、そのあと「どうして自社の商品にそんなことを言うのだろう?」と考える。これは基本的な叙述テクニックであり、消費者は表向き奇妙に見えるものが並んでいる理由を知ろうとして、その下の宣伝文句を読むよう導かれるのだ。広告に誘い込まれ、そのもくろみにはまってしまう。そんなふうにして、広告の構造は、対立を生み、その解決への欲求を感じさせるという点で、根っから物語的にできているのである。

フォルクスワーゲンの広告
Courtesy Steven Kasher Gallery

ピクサーの脚本家兼監督のアンドリュー・スタントンは、大の映画ファンで、『ライアンの娘』以外のデイビッド・リーン監督作はすべて観ていた。一九九二年、レーザーディスクが大流行したとき、スタントンはついにあこがれの人の未見の作品を観ることができた。「雲が切れるのを見るようだった」◆02とスタントンは言う。特に、あるシークエンス、二つのシーンのあいだのあるカットが、スタントンに物語構造の謎を解き明かしてみせた。最初のシーンでは、不幸な結婚をしたロージー・ライアンが、性的欲求不満であることを司祭に伝えようとしている。だが、映画の舞台は第二次大戦前のカトリック世界のアイルランドで、司祭は厳しい言葉で警告する。「ロージー、そんな願望を持つものじゃない。考えてしまうのは仕方がないが、その願望に固執してはいけないよ。主はきっと君の願いに応えてくださるさ」。そこで映像が切り替わり、海を背景に陽に照らされた、目を惹くシルエットが映しだされる。背の高いハンサムな見知らぬ男が、バスから降りてくるところだ。スタントンは、リーン監督が意図したとおりのメッセージを受け取った——「この男はまさにロージーが望む男そのもので、きっと災厄をもたらすにちがいない」と。

映画がそう語ったわけではない。それでも、観客誰もが思ったように、スタントンもそれを理解した。映画がそう見せたのだ。そしてこの瞬間から、スタントンは、物語構造の最も基本的かつ最も重要な原則のひとつを理解するようになった。脚本術とは語ることではなく見せることであり、物語構造とは、観客にそのつながりを理解させる手法でおこなう、イメージの提示なのだ。スタントンがそのとき出会ったのは、映画理論家のあいだでは「クレショフ効果」として知られている手法だった。

クレショフ効果

二十世紀初頭、ロシアの映画監督レフ・クレショフは、ロシアの二枚目俳優が、スープの入ったボウル、棺桶、そして女性をそれぞれに見つめる姿を撮影した。これを観る側は、空腹感、悲しみ、欲望をたやすく演じ分ける俳優の能力を絶賛した。しかし実は、俳優のショットはどれも同じ映像だった。◆03

クレショフは、映画という驚異的な新しいメディアが、世界に秩序を与えたがる人間の欲求を利用できてしまうことに気づいた。ばらばらのイメージを見せられた観客は、それを意味のある秩序に組み立てようとする。どんな映画の「文法」も、この真実に基づいている。

スタントンと、『ファインディング・ニモ』で彼とともに共同脚本家を務めたボブ・ピーターソンは、こうした並列の根源にある構造的重要性を「2＋2の統合理論」と呼んだ。スタントンは次のように言う。

> 優れたストーリーテリングは、決して4を提示してはならない、提示するのは2＋2だ。（中略）観客に答えを与えてはならない。観客には答えの断片を与え、自分で答えを出させるのだ。観客は、エンターテインメントにおいて自分も何かしたいという、無意識の欲求を持っている。

自分で答えを見つければ、スリルや喜びを感じるものだ。◆04

これは非常に重要な発言だが、何も映画に限った話ではない。

ゲイリー・デイビスが現れて、ウェンブリーの大観衆に楽しむ準備はできているかと訊ね、キム・ワイルドを大歓迎で迎えるよう煽った。（中略）（そして）キムが登場し、赤いスカーフを振りながら、カメラが胸の谷間をとらえるよう何度も身を屈めてみせた。「ここに来られてうれしい」彼女は言った。一、二曲歌ったころ、私たちがいた列では、ラガーや冷めたホットドッグを出しているケータリング・スタッフの服装が、サッカーチームのマザーウェルFCのカラーに見えるかどうかで議論が起きていた。有意義な結論に到達することはなかった。◆05

一九八八年のウェンブリー・スタジアムで、キム・ワイルドが（マイケル・ジャクソンの前座として）ステージに立ったときのことを書いた、DJ兼ジャーナリストのジョン・ピールの論評だ。見せることと語ることのちがいがよくわかる。「キム・ワイルドは退屈だった」と物語的に書くことは簡単だし、ジャーナリズム（特にタブロイド紙の寄せ集め記事）においてはそのほうが望ましいかもしれないが、それでは深みがなく興味を惹きにくい。ピールはそうはせず、イメージを並べることで退屈さを演劇的に表現し、読み手に関心を持たせている。再現的に状況を書き、読み手にキム・ワイルドとケータリング・スタッフのあいだのギャップを埋めさせることで、読み手自身がこの出来事を生き生きと思い描くことができるようにしている。ピールは映像的言語を使っているのだ。

テレビはその黎明期にこうした表現に背を向け、より「プロセニアム・アーチ」〔劇場で舞台を額縁のように切り取る構造物のこと〕的なアプローチを好んだ。カメラは観客の一部となり、距離を置いて、ステージ上の動きを観察した。テレビがクレショフやエイゼンシュテイン〔モンタージュ理論の父であり、事実上クレショフ効果を実践した人物〕の仕事を無視したのは、彼らの理論がまだ比較的曖昧だったこともあるが、短いカットを並べる映画的言語をとらえるだけの技術が、単に経済的に成立しなかったからという事情もあった。

テクノロジーは変化したとはいえ、テレビドラマが物語的だと思い込んでいる人が多いのには驚かされる。アメリカのケーブルテレビのドラマは、〔予算の大きさや技術によって〕絶対権力からほぼ解放されたとはいえ、ストーリーは会話で進めなければならないとする脚本術マニュアル本はいまだによく見かける。テレビに質の高い物語がないことを嘆きつつ、それも当然だと主張する批評家の悲しげな声の根底にあるものにも変わりはない。◆06 だが、それはまちがっている。理由はそんなに単純ではない——それでは筋が通らない。テレビドラマが退屈で、仰々しくて苦痛なのは、テレビという媒体のための物語が書かれていないからだ。テレビドラマは、映画と同様に、登場人物の心の状態を伝えるためにイメージの並列に頼っている。ドラマよりずっと物語的なメディアである演劇はちがう。演劇がやっている手法そのものを考えれば、これは明白だ。演劇にはクローズアップはないし、時間も空間も、ほとんど、もしくはまったく、断片化されることがない。優れた映画製作者が映像の操作によって生みだせる感情を舞台で伝えるには、たとえば独白などに頼ることになる。演劇はテレビドラマよりつまらないわけでも劣っているわけでもない。その可能性は、ライブ・パフォーマンスの場にあるというだけのことだ。◆[07]

　映画、そしてその後はテレビドラマも、イメージの再現を自由におこない、その可能性を容赦なく利用した。そうすることで、世界が世界そのものについての物語を聞く方法は、完全に変わった。動く映像の開発は、芸術の原子力時代の幕開けとなったという意味で、分子科学の発見と似たところがある。抽象表現主義の先駆者のひとり、ウィレム・デ・クーニングの絵を見てみてほしい。

　脳がこの絵を吸収するなかでもう一度自分に問いかけ、この絵の中にある形を整理し、理にかなったものに見えないか考えてみてほしい。これは顔だろうか？　裸体？　女性？　さらに、この作品のタイトルが《発掘》だとわかったらどうだろう。どうやって自分の思考を再評価し、意味のあるものになるように並べ替えるかを考えてみてほしい。解釈という行為——まったく異質なものを融合させること——により、頭の中に絵が生みだされるのだ。

　マルセル・デュシャンが、そのいかがわしげな天賦の才◆[08]を発揮し、小便器をアート・ギャラリーに置いて《泉》と名づけたとき、デュシャンはただ単にこのプロセスを想定し、ギャラリーそのものを作品のフレームにしようとしたのだ。《泉》のパワーは、その環境、つまりそこが単に小便器のあるべき場所ではないという事実から広がっていく。二つの相反するものが並べられる。並列によって芸術がもたらされる。その解釈こそが芸術なのだ。

これは乱用や曖昧さが生じやすいプロセスだ。この最悪の現代アート作品が証明しているとおり、どんなものでも並べることはできる。相反するものを融合させたいという人間の欲求を利用すれば、儲かるビジネスにもなりうるのは確かだが、技能と洞察力をもっておこなえば、意義深いものにすることはできる。合体した形の連想から真実を呼び起こせれば、観る者に圧倒的で力強い体験をもたらすことができる。

ウィレム・デ・クーニング《発掘》1950年、シカゴ美術館蔵

優れた脚本家はそれを知っているし、最大限に活用する。動画というものは本質的に、目に見えないものを扱うことはできない。脚本家がそれを解決する方法は二つある。作品に言葉で語らせるか、複雑な感情体験を映像で表現するかだ。

後者が望ましいことは言うまでもない。E・M・フォースターも言っているように、「物語においては、人間の幸福も不幸も、すべては行動の形をとらなければならないし、でなければその存在はわからないままになってしまう」[◆09]。純然たる映画やテレビドラマでは、感情、考察、動機といった内面世界のすべてが行動で表現され、視聴者は文脈から推測する。脚本家が「デイビッドは、労働党と保守党のどちらに投票するかを考えながら、じっと火を見つめている」などと書いても、視聴者が推測できるわけがない。もちろん「どっちに投票しようかずっと考えていたんだ」とデイビッドに言わせることはできるが、「デイビッドは火を見つめている」と書くのなら、その前に、その登場人物がどちらかの政党をずっと信頼していたのに、それに値しない党だと気づくシーンがあれば、観る側も擬態的に理解するはずだ。観る側は説明がなくても自分で推測できるし、はるかに強い印象が残る。ヒップホップ・プロジェクト、ザ・ストリーツのマイク・スキナーも言うように、彼女が足を踏み鳴らすさまを見せればいいところで、なぜ怒っているのか説明する必要があるのか？　彼女の顔を見て足を見れば、すぐにわかるはずだ。

このように、語りの巧みな映画やテレビドラマは、その構造、すなわち映像の登場順序を通じてストーリーを展開していく。登場人物は行動を通じて人物像が明らかにされるもので、動機を言葉で説明することは避けたほうがいい。観る側は、人物の行動を通じて理解を深める。登場人物に明確な目標があるかぎり、その達成のために選ぶ行動も、その人物のことを伝える。妙な言いかたではあるが、主人公は作品そのものだ。主人公が望みを追求するあいだ、その内容、目的、性質は観る側に映しだされる。主人公が動かなくなれば、主人公のこともわからなくなる。観る側も能動的になるのをやめ、関心を持つこともやめてしまう。

観客は関与を好む。能動的になることで、物語に愛着を持つ。刑事ドラマで物語推進の絶対的な中心になるのは、状況を理解したいという視聴者の衝動だが、それはどんな映画やテレビドラマにも当てはまる。『ザ・ワイヤー』のクリエイターであるデイビッド・サイモンはこう言っている。

（視聴者は、）自分が決して見ることのない、新しい、混沌とした、ときには危険な世界に入り込むことが好きだ。土地の方言や慣用句がすべて理解できなくてもかまわない。自分の判断で情報を手に入れ、関連を見いだし、自分を導く知性だけを頼りに視聴を進めることができると、作り手から信頼されることを好む。本当に賢明な人々は、テレビを観ることに耐えられない。なぜなら、一般のテレビは恩着せがましいメディアで、何もかもすぐさま説明し、曖昧さを残さない。実際には、別の世界同士の人々がコミュニケーションに使っているような独自の方法を、妨げる台詞ばかり使っている。別々の場所からやってきたはずの登場人物は、最終的には視聴者と同じ言葉で話すことを求められる。こんなのはつまらないに決まっている。◆10

悪文は説明する。良文は見せる。◆11

アンドリュー・スタントンは、「2＋2＝？」の理論、つまり、見せると伝えるの理論は、映像だけに当てはまるものではないと指摘している。

私は中絶したいのですが、ボーイフレンドとのあいだに子どもができないんです。

アメリカのコメディアン、サラ・シルバーマンのこのジョークは、典型的な期待のくつがえしによって成り立っている。だが、どんなジョークでも、あるいはどんなドラマのどんなシーンでも、言語的であれ、視覚的であれ、あるいはその両方であれ、正反対のものを並べることは、語るよりも見せるという手法のみならず、すべてのユーモア、すべての物語の中心的支柱である。何かが正反対のものと対峙することにより、観る側はその「何か」について考え直すことになる。本書の第二幕で述べたように、シーンはテーゼ／アンチテーゼ／ジンテーゼの最も小さなバージョンで構成されており、すべてのシーンの危機的状況は、契機事件の縮図となっている。何かが正反対のものに直面するというこの形は、どうやらストーリーテリングにおける中心的な重要性を持っているようだ。

期待が最も高まる時点での期待のくつがえしは、登場人物のみならず観る側にも起こる。アンリ＝ジョルジュ・クルーゾーの一九五〇年代の傑作『悪魔のような女』では、地方の学校長をしている男の妻と愛人が、校長を殺そうと手を組む。殺害は成功するが、死体が消え、その後戻ってきて二人を苦しめる。心臓の弱い妻がショック死したところで、実は愛人が、本当は死んでいなかった校長とともに、最初からこの結末をたくらんでいたことがわかる。『シックス・センス』や『めぐりあう時間たち』でも、まったく同じトリックが使われている。観客は、提示されたとおりの出来事を信じさせられるが、あとになって、映画の重要な要素が見た目とは正反対であると知らされる。どちらの作品でも主人公は死んでおり、観客は、最後のシーンで現実を目の当たりにする前に、その反対だと信じ込むよう誘導される。

これもクレショフ効果だ。どの作品においても、観客は重要な事実を提示され、関連性を推測するようながされる。作品は、テーゼ/アンチテーゼの対比を強調し、より極端なインパクトを生みだそうとする、サラ・シルバーマンのジョークのメカニズムと同じだ。ギリシャ悲劇から現代劇にいたる系譜の中で、演劇構築の核となるテクニックとも共通している。『オイディプス王』では、オイディプスがテーバイの疫病の原因を突き止めようとするが、結局は自分のせいだと気づかされる。『ボーン・アルティメイタム』や『猿の惑星』の核心にも、同じDNAが存在している。チョーサーの『免罪符売りの話』では、三人の男が「死」を見つけようと計画するが、その代わりに大金を見つける。アガサ・クリスティの『アクロイド殺し』では、最後に犯人が物語の語り手であると明かされ、あとから考えると、小説自体が遺書であることがわかる。

アリストテレスは『詩学』の中で、このテクニックのことを、「可能性や必要性に従って……行為が実行されるあいだに、正反対への変化が生じること」とし、ギリシャ神話のリュンケウスの物語を引き合いに出している。リュンケウスはダナオスの陰謀で殺されそうになるが、「結果的にはその前の出来事の結果としてダナオスが殺され、リュンケウスは助かる」◆[12]。これもまたペリペテイア、つまり運命の逆転だ。世界は突如として、見た目とは正反対の姿を明かしてみせる。ギリシャ演劇では、ペリペテイアはつねにアナグノリシス、すなわち「発見」とセットで、登場人物の「無知」が「知」に変わる瞬間だ。アリストテレスは、これは物語構築の基本単位だと主張している——そして実際それは正しい。正反対のものと対立していた何かが、別のものだったことが明らかになる場面だ。

　最後の何分かで突然新事実を明かす手法は、エリック・ロメールやイングマール・ベルイマンの作品とはまるで世界がちがうようでもあり、大衆迎合テクニックとして否定するのはたやすい。ソープオペラのプロットのモチーフとして、使い古されている感もある（「母親でもないくせに」「母親よ！」）。だが、『イーストエンダーズ』がこの手法を活用するのには理由がある。『イーストエンダーズ』は、ギリシャ悲劇の直系子孫と言ってもいい作品であり、そればかりかそのクリフハンガー手法は、うまくいけば現代のペリペテイアそのものだからだ。そして、それ以上のものでもあると言える。

　シーンの冒頭で登場人物たちは、自分の世界に秩序を取り戻してくれそうなゴールを追求し、かなりしっかりと地盤を築く。なんとかなるかもしれないと思ったちょうどそのとき、何かが起きて、世界は再び混乱に陥る。自分が未知の世界のただ中にいると悟った登場人物は、再び初めから「いったいどうやったらここを抜けだせるのか？」と自問しなければならない。シーンと物語の形は直接共鳴し合う。期待のくつがえしは、「森の中へ」の小さな旅だ。登場人物は、事実上すべてのシーンで「森の中へ」入ることになる。

要するに、「森」とは対立の爆発なのだ。契機事件、幕のターニングポイント、ミッドポイント、危機的状況、あるいはシーンのターニングポイントも含め、どの形で具現化されるにしろ、それはすべての物語の根源的な構築ブロックだ。そしてこれらの要素が、相反するもの同士の対立を生みだす。クレショフが見いだしたのは、単なる巧みな編集技法という以上のものだ。充分に評価されているとは言いがたいが、クレショフが発見したのは、単純かつ基本的な構築ブロックそのものだ。これに追随するすべて――登場人物、台詞、複数主人公の物語、テーマの織り込み、テレビドラマの構造――そのすべてがここから始まるのである。二つの相反するものが正しく並べられたとき、爆発が起こり、そして物語に生命が宿るのだ。

第四幕

夜の帰路

12

登場人物とその設定

屋外。一九七九年、ロンドン、ケンブリッジ・サーカスを見わたせるビル。

交通渋滞。

屋内。渋滞を見下ろせる部屋。

役所の内装、実用的で単調。フォーマイカ・テーブルと四脚の椅子。中央に灰皿。トビー・エスタヘイス、良い身なりで、背筋を伸ばし、取り澄ました顔で入ってくる。椅子に座りながら、持っていたフォルダーをていねいに置き、きちんと整える。懐中時計に目をやり、じりじりした様子で顔を上げる。

ロイ・ブランド、だらしなくがさつな風貌で、タバコをくわえたまま後ろ向きに部屋に入ってくる。何度も咳き込むが、エスタヘイスのことは気にもとめない。

同じくテーブルの前に座る。

パーシー・アレリンが、無駄のない動きで無愛想に入ってきて、上席に座る。誰にも挨拶しない。

ビル・ヘイドンが、ソーサーをカップの上に載せた紅茶のバランスを取りながらゆっくりと、危なっかしい様子で入ってくる。活気がない。かかとでドアを閉めようとするが失敗。無頓着に座る。

エスタヘイスが立ち上がり、ドアを閉める。再び座る。全員沈黙。

アレリンがパイプに火をつけ始め、うまくつくと顔を上げる。

アレリン　さて。始めよう。

——ジョン・ル・カレ『ティンカー、テイラー、ソルジャー、スパイ』
アーサー・ホプクラフトによるBBC2のドラマ脚本、一九七九年

傑作ドラマはすべて登場人物がベースにあり、長く愛されるドラマもすべて登場人物がベースにあり、人気ドラマもすべて登場人物がベースにあり、説得力のあるドラマもすべて登場人物がベースにある。信頼に足る、鮮烈で、エキサイティングで、活気があり、生きているかのような、共感できる登場人物がいなければ、ドラマはただ失敗するだけだ。だが、良くできた登場人物とはどういうもの

だろう？　そして、ドラマの成功を確実にするために、物語構造が果たす隠れた役割とはなんだろう？

基本原則

人はみな同じである――そしてみなちがう。誰もが多かれ少なかれ、同じ基本の心理的な構成を持っている――誰もが、愛する、嫉妬する、子孫を残す、防御する、心をひらく、復讐する、親切になる能力を持っている。誰もが、父親、母親、子ども、愛情についての経験や知識を持ち、自分が何者であるか、どんな人間であるかに応じて、特徴や影響をさまざまな比率で示すものだ。人はみな同じに見えるが、その心理的構成によりまったくちがっている。

人は誰しも、意識的か否かにかかわらず、行動をカスタマイズしている。服を着る、車に乗る、家に住む、電話を使う――誰もがそれぞれのやりかたで自分を表現するようなふるまいを、多かれ少なかれ提示している。みな似たようなことをしているのに、誰もがすべてを独自のやりかたでやっている。一千万ポンド手に入ったとしても、みな異なる使いかたをするだろう。ありふれた定義とはいえ、こう言えばわかりやすいかもしれない――人は誰しも、同じ障害を独自のやりかたで乗り越え、それぞれの指紋をあとに残す。

これはどんな障害にも言える。コーヒーの淹れかた、食事、運転、みんな人それぞれのやりかたがある。『ティンカー、テイラー、ソルジャー、スパイ』の登場人物も、全員が異なる方法で部屋に入ってくる。障害に直面したときにどんな決断や行動を選ぶかで、それを通じてその人の個性が明らかになる。

どのシーンでも、主人公は小さな危機に直面し、それをどう乗り越えるか選択を迫られるということを思いだしてほしい。期待のくつがえし、つまり自分の立てた計画が打ち砕かれる出来事に遭遇した場合、登場人物は新たな行動の道筋を選ばなければならない。そうするなかで、登場人物の人となりが少しずつ明らかになる。主人公が週末の予定を決めようとガールフレンドに電話をかけると、別れを告げられてしまう。主人公は彼女の車をめちゃくちゃにするのか、それとも幸福を祈るのか？　ヒロインが百万ポンドの遺産を相続する。彼女はそこから麻薬中毒になるのか、あるいはそれをさらに一千万ポンドに増やすのか？　その選択が登場人物の性質を見せてくれる。ＢＢＣのドラマシリーズ、『サダム 野望の帝国』の冒頭シーンでは、サダム・フセインは親友を呼び寄せ、抱きしめ、そこで銃を抜いて友の頭を撃ち抜く。期待のくつがえしが起きるのは視聴者側とはいえ、言えることは同じだ。ひとつの強烈な直接的行動により、フセインがどんな種類の人間か、言葉なしでも物語ることができる。フセインはイラクの人々に、自分がまったくもって冷酷な人間であることを示したがっている。大事な友を撃ち殺すこと以上に良い方法があるだろうか？　それができるのなら、なんでもできるということだ。とはいえ、フセインには家族への深い愛情もある。そして、そのパラドックスの中にこそ、登場人物の設定の真実があるとも言える。

登場人物の設定

二人のカウボーイが、渓谷の断崖絶壁で身動きがとれなくなっている。背後には警官隊が迫り、眼前には何十メートルも下で流れていく急流の川がある。厳しい状況だ。

ブッチ　くそっ！　まあ、俺が思うにだ、戦うか降参するかのどっちかだな。もし降参するなら、刑務所行きだ。

サンダンス　初めてじゃないさ。

ブッチ　だけどもし抵抗すれば、奴らはいまいる場所にとどまって俺たちが腹を減らすのを待つか、前進してきて――俺たちを撃つかだ。岩崩れを起こしてでも捕まえようとするかもな。ほかに方法があるか？

サンダンス　向こうが降参することもなくはないが、期待できないね。（サンダンスは警官隊

の陣形を見る）前進してくるな、ようし。準備しろ。（銃に弾を込める）

ブッチ　なあ――今度俺が『ボリビアみたいなとこに行こうぜ』って言ったら、ボリビアみたいなとこに行こうぜ。

サンダンス　今度はな。準備はいいか？

ブッチ　（深い渓谷と、はるか下の川を見下ろしながら）いや、飛び降りようぜ。

サンダンス　（下を見てから）絶対いやだ。

ブッチ　いや、大丈夫だよ――水深が深ければ、叩きつけられて死んだりしない。奴らも追ってこないよ。

サンダンス　わからないだろ？

ブッチ　飛ぶ必要もない奴が飛ぶか？

サンダンス　俺たちは必要かもしれんが、いやだ。

ブッチ　なあ、やらなきゃ死ぬぞ。奴らは来た道を戻っていくさ。なあ。

サンダンス　一発撃たせろ、それだけでいい。

ブッチ　さあ。

サンダンス　いやだ。

ブッチ　やるしかないんだよ。

サンダンス　いやだ！　ほっといてくれ！

ブッチ　なんでだよ？

サンダンス　戦いたいんだよ！

ブッチ　殺されちまうぞ！

サンダンス　かもな。

ブッチ　死にたいのか?!

サンダンス　（はるか下の川に向かってピストルを振り）こっちの台詞だ！

ブッチ　わかった。俺が先に飛ぶ。

サンダンス　だめだ。

ブッチ　じゃあおまえが飛べ。

サンダンス　いやだって言ってるだろ！

ブッチ　らしくないな、どうしたんだ?!

サンダンス　（ひどく恥ずかしそうに）泳げないんだよ！

ブッチ　（相棒に馬鹿笑いを浴びせる）おい、本気かよ——そりゃ飛んだら死ぬかもな！

サンダンスは、追っ手から逃げるために本当にここを飛び降りる非常識さについて考え、首を振る。ブッチがガンベルトを差しだすと、サンダンスはそれをつかみ、ブッチとともにジャンプし、悲鳴をあげる。

サンダンス　あああ……くっ・そ・う・う・ぅ・ぅ！

――ウィリアム・ゴールドマン脚本『明日に向って撃て！』

あなたの夫が不倫している。夫はアメリカ合衆国の大統領だ。あなたは貪欲なマスコミからコメントを求められている。

あなたは弟と労働党の党首を争っている。あなたのほうがずっと経験豊富であり、誰もがあなたが勝つと思っている。負けたらどう感じるだろう？　弟には何と言う？

どんな登場人物にも、人からこう思われたいということと、本音で感じていることとの葛藤が根底にある。サンダンス・キッドとブッチ・キャシディは「ひとつの人格の二面をなしている。両者は二人でひとりの主人公だ」と言うのは、脚本術の第一人者であるロバート・マッキーだ。細かい探求を提示してはいないが、マッキーのこの言葉も、登場人物の創造における内的葛藤の重要性を示唆している。

ある人物のイメージと行動の不調和を観察したければ、前世紀の傑出した人物を見てみるといい。スターリンは自国民を愛していると公言しながら、推定二千万人の国民を粛清した。トニー・ブレアは社会主義者であることを公言しながら、自由市場資本主義の一大拡張を主導した。ジョン・F・ケネディの民主主義的理想主義は、ケネディ自身の女性の扱いや、ベトナム戦争の拡大に関しては適用されなかった。彼らを非難しているのではない。人は誰しも心の中に葛藤を持っているもので、そこにはもちろん、すべての架空の偉大な人物も含まれる。スティーブ・ジョブズの伝記作家の言葉を借りれば、ジョブズは「自分の発明を無償で提供したいと思っていた友人を利用した、反物質主義的なヒッピーであり、禅に傾倒してインドに長旅までしたものの、結局はビジネスの創出が自分の天職だと悟った」人間だった。◆01

実在であれ想像上の人物であれ、偉大な人物は意識的もしくは無意識的に、自分自身と闘っている。フランス人哲学者のモンテーニュは、雄弁にこう言い表している。「どのようにかはわからないものの、人はみな自分の中に多少なりとも二面性を持っているため、自分が信じているものを信じることができず、自分が最も非難しているものを自分の中から追いだすことができない」。ロナルド・レーガンが「アメリカの友人」と見なされながらも、その裏ではほとんど孤独な生活を送っていたのと同じで、フィクションの中にもそうした二律背反が見られる。ハックルベリー・フィンやジェイ・ギャツビーから、ドラマ『マッドメン』のドン・ドレイパーや『ザ・ソプラノズ 哀愁のマフィア』のトニー・ソプラノにいたるまで、葛藤こそが彼らの生命線なのだ。

どんな人間の中にも矛盾はある。人間はみな動物でありながら、理性的にもなれる。人は誰でも自分の生存を確保しなければならないが、同時に社会生活を営まなければならない。動物的本能と理性的本能を調和させるため、人は自分が感じたことや言いたいこと、人前で言っても受け入れられないようなことの多くに制限を設けている。社会的な制約がなくなるとどうなるかは、インターネット上のメッセージや匿名のブログを読めばすぐにわかる。自分の素性を隠せる場では、内面の獣が解き放たれる。リベラルなウェブサイトが、しばしば最も攻撃的で思慮のないやりとりをしているのも偶然ではない。『ガーディアン』紙のサイト、「www.guardian.co.uk」をのぞいてみると、リベラル・ヒューマニズムの砦が、おたがいに「マスかき野郎」と怒鳴り合うための場所になりつつあるのがよくわかる。個人が自分の素性を明かす必要がなくなると、人々は神経過敏な動物の群れになる。寛容で理解があると見せかける必要がなくなると、その下にひそむ無気力、怒り、激情など、本当の感情が解き放たれる。

攻撃を免れる人間などいない。公衆の面前では、人は市民道徳の模範としてふるまおうとする傾向がある。フランスでは誰もヴィシー政権〔第二次大戦中のナチス占領下のフランス政権〕を支持しなかったし、南アフリカでは誰も国民党〔九〇年代までアパルトヘイトを推進した与党政党〕に投票しなかった。『ガーディアン』紙の読者のベス・ドルースは、二〇一一年九月にこんな手紙を書いた。「先週発表されたビクトリア・ベッカムのブランドのセカンドライン、私は気に入りましたが、そう言うことにはなんだか少しむずがゆい感じがしてしまいます。これって普通でしょうか?」誰もがこの読者の言うように、自分が他者からどう見られるかをコントロールしようとするものだ。人々の暗い感情、ウェブサイトをにぎわす怒りや恥辱は、たいていのコミュニティから容認されないため、めったに公にはされない。しかしもちろん、多くの人々には、悪をなす力はある。ラテン語のことわざに、「私はより良い道を求め、それを承認するが、従うのはもっと悪い道だ」というものがある。聖パウロは「ローマの信徒への手紙」第七章十九節で簡潔にこう述べている。「私は善を欲しているが、それをしない。だが、悪を欲していないのに、それをおこなっている」。

　人々は暗い衝動を隠し、自分がどう思われるかを気にして、エネルギーを消耗してしまう。この不安は、ファッション、音楽、芸術の刺激剤となる。資本主義は、新しいものや成功を求める人間の欲求を利用するのみならず、むしろ見事にその逆も利用してこそ拡大する。近年の「後ろめたい喜び《ギルティ・プレジャー》」の流行は、クールであることをやめ、ＡＢＢＡの曲で踊ることが強烈に解放的だということを認識させる、明確かつあざやかな事例だ。しかし、クールさというものは、新シーズンのトレンド同様、原動力の主流となりがちだ。自分の優位性を確認するために、人はここまでやるものかと目をみはることも多い。流行を気にすることなく自分の好みを公言する批評家はめったにいないが、それは消費者も同じだ。◆02

　オリバー・ストーン監督の『ニクソン』には散発的に素晴らしい場面がある。ラストでケネディの写真を見つめる大統領が、こんなふうに言う。「人々があなたを見るときは、かくありたい自分を見ている。人々が私を見るときは、自分自身を見ている」。登場人物のありのままの姿と、彼らがなりたい姿とのこうした対立は、現実の人生がドラマにもたらす贈り物のようなものだ。脚本家は、登場人物が嘘をついたり、自己破壊的な行為に走ったり、自分の重視する考えや信念に反する行動をとるなど、自分で良くないと思うことをするときのほうが、はるかに興味深く、書くのも楽しいし、ずっと真実味が増すことをよく知っている。

近年に大成功した二つのテレビドラマは、この二律背反を軸に作られたものだ。『glee／グリー』は、仲間集団の抑圧から離れ、そこから自由になり、内的自己を表現することをテーマにしている。『マッドメン』はその正反対で、外見という名の得がたい聖杯のため、人の感情はすべて押し殺される。この二つの番組はたがいに鏡像のようで、同じドラマを正反対にひっくり返したもの同士のようだ。同時代に同じ社会から生まれた作品だというのは実に興味深い（そして示唆に富んでいる）。

さて、立体的な物語の登場人物の内面では、なぜ葛藤が不可欠なのだろうか？　物語構造が人間の脳内に内在するものだとすれば、あらゆる優れたドラマや登場人物設定を特徴づけるパラドックスというものには、心理学的基礎がある可能性は考えられないだろうか？

登場人物設定の心理学的基礎

人間は動物であり、生き残って血脈を絶やさないための原始的本能も保持している。人はみな、ある程度のレベルにおいて、この並外れて強い本能の力に突き動かされており、その強さゆえに、意識的な行動が制御され、抗えないこともある。人はつねにその衝動を意識しているわけではないが、多かれ少なかれ必ずそこにあることは事実だ。

一九四三年、エイブラハム・マズローは『人間の動機づけの理論（A Theory of Human Motivation）』を発表し、その中で、人の基本的な原始衝動についての分析を示し、これを「欲求階層説」と呼んだ。マズローへの批判もないわけではないが、ある程度のレベルでこれらの欲求が動機づけに作用する可能性があることには、反論するのは難しい。人はつねに「安全」を求めるもので、[03]食料、水、生殖行為、防衛手段、安全性、自尊心、自己実現に対する原始的な衝動は、生存を優先する欲求の利己的な表出が基本になっている。

皮肉なことに、安全を求めるには集団の中で生きる必要があり、そのためには意識的にせよ無意識的にせよ、ほかの欲求を抑えざるを得ない。野放しの性的欲求も、復讐への渇望も、社会が頼ろうとするコンセンサスとは相容れない。むしろ、求められている安全をだいなしにしてしまう。このため、そうした欲求は抑圧され、人が他者から見られたいと思う自分と、他者にも自分にもある認めがたい深い感

マズローの欲求階層説

情とのあいだに葛藤が生まれる。

この葛藤、すなわち、生き残るための個人の衝動と、他者との共存において生じる問題との葛藤が、西洋の主要心理学理論の中心をなすのも当然だろう。葛藤は、ジークムント・フロイトが最初に示した概念で、その後フロイトの精神的継承者たちが議論し、否定し、解明し、拡大されていった。フロイトはこの葛藤を、本質的には超自我（「親」）とイド（「子」）の闘い、つまり理性的かつ知的で秩序ある側と、非合理的かつ動物的で肉欲的な側との闘いであると考えた。

当初はフロイトの弟子だったカール・ユング自身の哲学も、同様の二元性の上に成り立っており、ユングの研究の礎も同じ葛藤だ。ユングは、あらゆる心理的な力には対立する力があり、陰と陽、アニマとアニムス、そして当然ながらペルソナ（人が他者に見せる外面）とその影（その下に隠れた無意識的衝動）もそうだと考えていた。フロイトとユングの後継者に当たる心理学者たち――規範との対立理論やアイデンティティ・クライシスを示したエリク・エリクソン、個人心理学の体系を創始し劣等コンプレックスを提示したアルフレッド・アドラー、実存心理学の父ロロ・メイなどは、みなこうした心の二元性を観察して自分の理論を打ち立てた。

これらの理論で印象的なのは、（たくさんある）異なる点よりも、いかに共通点が多いかということだ。どの理論も、人間は、原始的な欲求と社会に受容される行動とがせめぎ合う、対立状態の神経症状態で生きているということを示すのみならず、「幸福」を達成するにはその神経症を統合し克服する必要があるということを、それとなく認めている。フロイトにとっては、性的衝動を社会的に適切で個人として報われる活動に昇華させるということであり、ユングにとっては、ペルソナが影と出会い、統合されなければならないことを意味する。

どんな原型的な物語も、人が完成に向かう旅路であり、闇から光への航海であり、相反するもの同士の和解をともなうということを考えれば、心理学と物語理論のあいだに関連性を見いだすのは難しいことではない。本書の物語の方法論では、欠点があり葛藤に悩む主人公が、他者から学んだ教訓を受け入れながら旅をして、完全な存在になろうとする。フィクションでも心理学でも、ハッピーエンドを目指すには、個人が葛藤を乗り越え、対立する力を統合して両者のバランスをとることを学ばなければならない。どんな物語も混乱から秩序を見いだそうとするのと同じで、人間も内面で荒れ狂う葛藤を静める方法を探そうとする。F・スコット・フィッツジェラルドが言ったように、「一流の知性をテストするには、二つの相反する考えを同時に心に抱き、それでも機能できるかどうかを見る」といいのかもしれない。あるいは彼は、単に「一流の人間」と言いたかったのかもしれない。ハムレットは友人のホレイショについてこう言っている。

気性と判断力がうまく混ざり合った者は
幸運の女神の指にあやつられて
望むままに音を出す笛になったりはしない。

パラドックスの重要性

「これは笑顔ではないわ。悲鳴にふたをしてるの」

——イギリスの女優、ジュリー・グッドイヤーマイケル・コルレオーネは、ずっと闘いに挑んでいる人物である。ほかの誰かとだけでなく、自分自身とも闘っている。自分を信じている人間が、まるで自分と異なる内的自己と闘うというミッドポイントのイメージは、あらゆる立体的な物語において普遍性のある主要なイメージだ。トレント・レズナーは、『ソーシャル・ネットワーク』のサウンドトラックを作曲する際、架空のマーク・ザッカーバーグの人物像をとらえるテーマを探した。そして、哀愁に満たされた物悲しいピアノのモチーフを、痛烈に脈動するエレクトロニック・エッジで強調することにした。◆[04] 孤独と、根底にある怒りとを組み合わせた音は、まさにザッカーバーグにぴったりだった。

『Dr. HOUSE』のハウスは、命を救うためなら手段を選ばない人間嫌いだ。『The Office（ジ・オフィス）』のデイビッド・ブレントは、彼の内にあるひどい孤独を隠すため、誰もが自分を愛していると信じ込もうとしている。内的自己と外的自己の対立が、登場人物の設定を成功させるための絶対的な核となっていることは、サンプルを見れば見るほどわかってくる。◆[05]『フォルティ・タワーズ』のバジル・フォルティは資産家で、人生における上質なものを知り抜いている。サービス業への適性を自負しており、労働者階級を憎んでいる。奮闘する俗物でもある。尻に敷かれた夫であり、トーキーの安ホテルの支配人でもある。『ダッズ・アーミー』のマナリング大尉は兵士であり、成功した公人であり、尊敬すべき人物の典型である。面白い人物でもあり、地方銀行の支店長でもあり、絶望的な結婚生活から抜けだせずにいる。『マッドメン』のドナルド・ドレイパーは裕福で洗練されたプレーボーイであり、すべてにおける権力者だと自分では思っていて、何もかも手にしている男だ。だが、本当の彼は「極貧の白人」であり、失われた魂であり、何も持たない男でもある。実のところ彼は、ドナルド・ドレイパーですらない。

『リーサル・ウェポン』や『48時間』など、「バディ」がベースの刑事ものでは、『明日に向って撃て！』のように、二人の登場人物にパラドックスが組み込まれている。◆06 最も極端なケースでは、ひとりの登場人物が、こう見られたい自分と実際の自分に分裂し、そのギャップが物語化されることもある。つまりはスーパーヒーローものだ。『スーパーマン』、『スパイダーマン』、『キャプテン・アメリカ』、『バットマン』（そして、闇の逆転劇の例としての『インクレディブル・ハルク』もだ）。いずれも、ひとつの人格がもうひとつの人格の中に隠れているというアイデアで構成された物語だ。もちろん、こうした作品の成功の根源的要因はそこにある。これほど子どもの共感を誘うものがあるだろうか？　就寝時間に厳しい両親のそばで、自分は弱くて無力だと感じがちな子どもたちにとって、これほど身近に見え、なおかつ実は全能の神を内に秘めている人物は、共感しやすいことこのうえないはずだ。

J・K・ローリングは、この方程式を蒸留して瓶詰めにし、ハリー・ポッターとともに世界を征服した。興味深い事例として指摘しておきたいのは、スーパーヒーローのパラドックスを最も現代的に表現した『デクスター』で、このドラマとその主人公にはバットマンとの類似点が多く、バットマンのダーク・バージョンと呼んでもいいほどだ。シリアルキラーこそ、現代のスーパーヒーローだということを物語っているのかもしれない。

　とはいえ、人々のありのままの姿と、なりたい姿とのギャップを冷酷に突いたという意味では、『The Office』を超える作品はないだろう。製作から十年がたったころ、リッキー・ジャーベイスがこう振り返っている。「フェイク・ドキュメンタリーという形式は、とても重要だった。でなければ、たいしたこともしない、ただの人の集まりの映像になってしまっただろうから。でも、カメラを向けられると、みんなすぐに……そのことがすべての説明になるんじゃないかな」[◆07]。カメラは、登場人物の真の姿と、見せかけの姿の両方を見せていいという合図となった。作品の主題は、神経過敏で不幸な人間が、いかに見られたがるかということになった[◆08]。ジャーベイスはスティーブン・マーチャントとともに、このドラマのDNAそのものにパラドックスを組み込み、そしてこのドラマはここ十年で最も成功した作品となった。主人公のデイビッド・ブレントは、ミレニアム時代のマナリング大尉なのだ。その絶望的な孤独が、絶望的な外観に拍車をかける。

　ブレントには、フィクションにおいても、そして（人々が正直になるなら）現実においても、人間は誰でも二面性を持っているという単純な事実に基づいた真理が見える。とはいえ、パラドックスとは、基本的な心理学理論と人物設定に共通した要素というだけでなく、物語の構造設計にも不可欠な部分なのである。

13

登場人物と構造設計

「人間関係は、結ぶのは簡単だが、維持が難しい。なぜ続けるのが難しいか？　嘘をつきつづけなければいけないからさ！　そのままの自分でいたら、誰ともやっていけない。誰かとやっていくためには、嘘をつかなければならない。ありのままの外見で、ありのままに行動し、ありのままに意見を言えば、誰ともつきあえない。初対面の誰かに会う場合、それはその人に会っているのではない。その人の代理人に会っているのさ！」

——クリス・ロック『ビッガー&ブラッカー（Bigger & Blacker）』（ＨＢＯの特別番組、一九九九年）

『ザ・ワイヤー』のシリーズ2の登場人物、ジギー・ソボトカは、人々に尊敬されている組合活動家の、不肖の息子だ。父親の名声に恥じない生きかたができないジギーは、大物犯罪者となって自分や周囲を納得させることで、自尊心を満たそうとする。だが、ジギーは生きるのと同じくらい罪を犯すのが下手で、犯罪の計画が失敗するたびに笑い者にされる。愚弄されるほどに、ジギーが自分を証明したいという欲求も強まっていく。ジギーが見せたい自分と本当の自分とのあいだのギャップが、古典的な神経症状態を生み、二つの自分を調和させられないジギーを待つのは、悲劇の結末のみだ。これは原型的な物語である。「必要なもの」を得て満足するためには、自我に突き動かされた目標は捨てるしかないのに、そうできない自分に気づいた彼は罰を受けることになる。この物語は、登場人物の設定についても、何かを暗示しているようでもある。

フェイスブックやマイスペースは、人々がどう見られたいかを伝えるための広告でしかないのだろうか？　スカイプラス〔TV番組やストリーミングを視聴できるアプリケーション〕の未視聴番組は、人々が本当はどうありたいかを嘲笑うものなのだろうか？　登場人物の欲しいものとは、自分を世間に見せるのに必要だと思うものを表面的・意識的に求める欲求であり、自分をどう表現したいかを意識して投影したものだ。市民ケーンにとってのこの欲求は権力であり、ギャツビーにとっては富であり、トニー・ソプラノにとっては「敬意」である。

ロッキーが世界チャンピオンになりたいのも、ライトニング・マックィーンがピストン・カップに勝ちたいのも、自分の意識するパブリック・イメージ、自分の表向きの顔、自分の仮面、自分の超自我——自分がほかの人に見せたい「キャラクター」を良くしたいからだ。彼らが負けたくないのは、自分の弱さ、自分の泣きどころ、自分のイドを晒すことになるのが怖いからだ。皮肉なことだが、彼らが恐れているものこそが、自分を完全なものにしてくれる。つまり、彼らが恐れる敵対者、彼らが乗り越えなければならない「怪物」は、まさに自分自身に欠けているものの具現化なのだ。

　どこから見ても現実味のある登場人物には、表向きの顔がある。その登場人物が有益だと信じている要素で構成されている顔だが、観る側にはやがてわかるように、実際にはその人物を破滅させるものだ。ライトニング・マックィーンは、傲慢で無関心だと思われることを楽しんでいるが（それが彼のキャラクターだ）、それが彼を苦境に陥れる要素になる。『ノッティングヒルの恋人』のウィリアム・タッカーは、『カーズ』の主人公とは正反対に、自信のなさ、内気さ、控えめさといった、彼がとらわれている表向きの顔こそが、アナ・スコットを射止める道を阻んでいる。問題を引き起こすのは人の表向きの顔なのだ。『恋のゆくえ／ファビュラス・ベイカー・ボーイズ』でジャック・ベイカーがスージー・ダイアモンドを失うのも、マイケル・コルレオーネが情ゆえに父の復讐に導かれるのと同じだ。

　逆に、登場人物が弱点だと信じている特徴も、本人が確かにそれを自覚している場合、救済をもたらす要素になる。ライトニング・マックィーンの魂を救うのは、彼の無私の行動と感情移入であり、マイケル・コルレオーネの場合は闇の逆転劇であるがゆえに、その冷酷さが後継者の地位を確実にする。登場人物が欲しいものと表向きの顔との関係、必要とするものと内面の脆さとの関係——言い換えれば、その人物の完全な人格――は、このように物語構造と必然的に結びついたものなのである。

なぜそうなるのだろう？『恋のゆくえ』のジャック・ベイカー（ジェフ・ブリッジス）は、利己的で自己中心的なダメ男で、親密な関係を続けることはおろか、どんな人間関係も持つこともできない。だが、かなり欠点があることがわかる一方で、愛を示せる可能性があることも明らかになる。上階に住む少女に気を配り、病気の愛犬のために必死に奮闘する。冒頭のシーンでジャックと寝た女が指摘するように、彼はまったくの自分勝手な人間ではない――彼には「素晴らしい手」がある。マイケル・コルレオーネは、家族が信条とする暴力を否定しようとするが、ケイ（ダイアン・キートン）に家族の正体を説明する鋼のような冷徹さは、未来のマイケルの萌芽を示しているようでもある。内面の葛藤は、物語の始まりから火口《ほくち》のように存在し、燃え立つ準備をしている。ハンガリーの批評家ラヨシュ・エグリは、「劇作家が提示するすべての登場人物の中には、将来的な展開の種子がなければならない」と述べている。物語の最後で犯罪者になる少年には、冒頭から悪役の可能性を示さなければならないということだ。

物語が進み、「必要なもの」が「欲しいもの」に取って代わるうちに、登場人物の表向きの顔の維持を助ける特質が、しだいに内面の「より良い気質」によって変化していく。契機事件の地点で意識にのぼってくる「必要なもの」は、第二幕の終わりに受け入れられ、ミッドポイントで初めて勝利をおさめる。こうしてテルマは、セックス後に啓示を受けたような表情を見せる。もっと暗い物語、たと

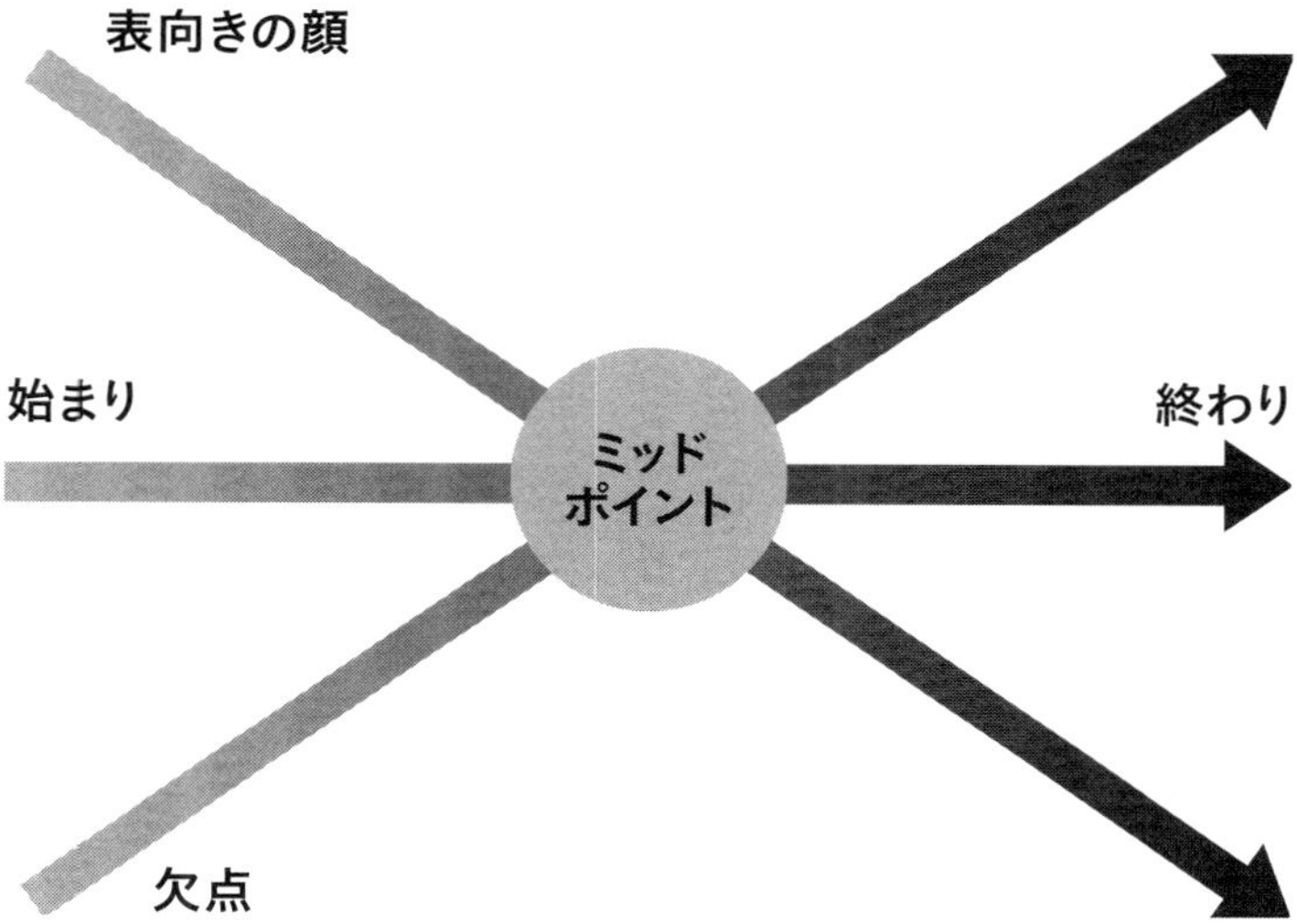

登場人物の表向きの顔と欠点の関係

えば必要性が欲求に初めて打ち勝ったときのマイケル・コルレオーネは、痛ましく力強い表情を浮かべる。潜在意識が掘り返され、表面化し、主導権を握る。

ミッドポイント以降の主人公は、優位になってきた新しい自分を、古い自分と統合する方法を学ばなければならない。まったく新しい人格を引き受けるだけでは不充分で、新しい自分と古い自分のそれぞれ良い部分を融合させる方法が必要になる。[◆02] その後は物語が終わりに近づくにつれ、両者のバランスが保たれるようになる。これもまた、テーゼとアンチテーゼを統合してジンテーゼを導きだす弁証法だ。表向きの顔と欠点の関係を明確に図式化するなら、上図のようになるだろう。

登場人物を数学的に表現するのはもちろん馬鹿げてはいるが、単に説明しやすくするため、物語の開始時のテルマは女性の部分二十五パーセント、少女の部分七十五パーセントとして考えてみよう。物語が進むにつれ、その比率は少しずつ変化し、最終的に七十五パーセントが女性、二十五パーセントが少女になる。実のところ、幕構成の弁証法的な性質はおおよそこのようなものであり、完全に秩序立った脚本の場合、登場人物の変化には非常に明確なパターンが見える。ミッドポイントで登場人物の「必要なもの」が初めて「欲しいもの」に打ち勝つなら（実際、立体的な物語のミッドポイントの機能としては、これは的確な定義だ）、登場人物がどのように進化していくかを図式化するのは不可能ではないと言える。

マクベスの内面にある毒が幕ごとに大きくなっていき、ついにマクベス自身を圧倒してしまうさまを思いだしてほしい。『キューティ・ブロンド』の何も考えていない浮わついた女の子のエルが、見事に法学の知力を開花させていくさまを考えてみてほしい。映画の冒頭、エルは派手な髪形をして、全身にピンクをまとっている。九十六分後、エルのヘアスタイルは完璧に整い、襟元にわずかなピンク色があしらわれている程度だ。テーゼとアンチテーゼが出会い、双方が相互作用していくなかで、各幕で一方がもう一方に取って代わり、内面の葛藤（とエルの服装）の質が変化していく。

このグラフは、登場人物の設定を大ざっぱに縮小し、単純化したものだ。生身の人間であれば、物事は驚くほど複雑になる。だが、それでもこの奥深くには、重要な真実が隠されている。当たり前の

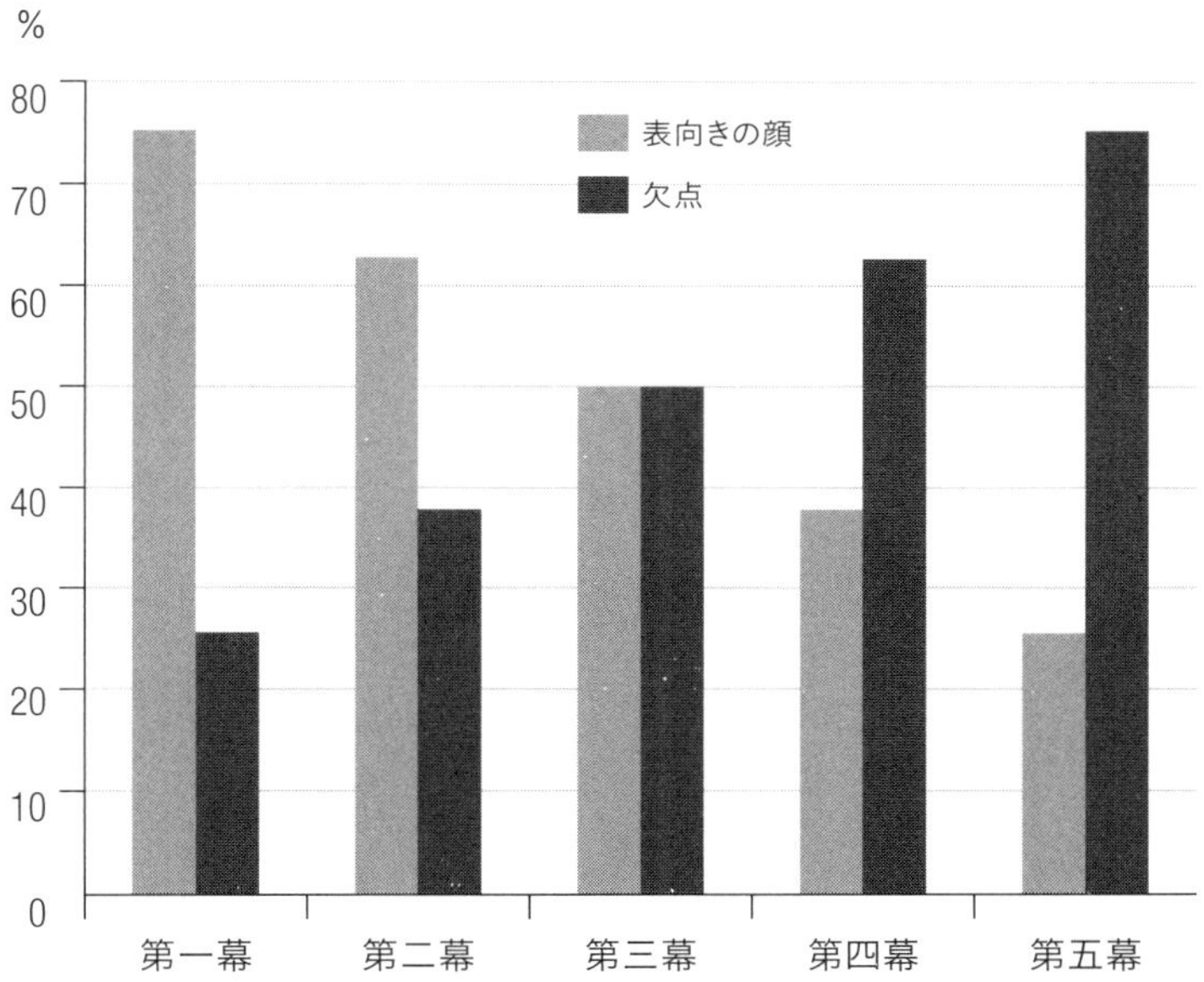

物語の各地点における登場人物の特徴の比率

ことだが、登場人物の設定と物語は同一のものだ――登場人物とは何をするかによって決まるものであり、結果的には、その人物が何を望むかで、彼らが何者であるかが明らかになる。目標を追求するためにその人物が示す特徴（意識的、無意識的の双方において）は、物語構造と直結していることが見えてくる。物語のさまざまな地点で、登場人物の特徴は、さまざまな比率で現れる。個々の登場人物設定の不規則な奇癖のように見えるものは、実は完全な対称性を求める、相反するもの同士の闘いの上に築かれたパターンと、密接に結びついている。

原型的な構造の物語においては、登場人物が目標を追い求める際に示す資質は、目標を達成する能力を妨害する。ゴール地点が救済である場合なら、最初のうちその資質には無意識下で邪魔をする力が含まれているが、最後にはそれが救いとなる。悲劇の場合は、逆のことが起きる。ジェイ・ギャツビーは、デイジー・ブキャナンを射止めるために、まったく架空の自分を作り上げる。だが、ギャツビーのファンタジーを生みだしたその強い衝動こそが、デイジーを遠ざけることになってしまう。

登場人物と物語構造は不可分のもので、一方がもう一方の表出だ。だが、もし物語構造が本当に図式的で、単純化できるものだとしても、疑問がひとつある。すべての物語構造が同一の原型に従っているのなら、無限に多様な登場人物はどうやって生まれてきているのだろうか？

14 登場人物の個性表現

ペニスの小さい男が高層ビルを建てる。セックスを恐れる女が修道女になる。自己嫌悪に満ちた男がコメディアンになる。どれも、メロドラマというほどではないにせよ、よくあるドラマのパターンだが、そこには真実も含まれている。人は、自分の内面で暴れる葛藤に対処するため、公に向けた顔を作ろうとする。物語でもそうだ。ジミー・マクガバンが脚本を書いた『司祭』は、ホモセクシャルの聖職者グレッグの物語であり、『ボードウォーク・エンパイア 欲望の街』に登場する禁酒法時代の禁欲的な実力者は、性的逸脱者でもある。登場人物は、内心で恐れていることを隠すために表向きの顔を作る。人は誰でもそうだ。

つまり登場人物の表向きの顔とは、内面の葛藤が外面に現れたものなのだ。ただ、弱さを隠す男性がすべて強そうな外面を持つというだけなら、登場人物のタイプはたいして差のないものになってしまう。こうしたパラドックスはどうすればいいのだろう? 適切な構想で創られた登場人物は、物語の枠組に溶け込むだけでなく、物語設計にとって不可欠な部分となる。『刑事ジョン・ブック 目撃者』、

『捜索者』、『ノッティングヒルの恋人』の主人公たちはみな人との親密さを恐れているが、ジョン・ブック、イーサン・エドワーズ、ウィリアム・タッカーのあいだには、それぞれ天と地ほどのちがいがある。物語構造はあまりに図式的で、こうした多様性を生みだすのは難しくないのだろうか？

この問いへの答えはかなり明快である。書き手は登場人物にさまざまな「装い」をほどこす——行動の妙な癖、言葉の巧さ、環境や設定、どれもちがいを際立たせるのに役立つ。だが、たとえば四人の登場人物が同じ根源的な欠点や内面的葛藤を持ち、物語構造の枠組に縛られている場合、それでもちがいは生まれるだろうか？　これも幸いなことに、葛藤の表出にはさまざまな形がある。

人は、自分が安全でいられるペルソナを作り、そのセルフイメージを強化してくれるステータスや業績を得るために努力する。フィクションの観点で言えば、登場人物の欲求は、自分を完全にして内面の葛藤を鎮めてくれるものだと、本人が勘ちがいしている欲望なのだ。これはおなじみのフィクションの仕掛けだ。市民ケーンは自分が恐れている世界を支配しようとし、ギャツビーはひどい貧しさを隠すために富を求め、トニー・ソプラノは自分の脆さを隠すために暴力を振るい、ドナルド・ドレイパーは偽の人格を作り上げ、まるっきり別の人間をその下に埋没させようとする。ここまでも見てきたとおり、登場人物たちが装う表向きの顔は、彼らに幸福をもたらすものではない。それならなぜ彼らはその仮面を選ぶのか？　そのことは、登場人物の個性表現とどんな関わりがあるのだろうか？

自我防衛機制

極度のストレスに直面すると、笑う登場人物もいれば、泣く登場人物もおり、知的になったり、他人を罰したりする登場人物もいる。こうしたことは登場人物設定の基本だが、心理学理論の核心にあるものでもある。

フロイトは、自我には内的葛藤に対処するための防衛機制があると考えていた。こうした仕掛けは、公に向けた顔（超自我）と、イドもしくは内なる怒りとの絶え間ない格闘から生じる神経症が、はけ口とするものだ。フロイトは、イドの衝動（セックスや復讐したいという欲望）が超自我（そんな行動が受け入れられるわけがないと伝えてくる精神機能）と衝突すると、不満、不安、神経症が大きくなると考えていた。これらの不快な感情に対処するために、自我が生みだすのが防衛機制だ。幸福への恒久的な道ではなく、個人が日常ベースで「管理」できる、心理学的な「対処システム」である。

「神経症とは、隠していることに本人が気づいていない秘密である」と言ったのは、演劇評論家のケネス・タイナンである。人間は、多種多様な防衛機制を活用し、この「秘密」が吐きだしてくる問題に対処しており、ジークムント・フロイトとその娘アンナによる先駆的な研究においても、数多くの防衛機制が認識されている。[◆01] 一般に、防衛機制は次の四つのカテゴリーに分類される。[◆02]

i　病理学的な防衛（妄想的投影など）
ii　未成熟な防衛（受動攻撃性など）
iii　神経症的な防衛（心気症など）
iv　成熟した防衛（ユーモア、利他的行為など）

これらの特徴には誰でもなじみがあるはずだ。友人や同僚、あるいは自分でもやっていると自覚できる場合もあるだろう。公的な立場を持つ人間には、特によく見られることかもしれない。名声には防衛機制を悪化させる傾向があったり、神経症の人間が名声や称賛を求めがちであることも、その理由として考えられる。本書の趣旨との関連で言えば、次のような防衛機制が、物語の中でも認識しやすい言動を表出させることは指摘しておきたい。

知性化――非感情的な側面に集中する（『マンハッタン』）
抑圧――快楽に向かう本能を遠ざける（『日の名残り』）
退行――発達の初期段階に戻る（『再会の時』）
昇華――ネガティブな感情を別の対象に移行する（『ショコラ』）
合理化――心の傷から逃れようとして、もっともらしい理屈づけをする（『リービング・ラスベガス』）

隔離——考えや出来事から感情を切り離す（『捜索者』）

投影——自分と同じ欠点を持っている他者を攻撃する（『ザ・ソプラノズ　哀愁のマフィア』）

否認——心の深い傷を認めるのを拒む（『ローズマリーの赤ちゃん』）

置き換え——内面的攻撃性などを、本来とは別の対象に向ける（『狼よさらば』）

反動形成——自分が感じていることと反対のことを信じる（『クラッシュ』）

簡単に言えば、欠点のある登場人物が表向きの顔を作る場合、選択肢はいくらでもあるということだ。たとえば親密な関係を結ぶのが下手な登場人物は、そのことにどう反応するものだろう？

分析する？　冗談にする？　すべての欲望を押し殺す？　幼稚なふるまいをする？　高層ビルを建てる？　パートナーのせいにする？　孤独に生きる？　自分の問題をすべて否認する？　娼婦と寝る？　他人を攻撃する？

心の傷（物語の世界では登場人物の欠点）を隠すための行動は、無数に選べる。親密さを恐れる登場人物も、さまざまな仮面をかぶることができる。『捜索者』、『刑事ジョン・ブック　目撃者』、『ノッティングヒルの恋人』の主人公たちが、同じ根源的欠点を持ちながら、まるで異なる人物像なのはそのためだ。

物語の観点から言えば、自我防衛機制とは、登場人物が内面の自分を隠すためにかぶる仮面のことだ。作品を観る側が初めてその物語に触れたとき、遭遇する登場人物の一部分であり、その物語の原型が正しければ、その部分はやがて剝がれ落ちる。◆03 これが理解できれば、物語の形には非常に深い心理学的な根があることがわかるだろう。登場人物にとって（そして彼らに代理を務めてもらっている観客にとって）の原型的な物語は、神経症のような葛藤を解決するための鋳型として機能するのだ。

ところで、神経症的な葛藤は、どんなふうに生みだされるのだろう？ その答えは、最も一般的な物語技法のいくつかにもヒントを与えるのみならず、物語上の説明の性質や重要性、そして物語構造全体についても、意義深い問いかけを投げかけるものとなるだろう。

神経症的葛藤の根源とラバー・ダッキー

立体的な物語の登場人物には、最初の登場時点で必ず欠点がある。心理学の観点から言えば、彼らは神経症的な心的外傷（トラウマ）を受けている。登場人物の欲しいものと、必要なもののあいだにはズレがある。彼らは機能不全に陥っており、そのことに対処するために、一時的な救いとして防衛機制を活用しているが、これが長引くと深い傷をもたらすことがある。こうしたトラウマは多くの場合、映画や演劇やテレビドラマの開始前、物語の外での体験に端を発している。『イーストエンダーズ』ではキャットがハリー叔父さんにレイプされたこと、『羊たちの沈黙』ではクラリスが子羊が殺されるさまを目撃したことが、トラウマの発端になっている。兄弟の早すぎる死は『ウォーク・ザ・ライン　君につづく道』や『Ray（レイ）』の原動力となっている。前者はプロローグで、後者はフラッシュバックでその死が描かれるが、トラウマの根源が明らかになるのは物語の終盤が一般的で、最低でも物語の三分の二が終わってからというケースが多い。真実は、主人公がどんな人間なのか、なぜそうなったのかを魔法のように解き明かす、ジグソーパズルの最後のピースだ。

映画監督のシドニー・ルメットと、脚本家兼共同制作者のパディ・チャイエフスキーは、トラウマが生じる瞬間について、実に見事な言葉を生みだしている。両者はこれを「ラバー・ダッキー（ゴムのアヒル）」の瞬間と命名し、[04] 登場人物の現在の姿を「説明」するための、それ以前に起きた出来事を指す言葉として使うようになった。当然のことながら、この表現が皮肉っぽいのは意図的なものだ。彼らは、サイコパスの人物の性質を説明するのに、「赤ん坊のときにラバー・ダッキーを盗まれたから」といった説明をするのは安易な手法だと考えた。そんな皮肉も、この手法がありふれた物語のモチーフになることを阻止することはできず、[05] ある程度はのちのちに引き継がれている。『テルマ&ルイーズ』ではルイーズがテキサスでレイプされたこと、『市民ケーン』ではケーンと「バラのつぼみ」との別離、『カサブランカ』ではイルザがパリでリックのもとを去ったこと、『レインマン』では幼い兄弟の別れが、トラウマの源として描かれている。

これは「周期」構造を活用するどんな映画においても、土台となるものである。こうした映画は、観客が主人公についてまったく何も知らないところから始まり、登場人物の内部からではなく、新事実のゆっくりとした解明により、観客にこの人物が実際に何者なのかを伝え、変化を生みだしていく。変化は主人公の内面ではなく、観客の中で起きる。アートシアター系映画（『うずまき』、『レッド・ロード（Red Road）』）も、メインストリーム映画（『レイチェルの結婚』、『ボーン・スプレマシー』）も、主人公が何者かを伝える瞬間を中心に構成され、やがてその瞬間がやってくる。当然ながら、すべては変化の方法論にきっちり従っている。

映画の大半では、少なくとも第四幕の終わりまでこの瞬間は来ない。物語全体に謎や期待を持たせるためもあるし、物語そのものが、その瞬間に向かおうとする登場人物の旅だからでもある。ここでも、物語と心理学理論は合致している。登場人物の旅は、過去のトラウマを認識し、受け入れるための旅だ。トラウマの原因と向き合い、折り合いをつけることで、彼らはようやくその先に進むことができる。

つまり「ラバー・ダッキー」の瞬間とは、人格の不和が起き、本来の健全な人間と、傷を負った人間とのあいだの分裂が大きくなったときのことを指す。心理的な防衛機制の引き金となる出来事、つまり事実上の神経症が生じ、その結果、登場人物の表向きの顔が生まれるきっかけの瞬間のことである。

『市民ケーン』のケーンは愛を奪われる――その結果、帝国を築く。

『テルマ&ルイーズ』のルイーズは、テキサスで起きたことのせいで、厳しくてよそよそしく、物事を制御したがる人間になった。

『カサブランカ』のリック・ブレインが無礼で利己的なのは、パリでイルザに捨てられたからだ。

ラバー・ダッキーの瞬間は、うまくいけば強烈でパワフルな仕掛けになりうる一方、大仰なメロドラマか居丈高な演説、陳腐なお約束シーンになる可能性もある（『ジョーズ』で、軍艦インディアナポリス沈没時のサメの襲撃を語ったクイントの長台詞は、まさにその微妙なボーダーラインを保っている）。劇作家のデイビッド・マメットは、こうした仕掛けを「私の子猫ちゃんの死」語りと呼んで酷評している。いつも芝居の四分の三が終わったあたりで、脚本家が美しきモノローグで動きを中断してしまうからだ。語りはたいていこんなふうに始まる。「幼いころ、子猫を飼っていたことがあります……」。

劇作家のサイモン・スティーブンズは、「見習い劇作家はみんな、家族の大昔の秘密を書きがちだ。芝居の五分の四が終わったところで、しばしば酔った勢いのスピーチみたいな告白により、その秘密が明らかになる」と指摘している。マメットと同様、スティーブンズもこうした部分を「演劇的惰性」とけなしている。[06] オーソン・ウェルズは「バラのつぼみ」をみずから「三文小説のフロイト」と呼んでいる。物語の枠外で生じたトラウマを明らかにすることは、『テルマ&ルイーズ』のように、現在進行中のストーリーラインを活気づけ、積極的な目標を生みだすうえでは有効だ。『ソーシャル・ネットワーク』の場合は興味深い現代的なひねりを利かせ、登場人物たちがずっと、何がラバー・ダッキーの瞬間だったのかを議論している映画と見なすこともできる。それがただの過去の出来事なら、あまり意味はない。そもそもそれは、必要なものなのだろうか？

　マメットは、脚本家も抵抗すべきと主張する。「映画が演劇的であるよりも談話的になり、観客の代わりに想像をふくらませるようになったら、観客は興味を失う。……説明、過去の話、談話、登場人物の設定といったゴミのせいで、物語の読者は、いま何が起きているのかという興味の中に足止めされてしまう。それでは文字どおり、ショーが止まってしまう」[07]。マメットがあざけっているのは、質の悪い物語を撒き散らし、観客を遠ざけてしまう過剰な説明文化であり、正当な批判だろう。

　かつてE・M・フォースターも指摘したとおり[08]、マメットも、観客側の興味は次に何が起こるかだけであるべきだと主張する。ジェームズ・ボンドのシリーズは二十三作も作られているのに、観客は主人公の背景情報をほとんど知らない[09]。その必要もない。ボンドは純然たる架空の人物で、彼が何者かはみんな知っている。登場人物の背景情報が少なければ少ないほど、観客はその人物にたやすく一体感を持ち、誰よりも自分に似たところがあると感じるようになる。その人をもっと知りたいと思うことはあるかもしれないが、知ることができなくても観るのをやめたりはしない。観客は、その物語の旅をたっぷりと体験し、登場人物が目標を追い求める過程にも積極的に参加することができる。登場人物の欠点が表向きの顔に統合され、彼らの必要なものが彼らの欲しいものとなり、物語の目標が達成されるのを見届けることができる——深みがあり複雑さを増した立体的な登場人物が、観客の目の前に現れる瞬間を。

漫画家エルジェの描くタンタンは、とんでもなくたくさんの原型的登場人物に囲まれているが、タンタン自身はまるで際立った特徴を持たない。これには理由がある。タンタンがそうした登場人物だからこそ、子どもたちは、自分もたやすく彼のニッカーボッカーズを穿き、冒険のヒーローになることができるのだ。デイビッド・フィンチャーは、『タクシードライバー』でロバート・デ・ニーロが演じた象徴的な登場人物について、こう語っている。「トラビス・ビックルがどこで生まれたのか、何が彼にあんなことをさせたのかはわからない。わからないし、気にもならない。そこが彼の魅力なんだ」◆[10]。フィンチャーの指摘は単純だが重要だ。その映画が正しく機能しているのなら、主人公はわれわれなのである。登場人物のことを知らなければ知らないほど、その頭の中に入り込み——『マルコヴィッチの穴』の登場人物のように——彼らの経験を自分のものにすることができる。

真に原型的な物語は、平穏な感覚をもたらす。物語は一時的な癒やしとして機能し、人々の内面的苦悩を浄化してくれる。[11] 作品を観て癒やされるのは、その作品が対立を解決する必要性を説いているからではなく、観る側自身もそのプロセスを実践できるからだ。背景情報の配置が悪いと、そのプロセスの邪魔となり、観る側の共感能力も断ち切られる。構造的に完璧な映画が、深く観客に影響を及ぼすのもそのせいだ。登場人物と物語構造が一体化していれば、説明は必要ない。原型的な物語がそれ自体を解決していくことによる深遠な影響力は、言葉では説明できないようなずっと深い場所、無意識のレベルで観客の心に響く。だからこそ、物語構造が不完全であれば、観客がストレスを感じるのも当然のことだ。どんな芸術家でも、つねに平穏な感覚をもたらせるとは限らないのだ。

15

会話と登場人物設定

ボンド　私にしゃべらせたいのか?
ゴールドフィンガー　(振り返り、笑って)いや、ミスター・ボンド。君に死んでほしいんだ。
――『007／ゴールドフィンガー』リチャード・メイボーム、ポール・デーン脚本

どんな言葉も、実体はないとはいえ、なんらかの意思の表現である。後述するように、会話の最も重要な三つの機能――登場人物設定、説明、サブテキスト――は、どれも登場人物の欲求から生まれるものだ。つまり会話とは、物語構造から生まれるものであると同時に、物語構造の不可欠な要素でもある。

「語るな、見せろ」は、長きにわたり脚本家の格言となってきた。デイビッド・ヘアーは逆説的に、

「見せるのではなく、語る」（つまり、映画は視覚的メディアであると同時に言語的メディアである）というのがより正しいと主張している。[01] この意見は正しいが、それはヘアーが考える理由からではない。台詞の巧みさは重要であり魅力にもなるし、会話が作品の良し悪しを決めることもあるが、だからといって映画が言語の芸術だということにはならない。

映像と同期させた音響を使う初の長編映画、『ジャズ・シンガー』が一九二七年に公開されると、すべてが変化した。それ以前の観客は、映像の配列に因果関係を見いだすことによって、意味を推測していた。だが、ここに音がついたことで、いくぶん予想外のことが起きた。映像と会話とのあいだにも同様の関係が成り立っていることに、観客が気づいたのだ。前述のレフ・クレショフの研究は、映画史のごく初期の時代、すなわち、映画が純粋に視覚的な媒体であった時代[02]におこなわれたものだが、音響が進化して生じた最も重要な利点のひとつ（これまでそうはっきり指摘されたことはないが）は、クレショフ効果が会話にも同じように応用できるということだった。

会話は、登場人物の表向きの顔を生みだすうえで、非常に重要な役割を果たす。警戒を解いているときは別として、人は自分がこう見られたいという作法に従ってしゃべるものだ。それでも仮面が外れてしまうことはある。言葉の裏にある真意が垣間見えてしまうのは、言葉と行動の並列により、クレショフ効果が生じたときだ。すでに述べたように、登場人物の言動が矛盾すると、ギャップが生じて観客が能動的になる余地が生まれ、ドラマがすぐさま活気づく。言葉と行動を切り離して効果的に並べると、観客はすぐに感情移入を深める。台詞がただの説明であれば、そうはならない。

つまり、巧みな会話とは、行動を説明するものではなく、行動から表出するものなのだ。優れた会話は、登場人物がどういう人物なのかを見せてくれる。語ることは見せることだ――登場人物の真の姿を見せることなのだ。

会話による登場人物設定

テレビの政治家インタビューを文章に書き起こせば、ほぼ確実に省略と修正ばかりになるだろう。話し手は、最初の考えを遮って新しい考えを進展させ、妥当な言葉や文章を探る――正しい議論の場合でもそうだ。それを逐語的に書きだせば、だいぶ混乱した文章になるだろう。

良くできた会話は、現実の会話とはちがうものだ。会話のように見せているが、登場人物設定や物語構造が必要とするものに従っている。会話は語りとも異なる。物語を進めるために会話があるのではない。会話は物語に対する登場人物の反応だ。行く手に散らばっている障害に対する、彼らの反応なのだ。つまり、「台詞」は「行動」のもうひとつの形と言える。巧みに障害を回避するためのツールであり、ひとつひとつの言葉が、観客が登場人物を追跡するための指紋のようなものだ。『バフィー恋する十字架』のクリエイターであり、『アベンジャーズ』の監督でもあるジョス・ウェドンは次のように言う。

悪役の脇を固めるチンピラも含め、シーンに登場する全員には、そこにいる理由がある。それぞれに意見を持ち、それぞれの素性があり、経歴がある。誰かが次の誰かの台詞をお膳立てするようなしゃべりかたをしていたら、会話にはならない。それはただのサウンドバイトだ。……全員がそれぞれ何者なのか、なぜそこにいるのか、なぜいまの感情にいたっているのか、なぜその行動をとっているのかわかっていなければ、困ったことになる。◆03

会話は、すべての登場人物を個人として成立させなければならず、そのためには、登場人物設定の原理を完全に理解する必要がある。良くできた会話は、登場人物が人からどう見られたがっているかを伝え、彼らが隠したがっている欠点を明らかにする。『The Office』のデイビッド・ブレントや『アリ・G』の主人公が証明しているように、コメディはこれを極端にしている。とはいえ、前者はよくいるタイプの人物であり、後者は「ビッグ・ドッグ」と呼ばれるラップＤＪのティム・ウェストウッド（英国国教会主教の息子）をモデルにしているように、現実生活における先例は明白だ。

登場人物のどんな選択も、その人物について何かを物語っているとすれば、そこには潜在意識下の選択や無意識の選択も含まれる。各登場人物の言葉は、そうしたさまざまな選択の結果であり、中には物語が始まるずっと前からできあがっていたものもあるだろう。文法や語彙や構文、リズムや文の長さ、専門用語やスラングなどを、特定の方法で組み合わせた台詞を使うことで、観客にもその人物が理解できるようになる。言葉ひとつが変化すれば、人物も変化する。会話は、誰が何を言うかだけでなく、どのように言うかも重要だ。すべての発言は、欲求、文化、背景、世界観、地位、社会規範、ジェンダー、潜在意識にある恐れ、生い立ちなどがすべて混ざった場所、その人物が生まれでたるつぼにある何かを明かしてくれる。

この選択は無意識的かもしれないが、能動的におこなわれている。作品が内省的になり、過去の物語に集中したり、説明過多になったり、「……を覚えていますか?」「それを見ると……を思いだします」という台詞が出てくるようになったら——その作品は厄介なことになっている。会話も同じだ。目標を追求する過程での障害に対し、正確かつ特徴的な反応が生じなければ、その会話は失敗だ。会話は登場人物の行動であるべきなのだ。

16 説明

「ハッピー・ウェディング・デイ、姉さん」◆01

屋外。ウェストミンスター寺院の階段。

男A あそこに立っているのは、ビクトリア女王の唯一の息子にして王位継承者、そして噂では娼婦とつきあっているとかいう皇太子ではありませんか？

男B いかにも。

紀元前五世紀であれば、男Aの台詞はプロローグの役目だっただろう。エウリピデスの発明と言われ、しばしば神の姿を借りておこなわれたプロローグは、物語の筋を追うのに観客が必要とする、物語の設定、略歴、登場人物、筋書き、動機など、観客が必要とする全情報を伝える人物だった。つまり現代風に言えば、プロローグとはナレーターだったのである。

もし男Aがナレーターなら、これがテレビドラマの一部であってもなんの問題もないだろう。だが、まず演劇、そしてその後は映画やテレビドラマがリアリズムを重視するようになると、物語の動きの外にいる登場人物が存在するほうが、奇妙に見えるようになった。シェイクスピアは、通りすがりのさまざまな紳士が物語の動きについてコメントするという形を試していたが（『ヘンリー八世』の第一、第二、第三の紳士）、ビクトリア朝のころのプロローグの役割は、雇い主の噂話をする二人のメイドに引き継がれていた。◆02 こうした仕掛けもやがて時代後れのものとなり、巧みな手際と数々の技巧を駆使すれば、観客に必要なすべての情報は、演劇的に――つまりはひそかに――観客にも気づかれることなく提示することが可能であるということがわかってきた。

劇作家のテレンス・ラティガンは、現代リアリズム的な説明提示の手法では、最初の絶対的巨匠と言ってもいいだろう。『ウィンズロウ・ボーイ』はその比類なき例だ――窃盗、裁判、国家的スキャンダルの全部が、客間から一歩も出ることなく、間接的に報告される動きでシームレスに伝えられる。こうした技巧はまれであり、その熟達ぶりは見事にその才能を物語る――下手な説明をすればまたたく間に書き手のぼろが出てしまう。

何がそんなに難しいのだろう？　説明が厄介なのは、実生活ではあまりやらないことだからだ。結局のところ、説明とは語ることであり、ドラマは見せるものだ。形も機能も根本から相容れない。下手に書くのは簡単だし、巧く書くのは何より困難で、だからこそ皮肉屋の格好の標的にされる。次の例を見てほしい。

屋内。ホルビー市立病院の病棟。昼間。

個室のドアが勢いよくひらく。患者のジュリアの様子を見ていたミッキーが顔を上げ、眉をひそめる。ウィルとムブズがせかせかと入ってくる。

ミッキー　コニーが来るんじゃなかったの？

ウィル　ああ、うん。今回はちがう。どうやら君に僕を押しつけたいらしいな。

（二人の背後でボブが小走りに入ってきて、張り詰めた心配げな顔で、ベッドに横たわる妻のジュリアのそばまで来る。）

ボブ　ジュリア、大丈夫か？（ウィルに）こうなる可能性もあるって言ってましたよね。彼女の心臓は降参しそうなんですか？

ジュリア　降参なんてしてないわ。失神しただけ。

ボブ　欠陥のある弁のせいなんでしょう？　先生が言ってたように、赤ん坊が心臓に負担をかけすぎてるんでしょう。

ウィル　エコー検査を見るかぎり、前回の診察のときより少し悪化しています。ただ、ジュリアさんが倒れたのは、心臓から脳に充分な血液が送られていないせいです。

ジュリア　赤ちゃんは大丈夫よね？

ムブズ　確認のため、超音波検査をしてみましょう。（ミッキーに）ジュリアさんに点滴を始めてくれる？

ジュリア　（皮肉な顔をして、ウィルに）やっぱり弁は取ったほうがよかったって思ってるんでしょう？

ウィル　出産後に弁を修復することは可能です。ただ、いまの状態で臨月を迎えるリスクは理解する必要があります。

ジュリア　出産できない可能性が五十パーセント？（間）私は可能性に賭けるわ。

ムブズ　薬のほうはどうなんだ？

ウィル　（記録を見ながら）むしろ効きすぎているぐらいだな。ジュリアさんの状態だと、高血圧になるものなんです。なのに極端に低くなっている。

ボブ　それじゃだめなんですか？　血圧が高いと卒中の可能性があるって言ってましたよね。

（ウィルはうなずき、咳払いをする。）

ウィル　ええ、ですが……非常に低い。心停止の危険性があります。（急にはっとして）

この前話したとおり、カルシウム拮抗剤に切り替えたんですか？

ジュリア ええ。ACE阻害薬は赤ちゃんに良くないかもって言ってましたよね。

ウィル まさか過剰投与していませんよね？

ジュリア そこまで馬鹿じゃないわよ！

ミッキー カーティス先生はそんなことおっしゃっていませんよ。

二〇〇五年のドラマ『ホルビー・シティ（Holby City）』の一シーンだが、ビクトリア・ウッドの風刺的なパロディ・ソープオペラ、『エイコーン・アンティークス（Acorn Antiques）』を彷彿とさせるかもしれない。イギリス（そしておそらく全世界）の初期の連続ドラマは、視聴者はそれほど賢くないものと考える傾向があった。脚本家は積極的になんでも説明しなければならず、プロットポイント、登場人物の動機、外科術テクニックの絶対的な知識さえあれば、視聴者を飽きさせないものだと教えられた。もちろんその結果、大半のドラマは仰々しいものとなった。◆03

多くのフィクション・ドラマはもっともらしさを求める。登場人物に、現実では言わないようなことを言わせないようにしている。だが、登場人物には視聴者に必要な情報を伝える義務もある。脚本家は、物語構造が求めるものと「リアリティ」との対立を解消する必要があるが、同じジレンマは会話においても直面させられる。どうすればこの無理難題を解決できるのか？　どうすれば『ホルビー・

シティ』の（昔の）エピソードみたいにならなくなる？　その答えは、やはり物語構造の原理を受け入れることにある。

原則的に、説明には次の二つのタイプがある。

1　観客も登場人物も知らない情報を伝える。

2　観客は知らないが、登場人物は全員知っている情報を伝える。

登場人物が知らない情報を伝える

医者や警官が登場するドラマが多いのは、生死に関わる問題に対する観客の関心が強いだけでなく、重要なプロット情報を導きだす彼らの能力にも存在価値があるからだ。一九八五年に『イーストエンダーズ』が放送を開始したとき、その幕あけがレジ・コックスの殺害だったのは、理にかなった演劇的な理由によるものだ。視聴者を引き込む見事なフックとなるばかりでなく、警察の捜査を通じ、視聴者もアルバート・スクエアに足を踏み入れることができる。多くのドラマの新シリーズには「純情な少女」的立ち位置の登場人物がいるのもそのせいで、『ER緊急救命室』のカーター、『フレンズ』

のレイチェル、『時空刑事1973ライフ・オン・マーズ』のサム、『カジュアルティ』の初年度研究生などがこれに当たる。彼らが発する問いかけが、視聴者が知るべき答えをもたらす。観光客や学生、見知らぬ人や権力者なども、みな同じ役割を果たし、説明が必要な事実に関する演劇的必須事項を提供する。ここでも登場人物は視聴者の立場なのだ。

登場人物全員が知っている情報を伝える

登場人物全員が知っていて視聴者が知らない情報を伝えるのは、かなり複雑なことになる。たとえば、夫が不治の病であると妻も夫も知っている場合、妻が夫にそれを伝える必要はない。経験の浅い脚本家なら、「ねえ、あなたがこういう病気なのはわかってると思うけど……」「先生の言ったことは聞いたわよね、この病気は……」などと書きだすかもしれない。もっと巧い脚本家なら、おそらく「あなたはどうしようもない馬鹿だわ」などと言わせ、そこから要点を訴えるだろう。

なぜそうするのが効果的なのか？　絶望感を示すことにより、非常に重要で、くり返す必要がある主張があるのだと見せられれば、理由が生まれる（「お願いだから病院に行って——がんなのよ」）。そしてそこに理由があれば、視聴者も登場人物の欲求を理解できる。

どの説明も、会話と同じで、こうした欲求にうながされる。実際、下手な説明はたやすく感知されてしまう。ドラマの燃料となる緊急性が欠如しているからだ。

登場人物のほとんどが知らない情報の場合は、それを明かす理由はわかりやすい。登場人物全員が知っている情報なら、内在する情報ということになる——言い換えれば、表出させることになる。だが、理由があればいいということでもない。

説明は、演劇的にする、つまり、そこに対立を仕込むことによって覆い隠すことができる。物語構造における欲求は、つねに正反対の欲求と相対するべきものであり、それによって物語が必要とする対立が生まれる。本節冒頭のウェストミンスター寺院の階段シーンは、説明に対立がない。ここに対立的なゴールを組み込めば、おのずから活気が生まれる。

屋外。ウェストミンスター寺院の階段。

皇太子が寺院を出てくる。

男A　上品な男だな。

男B　まさか。母親の顔に泥を塗ってるというのに。

男A　女王の名を汚していると?

男B　皇太子が売春婦の常連客だと知ったら、ビクトリア女王は私以上に彼をけなすよ。

登場人物が自分の欲求を達成するために、道具として説明を使うのは効果的だ。この欲求が正反対のものに直面すると、対立が生じ、説明が覆い隠される。対立が大きければ大きいほど、説明は見えにくくなる。捜査中の警官が犯人と話をするとき、医者が悪い知らせを伝えなければいけないときなどは、情報の伝達に影響力があるので、説明は自然と興味深いものになる。

BBCのドラマ『心停止（Cardiac Arrest）』の最初のエピソードで、製作兼脚本のジェド・マーキュリオ（ジョン・マキュアの名で執筆）は、患者の死に動揺するジュニア・ドクターが、患者の親族につらい知らせを伝えにいく、苦悶に満ちたやりきれないシーンを書いている。

ドクター・コリンが親族の部屋に入っていく。知らせを待つミセス・グレイとその友人が窓際に座っている。

ドクター・コリン　ミセス・グレイ。
ミセス・グレイ　お疲れのようですね、先生……お座りになってくださいな。
ドクター・コリン　ああ、いいえ、結構です……その、大丈夫です、ありがとうございます……あの、僕、その……ご存じのように、アルバートさんは体調を崩されていました。彼は中皮腫の二次治療をして……ある種の……肺がんだったのです……アスベストに晒されたための発症でした……適切な処置でした、なぜなら……アスベストに晒されていて……つまり、確認が難しく……昨日は百パーセントとは言えず……彼は体調を崩して……その、注射もしました……酸素も……吸入器も、僕は……僕たちは、すべて手を尽くしました……結局、できることは何もなくなって……その、もしお聞きになりたいことがあれば……その。

ミセス・グレイ

あの、アルバートはいまどうなの？　とても悪いのかしら？　おっしゃりたいのはそういうこと？

感情的なインパクトは説明を覆い隠す。◆04 マーキュリオ自身も言っているように、説明に「感情の覆い」をかければ感知できなくなる。◆05 男Aがアルバート皇太子の親友か秘密の恋人であれば、皇太子に関する情報はさらに大きな力を持つ。ここでも、会話は対立という名の炉の中で鍛えられる。

『地獄の黙示録』は、こうしたテクニックをすべて融合させている。第一幕でウィラード大尉は指揮官たちの前に呼びだされるが、すぐに明らかになるのは、指揮官たちがみな同じ汚い手口を使い、それをおたがいに押しつけ合っているということだ。観客は、この見事で巧みなシーンにおいて、映画の主要人物全員について理解すべきことを全部知ることができる。彼らに関する重要な事実だけでなく、身の処しかた、ひいては個人的規範、さらにどんな人間であるかもわかる。ジョン・ミリアスとフランシス・フォード・コッポラが、この映画を理解するのに必要なほぼすべての事実を伝えるべく、サブテキスト、欲求、対立、そして個人的な情報を、どう組み込んでいるか注目してほしい。

屋内。ブリーフィングルーム。

ルーカス大佐 入りたまえ……楽にしてくれ。タバコは？

ウィラード いえ、結構です。

ルーカス 大尉、こちらの紳士にお目にかかったことはあるかね？ 将軍と、あるいは私と会ったことは？

ウィラード いいえ。個人的にはありません。

ルーカス ひとりでたくさんの仕事をしてきたそうだね？

ウィラード はい、そうですね。

ルーカス 報告書によると、第一軍団のＣＯＭＳＥＣで、諜報活動、対情報活動をしてきたとある。

ウィラード そういった作戦についてはお話しできません、大佐。

ルーカス 第一軍団でＣＩＡのために働いたんじゃないのか？

ウィラード （不安げに）いいえ。

ルーカス 一九六八年六月十九日、クアンチ省で政府の収税吏を暗殺しなかったかね、大尉？

ウィラード （自分が試されていることに気づき）大佐、そのような活動や作戦は承知しておりません。そうした作戦が実際にあるとしても、私はそれを議論するつもりはありません。

コーマン将軍 （テストは合格と見て）話をしながら昼食を取ろうと考えていたのだがね。君が食欲旺盛な男だといいが。手をどうかしたのかね、怪我か？

ウィラード （嘘をつく）R＆R（兵役期間中の休暇）で釣りをしていて、ちょっと事故がありまして、将軍。

コーマン R＆Rで釣りね……だがいまは元気になり、任務に就く準備もできたか？

ウィラード はい、将軍。体調はすこぶる良好です。

コーマン さて、メニューはなんだ？　ローストビーフと……まあ、悪くない。ジェリー、皿をこっちから回してくれ。両方で回せば時間の節約だ。大尉、君がこのエビについてどう思ってるかはわからないが、もし食べるのであれば、ほかのことで君の勇敢さを証明する必要はなくなるね……私もひとつもらおうか……。

ルーカス 大尉、ウォルター・E・カーツ大佐を知っているか?

ウィラード はい、聞いたことはあります。

ルーカス 第五特殊部隊の工作員だ。

コーマン ルーク、そのテープを大尉に聞かせてやってくれたまえ。よく聞いてくれ。

（テープの声） 十月九日、午前四時三十分、セクターPBK。

ルーカス これはカンボジアで傍受されたものだ。カーツ大佐の声と確認されている。

カーツ大佐（テープの声） カミソリの刃の上を、カタツムリが這うのを見た。それが私の夢だ。私の悪夢だ。カミソリの刃の上を這って、進んで、そして生きのびる。

（テープの声） 十一回めの送信、十二月三十日、午前五時、セクターKZK。

カーツ（テープの声） われわれは彼らを殺さねばならない。灰にしなければならない。豚という豚、牛という牛、村という村、軍隊という軍隊を。そして彼らは私を暗殺者と呼ぶ。暗殺者が暗殺者を非難することをなんと呼ぶ? 彼らは嘘をつく……彼らは嘘をつき、われわれは嘘をつく者に慈悲をかけなければならない。あの金持ちども。私は奴らが大嫌いだ。どれほど憎いか……。

コーマン ウォルト・カーツは、わが国が輩出した、最も優れた将校のひとりだった。

ルーカス　あらゆる面で賢明で傑出し、善良な男でもあった。人道主義者で、機知に富み、ユーモアのある男だった。彼は特殊部隊に入った。そこから、彼の考えややりかたが不健全になっていった……不健全に。カーツは現在、指揮下のモンタニャール軍を引き連れ、カンボジアに渡っている。兵は神のようにカーツを崇拝し、どんな馬鹿げた命令にも従っている。

コーナン　ここで、別のショッキングなニュースを、君にも伝えておかなければならない。カーツ大佐は殺人容疑で逮捕寸前だったのだ。

ウィラード　どういうことでしょう、将軍。誰を殺したのですか?

ルーカス　カーツはベトナム人諜報員の処刑を命じたのだ。二重スパイだと考えてね。それで自分の手で始末した。

コーマン　わかるだろう、ウィラード君……この戦争では、権力、理想、古い道徳、そして実際の軍事的必要性といったものが混乱してしまっている。現地民と一緒にいるうちに、神になりたいという誘惑に駆られるのさ。どんな人間の心にも、合理性と非合理性、善と悪との対立があるからね。そして善が必ず勝利するとは限らない。ときには、闇の面が、リンカーンの言うところの「より良き天使」、良心に打ち勝つこともある。どんな人間にも限界点がある。君にも私にもね。ウォルター・カーツはそこに達してしまった。そして明らかに、正気を失ってしまった。

ウィラード　（明らかに確信を持てていない表情で）はい、将軍、そのとおりです。まったく正気ではありません。

ルーカス　（居心地が悪そうな口調で）君の任務は、海軍の哨戒艇でヌン川をのぼっていくことだ。ヌーマンバでカーツ大佐の進んだ道に入り、情報を拾っていけ。大佐を見つけ、手段を選ばず彼の軍団に潜入し、大佐の指揮権を終わらせろ。

ウィラード　終わらせる？　大佐を？

コーマン　彼は分別も自制もなく作戦行動をおこなっている。容認できる人間の行動の範囲を完全に超えている。それに、いまも自分の部隊を率いて戦場にいるのだ。

民間人　形を問わず任務を打ち切らせるんだ。

ルーカス　わかっているな、大尉……この作戦は存在しないし、今後も存在することはない。

どの台詞にも、各登場人物の明確な意図が込められている。意図そのものは隠されているかもしれないが、会話と映像の配列や、政府の収税吏の暗殺を否定するウィラード大尉の瞳の様子で、ウィラードが暗殺を実行したことも、本人がそれを否定することで、上官に対する信用証明を示せたこともわかる。観客にそれがわかるのは、クレショフ効果が働いているからだ。言葉と映像の組み合わせによって、言葉を超えた意味――サブテキストを伝えることができている。

前述の『ホルビー・シティ』のシーンは、いまならどう書くべきだろうか？　脚本家によってアプローチはちがうだろうが、その鍵はもちろん、会話の中にはない。ジュリアの病状に関する情報の多くは、患者も初めてそれを聞くという場面で前もって明かしておき、その後どうなったかの多くは超音波検査後に伝える。ここで本当に必要な情報、事実上このシーンの核心は、ジュリアが緊急超音波検査を受けなければならないということだけで、それも短い言葉程度で伝えることができる。ナースのミッキーが異常を察知し、患者が不安そうな顔をし、（番組の予算次第で）超音波検査がおこなわれるシーンに切り替えればいいだけだ。ミッキーがジュリアになんの心配もいらないと伝えればなおいい。

『心停止』のほか、『ボディーズ（Bodies）』、『ライン・オブ・デューティ』のクリエイターでもあるジェド・マーキュリオは、次のように語る。「自分の脚本にとって、会話はいちばん重要度の低い要素だ。多くの新人脚本家は、会話の推敲にとんでもなく長い時間を費やして問題を修正しようとするが、問題は物語の構造や登場人物の内部にひそんでいることのほうがずっと多い」◆06。ミリアスやコッポラが証明しているように、巧みな会話は芸術だが、物語構造がその基盤であることに変わりはないのだ。

17 サブテキスト

一九六三年十一月二十二日金曜日、ニュースキャスターのウォルター・クロンカイトは、画面の中で一瞬動きを止め、イヤホンから聞こえる言葉に耳をすませた。「テキサス州ダラスからの速報です、公式なもののようです……」クロンカイトの声がかすれた。「ケネディ大統領が、中部標準時の午後一時に亡くなりました……」そこでクロンカイトはメガネをはずし、静止し、それから力を振り絞ってメガネをかけ直し、言葉を続けた。「ジョンソン副大統領は病院を出ました……」

ご覧になったことがあれば、その衝撃はわかるだろう。長い年月がたつうちに、ケネディの死に神話的な風合いが出てきているのは確かだが、クロンカイトがメガネをはずし、再びメガネをかけ、ニュースを続ける強さを見いだしたときの並外れたパワーは、否定しようのないものだ。このクロンカイトの映像は、クレショフ効果の実例とも言える。言葉（「大統領が亡くなった」）と動き（メガネをはずす）を提示された視聴者は、このニュースの壮大な本質を自由に推測することができる。瞬間的に言葉を失って呆然としながらも、決して取り乱さず、冷静さを失わず、ニュースの流れも見失わなかった人物を、クロンカイトの中に目撃する。そのとき、それが自分の義務だと感じたからこそ、クロンカイトは気を取り直し、再びプロフェッショナルに徹するのだ。

『羊たちの沈黙』の脚本家のテッド・タリーは、会話を書く技術について、簡潔にこう表現する。「重要なのは、その人が表に出す感情ではなく、隠そうとしている感情だ」[◆01]。見事な実例だ。クロンカイトのニュース映像は、サブテキスト〔言外の意味〕にひそむ感情からパワーを引きだしている。視聴者は2と2を足し、自分でその答えにたどりつくことができる。

スタニスラフスキーは、すべての台詞の根底にある意図や目的を探るよう自分の生徒に求めた。言った言葉がそのとおりの意味であることは、めったにないと知っていたからだ。会話の本当の意味は文字どおりのものではない——意味は言葉を超えたところにある。地位や支配権や権力をめぐる争いの中に、あるいは、愛や悲しみ、打ちのめされるような喪失感を表現したいという欲求の中にある。どの台詞も意図を具現化できていれば、優れた会話が生まれるということは前述のとおりだ。が、さまざまな理由から、登場人物が自分の意図をあからさまにするのが難しい、もしくはあからさまにしたくないケースもある。クロンカイトは、感情を表出させることは自分の仕事ではないと思っていた。彼の仕事は自分の義務を果たすことだったが、その言葉と態度が対照的になることで、圧倒的な力強いサブテキストが生じる結果になった。

登場人物の欲求が明白な場合もある。マイケル・コルレオーネは、ソロッツォを殺す決断にいささかのためらいもない。とはいえ、さまざまな事情から意図が覆い隠されることも多く、そこからサブテキストが生じる。

トレバー 言いたいことはあるか？
リトル・モー (間) 愛してる。

リトル・モーがトレバーに「愛してる」と言うのは(『イーストエンダーズ』、二〇〇一年のエピソード)、本当にそう思っているからではない。これは、リトル・モーがトレバーにバスルームの床の上でレイプされた直後のやりとりだ。この状況下のこの言葉は、とにかく身の安全を守ろうとする彼女の気持ちの表れで、夫の暴力をいまだけでも阻止するために使われている。リトル・モーはトレバーを憎んでいるが、怖くてそう言えず、代わりに愛していると伝えるのだ。

要するに、サブテキストは、登場人物の表向きの顔と、実際の意図や目標とのあいだの相互作用から浮上してくるものだ。登場人物は、本当の感情を表に出させようとするなんらかの圧力に抗い、仮面を守ろうと奮闘する。欲しいものと必要なものが衝突するなか、より大きな真実、登場人物の言葉と行動のギャップが明らかになっていく。そしてそのギャップがドラマの素材となる。

どの登場人物も、欲求を持ってシーンに登場する。その人物が自分の欲求をどのように表現するかは、会話する相手や、自分の感情の状態、現在の立ち位置によってもちがう。ここまでも見てきたとおり、どんな登場人物も安全を求めている。自分の意図を表明することは安全なのか、自分の目標を達成するのにもっと安全な方法はないのか？　それぞれの環境下で、登場人物が自分をどう見られたいかによっても、話は異なってくる。自分の真の意図を、いったいどこまで明かしていいのだろうか？

先にも触れたとおり、安全とは主観的な概念だ。ある登場人物にとっての安全は、どこにいてもつねにトップの地位にいることかもしれないし、いちばん低い地位にいたほうが安全と思う人物もいるだろう。夫か妻と一緒にいるときだけ安全を感じる人物もいるかもしれない。どんなケースであれ、安心感があるほど本音の表現につながりやすい。逆に、宿敵、暴力夫、新しいガールフレンドなどといることで不安が生じていたら、意図は隠され、サブテキストが生じる。

登場人物が本当の気持ちを表現できない理由はいろいろある。そうすることが怖いケースもあれば、他者をあやつるためという場合もある。脚本家の仕事は、登場人物の真の姿を明らかにするような形で、隠されたものを伝えることだ。たとえば誰かを口説くときも、人によって方法は変わる。

男がバーのカウンターにいる女性に声をかけるとする。

1　男「君の服を脱がせたいなぁ」

2　男「君のこと、本当に気に入ったよ」

3　男「この時期にしては少し肌寒いね」

4　男「自分は特別な女だと思ってるだろ、ちがう？」

リストの番号が進むほど男の意図は隠されていくが、基本に「誘惑」があるのは同じだ。観客は、男の真意のみならず、男の性質についてもいろいろ推測するだろう。4の男の露骨なまでの攻撃性は、その奥に苦悩や不安があることを感じさせる。

つまり、サブテキストが発生する源は、隠された欲求なのだ。ときには表向きの顔が、他者の目を意識的にくらます手段になっていることもある。『レディ・キラーズ』のギャングや、『エイリアン』の二枚舌の科学者アッシュ（イアン・ホルム）はその例だ。一方で、表向きの顔が無意識的な自己欺瞞の場合もある――より大きな葛藤や、それにともなう自我防衛機制から、こうしたものが生まれることがある。

ブライアン・フィリス脚本のドラマ『ステップトゥの呪い（The Curse of Steptoe）』は、一九六〇年代に大ヒットしたBBCのシットコムの出演者として、二人のスターが受けた名声の影響を題材としたフィクションだ。そのうちのひとり、ハリー・H・コーベット（ジェイソン・アイザックス）がテレビでインタビューを受けているシーンに注目してほしい。

インタビュアー　『ステップトゥと息子（Steptoe and Son）』の話を聞かせてください。あなたのいちばん有名な作品ですよね。ボロ布と骨男……。

ハリー　いや！　ボロ布や骨に意味はないんだ。ボロ布と骨男のドキュメンタリーを作りたいとは思わない。あれは、うん……ハロルドが……家事なんて五分か十分で終わってしまう。すべて政治なのさ。あれはつまり……セックスについてのことなんだよ。つまり、そう……普通の経済学……すごくたくさんのこと……教会とか。君が何を言おうと、あれは断固として……ええと……ボロ布と骨だよ。驚くべきことだが……何ひとつとして、その、二度見、へま、阿呆のしかめっ面、好きに呼べばいい。そんなのは……言葉次第だよ。それとタイミング。それに……誠実であること、テーマに忠実であることさ。

フィクションのコーベットは、まともに相手にされないことを恐れており、ただ人を笑わせればいいということを受け入れられない。知的な資質を見せようとせずにはいられないのだ。◆02

登場人物の表向きの顔は、必ずしも意識的に作っているものではない。自分が仮面をかぶりたがっていることに、気づいていないときさえある。他人にであれ自分にであれ、登場人物が嘘をつく態度は、非常に豊かな物語の鉱脈だ。十九世紀の社会学者であるゲオルク・ジンメルは、雄弁にこう語っている。「人々がほかの個人に対し、言葉で、もしくはそのほかの方法で伝えるすべては、たとえそれが主観的で衝動的で親密な事柄であろうとも、正確に報告すれば誰もが精神病院に入れられてしまうような心理学的現実の全体から選別されたものである」◆03。サブテキストがなければ、世界は平坦で直線的なものとなり、すべてが文字どおりで、口に出された言葉はそのままの意味になってしまう。サブテキストというものがあれば、脚本家は言語と思考のズレに触れ、遊んでみることで、真実らしきものがとらえやすくなる。

以前、BBCの元幹部が『カジュアルティ』について、「何をやってる、いいドラマにしたら駄目だ」と言っていたことがある。視聴者はあまり賢くないので、「リアル」なドラマを見せればのけ者にされたと感じるだろうという、ソープオペラ業界（に限った話ではないが）特有の思い込みは、とりわけサブテキストというものを扱ううえでは厄介な問題となる。無能なプロデューサーがそういうものを恐れるのは、解釈という行為が求められるからだ。しかしもちろん、重要なのはそこなのだ。解釈とは、視聴者がドラマの積極的な参加者になるためのプロセスである。解釈は視聴者を疎外するものではなく、むしろその逆で、解釈を活用すれば視聴者を引き込むチャンスは広がる。私が若手スクリプト・エディターだったころ、ひそかな意味を含む台詞が、文字どおりにしか意味を表現しない台詞に全部置き換えられるのを、ミーティングで何度も目の当たりにしたものだ。生き物からゆっくりと血が抜かれていくのを見るようで、まったくエキサイティングな仕事だった。ナースが患者に「すべて順調ですよ」と言っていても、実はそうでない場合、人は知能指数のレベルに関係なく、それをたやすく感知することができる。スリラー映画を観て犯人当てに挑戦するときや、『クイズ$ミリオネア』を観ながらテレビに向かって答えを叫んだりするのと同じで、視聴者にはきちんとわかるのだ。

画面外から流れるナレーションがだいたいうまくいかないのも、同じ理由からだ。米国のテレビドラマシリーズ『プッシング・デイジー 恋するパイメーカー』や、ジャン=ピエール・ジュネ監督の『ロング・エンゲージメント』でさえも、その美しい映像にもかかわらず、長く観つづけることはまず無理だ。どちらの作品も、ナレーターがすべてを語ってしまう。そこにはサブテキストがない。観る側には何もすることがないのだ。フランシス・フォード・コッポラが巨額の制作費をかけた映画、『ワン・フロム・ザ・ハート』も同様だ。トム・ウェイツとクリスタル・ゲイルの歌が観客を招き入れようとしてはいるが、曲の歌詞が何もかも語ってしまうので、観客は世界に入れない。見せるべきものが語りに取って代わられ、観客は疎外されてしまう。

逆に、信頼できない語り手が面白いのも、まったく同じ理由だ。『オーソン・ウェルズのフェイク』は、ウェルズが見事に疑わしげな語り手を演じているが、この、史上初の架空の嘘つきとも言える人物をしのぐ者は、いまも見当たらない。『ガリバー旅行記』では、人々の虚栄心をめぐる旅に出た主人公が、人間という種族に軽蔑の念を募らせるさまを、効果的に物語に仕立てている。ガリバーはますます「理性」を求めるようになり、しまいには、人間は愚かであり、会話できる相手は馬だけだと考えるようになる。ガリバーの語る現実と、その解釈とのあいだの相互作用（彼は最終的には馬小屋に住み、馬と楽しく語らうようになる）の中で、ガリバー自身の狂気が明らかになっていく。ジョナサン・スウィフトは、ガリバーの行動とその描写のあいだのギャップ、そして深まる双方の剥離を利用し（これもクレショフ効果だ）、その狂気の恐ろしい誕生を物語化する——語り手が自分自身の状態を完全に認識できていないことが、さらに恐怖を感じさせる。

説明は物語を殺す。人々が言うことを、全部すぐに明らかにしようとする衝動も同様だ。自分の動機を説明する登場人物は、おのずと嘘くさく見える。病的な状態の人間は別としても、仮面をはずしもせず、その奥から真実を輝かせることなどできるものではないし、モンテーニュも指摘するように、「自己の説明ほど難しい説明はない」からでもある。真に自分を知るというのは、ごく限られた人々にしかない才能であり、どちらかといえば物語の終着点で起きることで、作者の説明を助ける道具とはなりえない。

『ザ・ホワイトハウス』や『ホルビー・シティ』や『ER緊急救命室』のどのエピソードを見ても明らかなように、視聴者は会話の一言一句を理解する必要はない。必要なのは、当然ながら、登場人物の意図を察することだ。手術がどうおこなわれるかは知らなくていい。外科医の会話を楽しんでもいいが、彼らの目的（たいていの場合は患者を救うこと）を知っているだけでも充分だ。中等学校の生徒たちは、早い時期から周囲の人々の言葉の意味を読み取る技能を教わるもので、視聴者にも同じことはできるし、やる意思もある（疑うのなら、デイビッド・S・ウォードの見事な脚本、『スティング』を読んでみてほしい――何ひとつ説明などしていない脚本だ）。デイビッド・サイモンも言うように、視聴者を過保護にすべきというテレビの信念がもたらす結果はただひとつ、どの登場人物も同じようにしゃべるようになるだけのことだ。私は何年も前、『イーストエンダーズ』がそうなっていくのを目の当たりにした。まず地方独自のアクセントがすべて禁じられ、その後（一時的に）ロンドン訛りもなくなった。テレビ番組の作り手たちは、過去十年の二大ヒット作、『アウフ・ビーダーゼン、ペット（Auf Wiedersehen, Pet）』と『マインダー（Minder）』が、視聴者の大半は聞いたこともないような口語方言をふんだんに使っていたことを、すっかり忘れてしまったらしい。

シェイクスピアの『リア王』は、思ったままを口にしたコーディリアを非難した王が、言葉と考えのギャップによる代償を思い知らされる物語だ。主人公は、物語の完成に向かって旅をしながら、内面と外面の世界、欲しいものと必要なもの、表向きの顔と欠点とのあいだにある、自分の性質の二面性を和解させることを学んでいく。こうした二面性のリストを作るなら、言葉と行動も加えるべきだ。『リア王』のエドガーの言葉を借りれば、王は「言わなければならないことではなく、自分が感じたことを話す」ことを学び、表向きの顔というものの恐ろしさや、それを真実と折り合わせる必要性に気づく。それにより、人々も、会話が何かを明らかにしたり隠したりする能力が、登場人物や幕、契機事件や物語の筋などと同様に、物語構造の欠くべからざる一部であることに気づくのである。

第五幕

変化を経て
再び家へ

18 テレビドラマと物語構造の勝利

一九三〇年七月十四日、午後三時半になろうとするころ、英国首相ラムジー・マクドナルドは、ダウニング街十番地、首相官邸の肘掛け椅子に腰をおろし、コベントガーデンのベアード・カンパニー本社から生中継されている、創業間もないBBCが製作した英国初のテレビドラマを観た。[01][02]ピランデルロの『花を口にした男』のドラマ化作品に関するマクドナルドの感想は、残念なことに後世には伝えられていない。幸い、『タイムズ』紙がドラマの印象を掲載していて、いくらか辛辣な批評の中でもこんなふうに述べている。「今日の午後は……きっと記憶に残るものになるだろう」[03]。作品そのものは忘れられてしまったかもしれないが、それでもこのドラマが残した遺産は、人々が物語を消費する方法をすっかり変えてしまった。

イギリスのテレビドラマは、この国の豊かな演劇の伝統から派生してきたものだ。BBCが一九三六年にレギュラー放送を開始したとき、最初の演劇関連の番組は、当時ウェストエンドでヒットしていた芝居『マリーゴールド（Marigold）』のシーンをセレクトした番組で、アレクサンドラ・パレスから生中継された。「舞台作品を写真でまとめたものに近い番組で、舞台の額縁的構造を維持するため、カメラをかなり後ろに倒した状態で撮影していた」と、のちにBBCドラマのトップとなったショーン・サットンが振り返っている。[04] 何年かのあいだは、そういうもの、つまり芝居の撮影が、ドラマ番組として受け入れられていた。やがてカメラが動くようになり、テレビの基本用語（クロスフェード、フェードアウトなど）が導入され、ときにはロケ撮影の挿入もおこなわれるようになった。形式の実験も始まった。初の連続ドラマとして知られる『アンとハロルド（Ann and Harold）』は、あるカップルの人生を五回のエピソードで描いた連続ドラマだった。『テレクライム（Telecrime）』は、十分間の大胆なシリーズドラマで、視聴者は毎週のドラマの中でさまざまな手がかりを与えられ、自分で犯人を突き止める仕掛けになっていた。[05] とはいえ、テレビドラマはあくまで演劇の派生物で、座って観るための静的なメディアであり、映像はあくまで台詞のやりとりに付随するものだという基本的な前提は、その後も何年も続いた。ある意味、現在も続いているとも言える。

英国テレビドラマの発展における重要人物のひとりに、シドニー・ニューマンがいる。カナダ生まれのニューマンは、イギリスで民放テレビが開局して間もなく、ＩＴＶの北イングランド及びミッドランドの週末フランチャイズを持っていたＡＢＣテレビに招かれた。生真面目で、なおかつ本能的な大衆主義者でもあったニューマンは、ドラマアンソロジーシリーズの『アームチェア・シアター（Armchair Theatre）』とスパイものの『アベンジャーズ（The Avengers）』の双方を手がけ、ＩＴＶがその後何年にもわたって並外れた成功をおさめるうえでの指標を定義した。

一九六二年、BBCドラマのトップとして招かれたニューマンは、新しい脚本、新しいドラマ形式、新しいアイデアを支持する部門、そして何よりも、大衆的であることを恐れない部門の構築に乗りだした。ニューマンがくだした最も重要な決断は、ドラマの部門を、シリーズドラマ、連続ドラマ、演劇という三つに分けたことかもしれない。この部門は、今日もなおドラマのジャンルの定義と見なされている。演劇部門はやがて単発の長編ドラマに形を変え、連続ドラマ（またはソープオペラ）は後年さらに重要度を増していったが、これら（と、そのバリエーション）はすべて、ニューマンが定めた部門から派生したもの、もしくはそのハイブリッドにすぎない。

物語は、焚き火の周りに集まって数人が聴くものだった時代から、長い道のりを歩んできた。孤独をなだめたい、退屈を鎮めたい、誰かと何かを分かち合いたいという欲求は、最初は活字、次にラジオ、そしていまではテレビによって満たされ、力を得るようになった。テクノロジーは瓶の中の精霊を解き放ち、かつては親密で局地的な体験だったものに普遍性をもたらした。風変わりで高価でくだらない玩具と言われたテレビは、五十年もたたないうちに、世界が物語を貪り食うための支配的な道具に成長した。いまでもそうだ。テレビ業界とドラマ部門は、ラムジー・マクドナルドの想像をはるかに超える成功をおさめた。とはいえ、どうやってその膨大な需要を満たせばいい？　そのためには、基本的な物語構造を操作する必要がある。

シリーズドラマ、連続ドラマ、単発ドラマというニューマンの三つのカテゴリーはいまも存在するが、視聴者の飽くなき要求に応えるため、それぞれに質を落としたもの、改悪したもの、あるいは——議論の余地はあるが——改良したものが放送されている。そのせいで何かが失われてしまった、と主張する人もいるかもしれない。

物語構造とその操作は、テレビドラマのどのジャンルにおいても根源的な部分だ。これを理解するには、ニューマンが定めた三カテゴリーのストーリーテリングが、厳密にはどんな構成になっているのかをまず知る必要がある。

単発ドラマ

この部門をニューマンが「演劇」と呼んだ理由は明らかだ。単発ドラマは、始まり、中盤、結末のある、完全に自己完結した物語で、その文芸的前身も明白だ。その多くがスタジオ内で制作された作品で、一九六〇年代後半まではほぼ生放送だった。テレビメディアが発展するにつれ、映画的言語も見られるようになったが（一九六五年の『アップ・ザ・ジャンクション（Up the Junction）』などは、いま観てもその同時代的な感触が際立っている）、ビデオテープを使ったスタジオ撮影が最終的になくなったのは、映画的な台詞が完全に採用された一九八〇年代後半になってからである。

連続ドラマ（アメリカでは「ミニシリーズ」）

連続ドラマの基本形は、チャールズ・ディケンズの小説や、同時代の出版方法にその源流を見ることができる。当時の物語は章ごとに発表され、それが積み重なって完全な形を作った。文学作品の翻案が、連続テレビドラマの足がかりとなったところもある。古典小説の連続ドラマ化作品は、テレビ番組作品の定番だ。一九六七年にＢＢＣが製作した『フォーサイト家物語（The Forsyte Saga）』の大成功がそのひな型を作り、一九八一年のＩＴＶによる『ブライズヘッド再訪（Brideshead Revisited）』で黄金時代のピークに達した。この作品は全編ロケで、当時のテレビ界では前例のない映画文法（と予算）を使って撮影されたものであった。

シリーズドラマ

エドガー・アラン・ポーは、世界初の架空の名探偵C・オーギュスト・デュパンを生みだしたが、そのときにポーが発明したフォーマットは、その後大成功するテレビ番組のジャンルを誕生させた。週ごとに事件を捜査するレギュラー出演者は、最初は単なる警察官だったが、こうしたシリーズものは、コナン・ドイルの小説から漫画雑誌、そしてラジオへと広がり、ほかにもさまざまな週ごとの「問題」が描かれるようになった。「今週の犯罪」は、「今週の医療緊急事態」、「今週の国家安全保障への脅威」、さらには「今週のエイリアン」にも発展した。ラジオの模倣から始まった黎明期のテレビは、こうした古典的なシリーズのフォーマット（一定のレギュラー出演者と週替わりに完結するストーリー）が究極の理想形であることにすぐ気づいた。主人公は決して死なず、物語の素材が無限に供給され、制作費も安く済み、絶大な人気を誇る番組――文句のつけようもなかった。

「紳士淑女のみなさん、これからお聞きいただくお話は真実です。罪なき人を守るため、名前だけは変えてあります」

ドラマ『ドラグネット（Dragnet）』の冒頭の台詞は、誕生から七十年たったいまも響きつづけている。シリーズ自体もそうであったように、この台詞も人々の意識の中に残っていて、もともとのドラマは知らなくても、多くの人々が内容を知っている。全世代がこの番組を知っているわけではないにしても、毎週ちがう敵を退治する警官というアイデアにはなじみがあるはずだ。このひな型は、テレビという新しいメディアにすぐさま役立った。アクション、冒険、決して変わらないヒーロー、ハッピーエンドが待っている終わりのない決まった形の物語——同じ構造は、今日もなおわれわれが観ている作品の大多数を占めている。一九四九年にアメリカのラジオで『ドラグネット』が始まったとき、その影響力を予想できた人間は、クリエイターのジャック・ウェブだけだった。一九五一年にテレビドラマ化されたこの作品は、またたく間に世界中で大ヒットした。テレビが視聴されるようになり、どんなものかが知られ、シリーズドラマはすべてのスケジュールの中核をなすようになった。このシリーズドラマの構造は、かなり長きにわたり、最も支配的で重要な構造的形式となった。

『ガンスモーク』、『ボナンザ』、『ローハイド』のような西部劇シリーズ、『ドックグリーンのディクソン（Dixon of Dock Green）』や『ドクター・フィンリーの症例集（Dr Finlay's Casebook）』などの警察ドラマや医療ドラマは、映画の単発ヒット作から無限に題材を搾りだせる（ちなみに『ドックグリーンのディクソン』や『裸の街（Naked City）』は、成功した映画から派生した作品だ——前者のオリジナル映画では、ディクソン巡査は実は殺されたのだが）。さらに重要なのは、変わったり老いたりしない登場人物との長期的なつながりを好む視聴者にとっても、無限の反復は実に魅力的だということだった。

その安っぽさと、おそらくは人気のせいもあってか、このジャンルはくだらないとまではいかなくとも、粗悪なドラマ群と見なされがちだ。私がＢＢＣドラマに入社した一九九〇年代は、こうした大衆ドラマ分野で働きたい人間を見つけるのは至難の業だった。誰もがひたすら自分で映画（特にモノクロ映画）を作りたがっているように見えた。それでも、『わが家は11人』、『スター・トレック』、『ドクター・フー』、『ロンドン特捜隊スウィーニー』、『燃えよ！カンフー』、『マインダー』、『すべての生きとし生けるもの（All Creatures Great and Small）』といった有名な不朽の名作をあげていけば、よほど鋼のような心臓の人でもないかぎり、プルースト効果みたいな記憶を呼び起こされてなんらかの興奮を覚えるだろう。ノエル・カワードは戯曲『私生活（Private Lives）』の中で、「安っぽい音楽」の効能について語っている――恥じることもなく商業的かつ大衆的になれる能力は、気づけば人を魅了し感動させているものだ、と。シリーズドラマも同様だ。実のところ、その大半はたいした作品ではない。ほかの大衆芸術と同じように、急がされ、予算を削られ、あざけられ、簡単に酷評される。ヒッチコック作品も公開当時はそうだったように、人気ほど批評家の評価を下げるものはない。イギリスでは『MI－5 英国機密諜報部』や『恥はかき捨て』が放映され、アメリカではケーブルテレビが台頭し、シリーズドラマというジャンルはある種のルネサンスを迎えた。新しい世代が認識し始めたように、シリーズドラマの最高水準の作品は、視聴者とのあいだに強力な結びつきを形成するだけでなく、熟練の手腕にかかれば素晴らしい感情的な深みを生みだすことができる――それ自体が芸術形式となりうる。

単発ドラマ、シリーズドラマ、連続ドラマの中から、無数の構造的バリエーションも生まれている。二部作、三部作、連続ドラマの要素を持つシリーズドラマ、何度となく再開されて続く連続ドラマな実際、長年にわたり最も一般的に視聴されたのは、もちろん連続ドラマやソープオペラである。実際、終わりのない連続ドラマは、その重要な要素をシリーズドラマの構造と融合させることで、商業的に成功できる作品を見事に生みだした。新しい物語形式への飽くことなき欲求（最初にDVDが、その後はインターネットが、まったく新しい活気をもたらした）にあと押しされたとはいえ、シリーズドラマや連続ドラマの基本的な構造形式には、いまも進行中の革命の遺伝物質が含まれている。このことはもっと詳しく検証する価値がありそうだ。

19 シリーズドラマと連続ドラマの構造

連続ドラマの構造

ピーター・モファット脚本の『クリミナル・ジャスティス（Criminal Justice）』は、全五話からなるＢＢＣのテレビドラマだ。若い学生のベン・コールターは、会ったばかりの女の子と一夜の関係を結ぶが、ベンが目覚めると彼女は殺されていた。パニックに陥ったベンは自分の痕跡を消そうとするが、そうした行動やさまざまな法医学的証拠により、ベンの有罪は明白と見なされてしまう。第一話の最後でベンは司法に裁かれ、その後物語は、彼の経験する恐ろしい刑務所生活、汚名を晴らすための闘い、そして最終的に無罪を勝ち取るまでを描く。第一話の構造は非常に単純だ。契機事件は目覚めたベンが死体を発見することで、逮捕、収監されるというワーストポイントで終わる。だが、もっと視野を広げてみると、ほかにも起きていることはある。

このドラマが誤って投獄された男の解放を求める物語ならば、第一話の終わりはドラマ全体にとっての契機事件として機能する。第二話で、ベンは未知の恐ろしい世界での身の処しかたを学ぶ。第三話では、偽りのストーリーをでっち上げようとする法廷弁護士にベンが反発し、真実を語れと要求する（典型的なミッドポイント）。第四話の最後では、母親がベンに、あなたは有罪だと思うと告げるが（最大級のワーストポイント）、第五話でやっと真実が明らかになる。物語全体の方法論は、個々の回（各回に契機事件、ミッドポイント、危機的状況がある）だけでなく、ドラマ全体にわたるマクロなスケールで現れている。

新シリーズの『ドクター・フー』の第一シリーズでは、ドクター・フーは途中まで一体のダーレクと戦っていたが、最終回ではダーレクの大軍と戦うことになる。『THE KILLING／キリング』の第一シリーズ、後ろから二番目の回では、サラ・ルンドのパートナーが無残に殺される――『ウォーキング・デッド』の第一シリーズでもエイミーが命を落としたように。デイビッド・サイモン製作によるニューオーリンズ舞台のドラマ『トレメ／ニューオーリンズのキセキ』の第一シリーズのクレイン、『ザ・ワイヤー』の第一シリーズのウォレスも同じだ。ドラマのフラクタルな性質は、ここでも強く出てきている。各シリーズのドラマティック・アークには、各エピソード、各幕、各シーンとまったく同じ構造的要素が含まれている。BBCがディケンズの『大いなる遺産』を三話のドラマ（二〇一一年）にしたときは、故郷（マグウィッチと沼地）、旅（ロンドン）、帰還（再び沼地）に三分割された。エドガー・ライツの『故郷（Heimat）』では、第一シリーズと最終シリーズの舞台を架空の町シャッバッハ、第二シリーズはすべてベルリンに設定している。『ウォーキング・デッド』の第二シリーズは、ひどい真実——文字どおりにも、構造的にも——を突きつけてくる。逃亡のちょうど半分まできた地点だ。

連続ドラマの各エピソードは、事実上、物語全体の中の一幕ということになる。連続ドラマの構造は、標準的な幕構成を模倣したもので、ストーリーのスケールに応じて調整される。六回からなるドラマの場合、ミッドポイントは第三話だ。二部作の場合なら、第一話の終わりのクリフハンガー場面となる。ニール・マッケイがフレッド・ウェストの連続殺人事件のその後をドラマ化した、ITVの『適切な大人 連続殺人犯フレッド・ウェストとの対峙』では、一見無実のように見えるローズ・ウェストが、夫と同等の罪を犯しているとわかるところで第一部が終わる。『HOMELAND』は、フラクタル・パターンがほとんど滑稽なまでに当てはまる。全十二話の中の第七話で、主人公（CIAのエージェント）と敵役（敵方の暗殺者と疑われている戦争の英雄）が、たがいに重要な真実を認め合い、セックスし、それ以降は二度と同じ状況ではなくなる。セックスの場所？ 森の中の小屋だ。

これは意識的な設計なのか？ おそらくちがうだろう。単に、物語の形の主要な部分が、ここでも強く出ているだけなのだ。同じフラクタル・パターンは、小説『ハリー・ポッター』のシリーズにも見られる。七冊の本には、それぞれの始まり、中間、終わりがあり、それぞれの古典的な冒険構造があり、四巻（『ハリー・ポッターと炎のゴブレット』）に典型的なミッドポイントがある（ヴォルデモートが初めて倒される）。明白なミッドポイント以降、このサーガは緊張状態から公然とした戦いへと転換し、最終巻のひとつ前の『ハリー・ポッターと謎のプリンス』で、ハリーの父親がわりだったダンブルドアの死へと向かっていく。同じ物語の形が容赦なくやってきて、操作され、再構築はされるものの、それでもやはりどれも同じものだ。一貫性のある作品においては、作品の長さがどのぐらいであろうと、ドラマのフラクタルな形はたいてい見いだせる。

シリーズドラマの成功の構造

シリーズドラマの成功とは何か？　この五十年でテレビ業界に多大な影響を及ぼしたシリーズドラマを、代表的なものだけコンパクトにまとめたリストを作るなら、『スター・トレック』、『すべての生きとし生けるもの』、『マインダー』、『ロンドン特捜隊スウィーニー』、『ERR緊急救命室』、『Zカーズ（Z Cars）』、『カジュアルティ』、『ヒルストリート・ブルース』、『わが家は11人』、『コール・ザ・ミッドワイフ ロンドン助産婦物語』、『ガンスモーク』、『グレイズ・アナトミー 恋の解剖学』、『ドラグネット』、『刑事コロンボ』などが含まれるだろうか。膨大な数のドラマからとりとめもなく選んではいるが、これでも充分役に立つ——これらの作品に共通するものは何だろうか？

当然のことながら、どのドラマにもその週の自己完結的ストーリーがある。結局のところ、それがあるからこそシリーズドラマなのだ。それぞれが明確かつ再生可能なストーリーの原動力と、長く持続力のあるものを生みだせる生命力を持っている。形式の決まりごとも非常に明確だ――どのドラマも、視点が厳格に定められている。『カジュアルティ』はレギュラーキャストとゲストの双方を追う。『わが家は11人』や『ヒルストリート・ブルース』では、レギュラーの目を通してしか敵役は登場しない。そこにはほぼ例外なくステータスの感覚があり、それぞれの立場の序列というものがあることを誰もが知っている。そしてもちろん、共感は絶対不可欠だ。どのドラマにも、象徴的で誰にでも愛される登場人物がいる。つまり、成功するシリーズというのは、確実で予測できるものと、視聴者の愛情に支えられている。視聴者もそこにいたいという願望の上に成り立っている。ここまでは当たり前かもしれないが、それがすべてではない。

成功したドラマは、高揚感をもたらし、毎週楽しく終わる。視聴者がいい気分になりたいこと、楽しませてもらいたいことを理解している。なんらかの落胆を感じた視聴者は、続きを観ない可能性が高いことも知っている。原型的な物語が「めでたしめでたし」で完結するものだとすれば、シリーズドラマはその形式を完璧に煮詰めた商品と言える。米国ＡＢＣの『グッド・ワイフ』の第一話では、アリシア・フロリックの州判事の夫が、セックス・スキャンダルと汚職で刑務所に収監されてしまう。頼るものが何もなくなったアリシアは、かつての弁護士の仕事に復帰するしかなくなる。彼女はありとあらゆる障害に立ち向かい（そのすべてが四十五分のエピソードに詰め込まれる）、困難な裁判に勝っていく。

シリーズドラマの傑作だ。つねに説得力があり、ヒロインを愛さずにはいられないドラマで、最後には思わず立ち上がって喝采を送ってしまう。ストーリーの原動力、愛すべき主人公、自己完結型のストーリー、厳格なフォーマット。すべてが明確かつ説得力を持って、視聴者の前に提示されている。

イギリスのテレビドラマとも比較してみよう。『MI－5 英国機密諜報部』の登場から大きな進歩があったとはいえ、イギリスのシリーズドラマは、シリーズという形式とかなりぎこちない関係を続けていた。英国ドラマはしばしば、主人公は自分たちであるという、重要な信条を忘れがちだ。一本の作品で描かれる世の不公正には（視聴者数は多くないにしても）心を動かされるかもしれないが、失敗を犯す人物に長らく共感していられるとしたら、それはだいぶ特殊な視聴者だろう。『ベック（Beck）』（一九九六年）から『ベリード（Buried）』（二〇〇三年）や『パラドックス（Paradox）』（二〇〇九年）を経て『アウトキャスツ（Outcasts）』（二〇一一年）にいたるまで、イギリスのテレビは長年、ドラマの成功に必要な条件を把握するのに苦労してきた。そこには、真面目な人々が大衆向けの形式にアプローチするときの、居心地の悪さが感じられなくもない。ここにあげた作品には、深くは共感できない登場人物か、失敗した英雄が必ず出てくる。みな第一シリーズのあいだに自分自身に失望し、大半は一話で死んでしまう。特に常識をくつがえすような作品が好きな人には、過酷で腹立たしい現実を突きつけるようではあるが、みずから毎週チャンネルを合わせて失敗者の人生を間接的に生きてみようとするのは、比較的少数の視聴者だけだ。

シリーズドラマというものは、良くも悪くも、まぎれもない真実の上に成り立つものだ。NBCのドラマ版『プライド 栄光への絆（Friday Night Lights）』が、敗北の淵から勝利をつかみ取る、小さな町のフットボールチームの物語を毎週描いていたのに対し、ITVが二〇一二年に大胆にも製作したドラマ『タイタニック（Titanic）』は、四つの異なる視点から、同じ物語を四回描くことで、四つの悲劇ドラマを生みだした──翌日出る視聴率も加えてよければ、悲劇は五つということにはなったが。

ちょっと陳腐すぎやしないだろうか？　タイタニック号は沈没したのだ。ドラマとは、人生を反映すべきものであって、冗舌な幸せがくれる口当たりの良さで、人生をなだめすかすためのものではない。イギリスのドラマには、この国のかつての植民地のかの国にはなかった、品位というものがあったはずだ。ハッピーエンド、もしくはハッピーエンドの欠如は、探求すべき重要な分野だ（テレビ業界の権力争いにおいて、これほど軋轢を生むテーマはない）。なぜなら、これもまた当然のことだが、ハッピーエンドの秘密もまた、物語構造の中にひそんでいるものだからだ。

デイビッド・サイモンは、『ザ・ワイヤー』について書く中で、高らかにこう宣言した。「われわれは善悪というものには飽き飽きしている。このテーマを放棄する」◆01。すかさず自分を善人役に仕立て、「めでたしめでたし」と終わる物語をあえて語ろうとするテレビ局の幹部たちを悪役にすることで、サイモンはそのマニ教のような二元論的世界観を糾弾したが、結局みずからも同じ罠に落ちたという点には注意しなければならない。サイモンの言うことは正しいのか？　「もう何世代にもわたり、アメリカの体験を映しだしているテレビドラマは……高みからわれわれのもとにおりてきている。西部劇、警察もの、法律ドラマ——すべては業界のプロフェッショナルたちによって、ロサンゼルスやニューヨークで考えだされ、巨大な企業体によって形作られて、この世界や自分たちの未来は実際よりも良くて輝かしいものだと視聴者を安心させ、いまこそもっと自動車や携帯電話や食器洗い洗剤や紙おむつを買うべきだと訴えかけているのだ」[02]。まるで、ハッピーエンドは売春の一形態だと言いたいかのようでもある。

視聴者が戻ってくれれば経済的な見返りがある、それは否定できない事実だ。どんなによくできた作品であれ（そして皮肉にも、そうした作品はしばしば並外れて良くできているのだが）、暗いがために失敗する作品はたくさんある。テレビ業界は成功を求め、それが深い冷笑主義にもつながることもあるのだが、それでもサイモンの世界観は、彼が非難する世界観と同じくらい単純だ。ヘンゼルとグレーテルがベッドに鎖でつながれ、性的虐待を受け、そのあと郊外の家の裏庭に埋められて、そこでエンドロールが流れてきたら視聴者はどう感じるだろうか？　確かにそのほうが「現実的」なのかもしれないし、この物語に内在する隠れた意味も明白に伝えることはできる。だが、二人の子どもを無事に家に帰らせるドラマを作ったところで、それは市場経済の産物でもなければ、「魂を売り渡した」結果でもない。物語の本質的な機能のひとつを、具現化しただけにすぎない。

ドラマが危機的状況のまま終わってはいけないとは誰も言っていないし、極度の苦痛、極端な高揚感で終わってもかまわない。子どもにとって、恐怖は『ドクター・フー』における不可欠な要素だが、それは消化されるべき何かであり、時間をかけて理解されるべきものだ。ヘンゼルとグレーテルが小児性愛者のベッドに鎖でつながれたまま、ニヒリズム的結末を迎えるというのも確かに妥当なアイデアだが、それがすべてではない。ハッピーエンドのバージョンもまた重要なのだ。伝説的なインド人俳優アミターブ・バッチャンが、インド映画のどこが面白くエキサイティングなのかと父に訊ねたとき、父はこう答えたという。「三時間で詩的正義を得られるところだよ。詩的正義は、一生かかっても得られないこともあるからね◆[03]」。人々は、現実に気づかされるためだけでなく、現実に耐えられるようにするためにもドラマや映画を観る。希望のない真実は、真実のない希望と同じくらい耐えがたい。健全な放送局であれば、『ザ・ワイヤー』や『わが家は11人』のような作品の枠を持っておくべきだ——健全な人間の頭も、みんなそうした余地を持っているのと同じように◆[04]。

　成功したシリーズに共通する基準には、ほかにどんなものがあるだろう？　一九七〇年代初頭は、『燃えよ！カンフー』や『西部二人組』のようなドラマが一般的だった。主人公たちは毎話新しい町に到着し、そこで見つけた悪と戦う。まぎれもなく「義侠の士」の物語に由来したものだが、十年もたつとすっかり姿を消した。このひな型は今日も小説の形で生き残っているが（現在最も成功しているのはリー・チャイルドのジャック・リーチャー・シリーズだろう）、多くの放送局ではもはや定番ではない。重要な舞台となる場所を最後までひとつにしておいたほうが、毎週異なる場所にするよりも、単純に安上がりなのだ。経済的必要性が、ドラマを「地域ベース」にした大きな要因なのは確かだ。旅するヒーローがもたらすドラマのスケールが失われたのは残念だが、制約が別の発見をうながすのはよくあることで、メインの舞台をひとつにすることにより、脚本家たちは非常に重要なことを見いだした。登場人物の「家」に集中することで、シリーズに生かせる最も強力な武器のひとつに気づいたのだ——登場人物が住む地域の大切さを無視すべきではないということに。『宇宙空母ギャラクティカ』や『わが家は11人』はこうした要素を極度に崇拝してはいるが、成功したドラマのほとんどがこれに支えられているのも事実だ。『ER緊急救命室』の初回を見てみるといい。ドクター・グリーンが、何十万ドルの年俸と年四回の休暇とさまざまな福利厚生のある民間の仕事を断って、シカゴ市街地の老朽化した公立病院に移ることで、この物語ではこの場所が重要であり、ここが「家」であることが視聴者にも伝わってくる。

シリーズドラマは、単に反復的で安っぽいから成功するのではないし、登場人物が変わらないからといってドラマの質が悪くなるわけでもない。それどころかこうしたドラマは、もっと深いもの——安全や安心、愛を求める気持ち、つまり、世界が自分を攻撃してきたり、理解してくれなかったりするときに、味方となって自分を救ってくれる家族を求める気持ちに触れてくる。成功したシリーズドラマの基本フォーマットは非常にシンプルだ——敵は外にいる、ということだ。毎週、舞台となる地域は「他者」の物理的な出現による侵入を受ける——病気の患者、猟奇的殺人鬼、魂を失った人。あらゆる姿形をしたエイリアンが現れ、そして毎週レギュラーキャストが事態を改善し、秩序を回復する。われらがレギュラーキャスト、われらがギャング、われらが家族が外的な危機におびやかされるものの、彼らはそれぞれのちがいを乗り越え、ともに危機的状況を打ち破る。『時空刑事1973ライフ・オン・マーズ』では、サムとジーンが協力して初めて共通の敵を倒すことができ、『スター・トレック』でも、スポック、カーク、マッコイがともに手を組んでこそ、クリンゴンの脅威を退けることができる。シリーズドラマは、人々の子ども時代の最も早い時期の体験、すなわち、安全と安心を感じたときのことや、脅威に晒されたときも周囲の助けを借りて外の世界と同化し、状況を制御できた体験を効果的に再現する。成功したシリーズドラマのほとんどが、その中心に家族構造を据えているのは偶然ではない。『ハイ・シャパラル』から『NYPDブルー』まで、どの作品にも父親や母親的な人物（ときには両方）、恋愛対象、年少者、遠い親戚などが登場する。どのドラマも、ある程度は真の家族生活の原初的な感覚を生みだしている。

シリーズドラマは「道徳的」でもある。裁定の重要性、すなわちヒッチコックが言うところの「因果応報の法則」の重要性を過小評価するのはたやすい。『華麗なるペテン師たち』は詐欺師連中の話かもしれないが、実は彼らは「報復の天使」で、貪欲な者、うぬぼれの強い者、真に堕落した者を罰していく。登場人物たちはくり返し「正直者はペテンにかけない」と言う。『恥はかき捨て』は道徳がないドラマに見えるかもしれないが、余分なものを取りのぞいてみれば、『わが家は11人』とまったく同じドラマなのがわかる（ナレーションにいたるまでそっくりだ）。どちらのドラマの家族も、愛を通じて団結し、敵を追い払う。確かに、敵の姿はまったくちがうかもしれない。チャッツワース公営住宅団地とブルーリッジ山脈では、警察の占める立場はまったく異なる。だが、主人公と敵対者の争いの形はまったく同じだ。安全な家がおびやかされ、森へと旅をし、動揺が起きるが、家の価値観が勝利をおさめ、再び安全が戻ってくる。出まかせの物言いに聞こえるかもしれないし、実際、出まかせになりうるのだが、この形式を使いこなせるようになれば、非常に強力な作品を生みだせる。『わが家は11人』や『マインダー』から『宇宙空母ギャラクティカ』や『コール・ザ・ミッドワイフ　ロンドン助産婦物語』まで、こうしたまったくの原型的な作品に影響されないでいるためには、ときには苦行も必要になってくる。

成功するシリーズドラマは、大部分が純粋な物語構造の上に成り立っているものの、典型から外れた要素をひとつ持っている。これまでドラマ構造を説明するのに使ってきた弁証法的理論は、一般的にはヘーゲル派の弁証法と呼ばれるもので、新しい段階は二つの対立するものの統合から生まれるという、十九世紀の哲学者ヘーゲルの信念に従っている。主人公は変化するものだ――しかしもちろん、シリーズドラマの主人公は変化しない。ハッピーエンドを求め、完成を求めるうえで、シリーズドラマはまったく原型的なものではあるが、方法論が少し異なる。シリーズドラマは、もっと古典的な弁証法の体現だ。テーゼとアンチテーゼが出会い、徹底的に闘うのは、アンチテーゼに異議を唱えるためだ。『わが家は11人』や『MI－5英国機密諜報部』では、ヒーローは敵対者の側に同化せず、ただ相手を打ち負かして元の状態に戻る。なぜなら、シリーズドラマの世界は変化のない世界だからだ。反論は拒絶され、テーゼは元に戻る。これまで見てきたように、シリーズドラマの成功の中心にあるのは反復であり、そこからドラマの形式が生まれるのだ。

ただし、反復にはそれ自体の問題もある。多くのシリーズドラマの寿命がいかに短いかは驚きに値する。芸術的想像力が足りなくて失敗するのだと推測するのは簡単だが、事はそれ以上に複雑だ。シリーズドラマの構造的な要求は、みずから破滅の種を運んでいるようなものなのだ。ドラマの成功にまさに不可欠なものから生じる問題が、その破滅につながるのである。

20

シリーズドラマの変化

ライターズ・ルームでは、一日の大半を「あれはもうやったかな……」と言ってすごすことになる。シリーズの終わりのほうになってくると、「使ってない自然災害はあったかな？　火山の噴火や洪水が起きる気候ではないよな」などと考え始めるようになる。

――『デスパレートな妻たち』のエグゼクティブ・プロデューサー、ボブ・デイリー◆01

登場人物をコンスタントに刷新しないシリーズドラマの寿命は、たいていが二～三年程度なのはなぜだろう？　ＢＢＣ１の『ＭＩ－５ 英国機密諜報部』が十年も続いたのは、その危険度の高い世界観が、メインキャストの継続的な入れ替えを妥当なものに見せていたからだが、一作か二作の際立った例外を除いては、ほとんどの番組はその絶頂期に終了するか（『時空刑事１９７３ライフ・オン・マーズ』、

『フォルティ・タワーズ』、『The Office』）、あるいは視聴率の低下によりゆっくりと苦しい死を迎えるかだ（『マインダー』、『オンリー・フールズ・アンド・ホーセズ（Only Fools and Horses）』、そしてもちろん『ザ・ホワイトハウス』）。ソープオペラの登場人物も、その多くが時間の経過とともに色あせ、似たようなストーリーラインの果てしないくり返しの中で、影が薄くなっていくように見えてしまう。

答えは簡単だ。登場人物たちの物語はひとつしかないし、それに抗おうとする試みはすべて嘘になってしまう。ソープオペラもシリーズドラマもだ——うまく語られさえすれば素晴らしく輝かしい物語にはなるが、嘘に変わりはない◆02。ソープオペラもシリーズドラマも、市場経済の産物という側面を持ち、視聴者を惹きつけて売り込みたいという欲望から生まれている。しかしそれと同時に、映画の続編作品と同じで、愛する登場人物の生命を長らえさせたいという、視聴者の望みを利用しているものでもある。実生活の大切な人と同様に、人は架空の友人にも永遠に生きていてほしいものだ。作家もテレビ局のお偉方もそれを知っていて、すでになじみがあり、充分に試験済みのもののほうが人々を惹きつけやすいことを認識している。そうしてまた嘘が語られる。

ドラマは登場人物に変化を求めるが、視聴者——正直に言えばわれわれの誰もが、登場人物は変化しないでほしいと望んでいる。ハリウッドは初期のころからこれに気づいていて、矛盾の解決に乗りだした。大手映画会社が映画産業を独占していた、スタジオシステムの「黄金時代」においては、ボガードやディートリッヒなど、事実上ひとつのキャラクターとしてのスターを生みだし、一連のさまざまな作品に出演させた。その後、スタジオシステムが衰退し始めると、続編映画がより重要な役割を果たすようになった。

続編の九十五パーセントは失敗作だ。『ターミネーター2』、『エイリアン2』、『トイ・ストーリー』の続編シリーズや『ゴッドファーザー PARTⅡ』といった特筆すべき例外には、主人公の欠点や性質を変化させる、敵対勢力のスケールを変えるなど、前作と同等かそれ以上の作品となるだけの明確な構造的理由がある。『ゴッドファーザー』のように、精神が死を遂げるまで悲劇的な旅路を続けさせるというケースもここに含まれる。が、ほとんどの続編はそうした挑戦を避ける。成功した商品を利用することと、素晴らしい芸術作品を作ることのあいだに起きる争いは、どちらかしか勝たないことが多い。『リーサル・ウェポン』、『ダイ・ハード』、『ハングオーバー！』、『フライングハイ』などのシリーズを観ると、オリジナル作品のひな型が、しぶしぶフィルムに再びわが身を焼きつけながら、自己嫌悪にさいなまれているのがよくわかる。

おそらく映画会社は、登場人物の死という絶対的な法則に抗うため、多くの工夫を凝らしすぎたのだ。変化はドラマに生命力を与えるが、ドラマそのものが終わるとともに変化も必然的に終わるということを、どうしても受け入れられないクリエイターが無数にいるらしい。ドラマのアーカイブには、物語構造が要求するものを避け、売り物になる消化しやすい商品に加工しようとする試みが数多く見受けられる。商品を生きながらえさせるためならなんでも許されるのだ。続編（現在では前日譚も含まれる）はフランチャイズにつながるが、当然のようにそれが衰退してくると、再びリブートされる。時代が変わるたび――もはや十年刻みと言ってもいい――誰もが「この時代のバットマン」を探してやっきになる。

ところで、テレビドラマはどうだろう？　ドラマ業界はひそかに映画のフランチャイズが衰退するのを期待してはいるが、シリーズドラマは定義上はくり返されるメディアであり、生きのびるためには再生産されなければならない。シリーズの登場人物が旅の終わりを迎えるときは、物語も終わるときなので、ドラマのクリエイターが直面するジレンマはハリウッドと変わらないどころか、もっと巨大なものとも言える。登場人物がつねに変わらずにいなければならない世界で、どうすれば変化を生みだすことができるのか？

純粋なシリーズドラマならできなくはない。『ドラグネット』や『刑事スタスキー&ハッチ』では、時間が止まり、登場人物も年をとらない。毎週元どおりに生まれ変わり、新たなミッションのための闘いに出ていく。登場人物は頑固なまでに平面的で、時間や空間の外に存在し、ハムスターの車輪をずっと回している。このやりかたは見事に機能するものの、登場人物を成長させるために連続ドラマの要素を導入したいという誘惑的な気持ちを、つねに脚本家は持っている。

一九八一年にNBCで放映された、スティーブン・ボチコ製作の『ヒルストリート・ブルース』は、まさにそうした成長が起きる連続ドラマのストーリーラインを導入し、アメリカのドラマ業界に革命をもたらした。数年後、ＢＢＣの『オンリー・フールズ・アンド・ホーセズ』も同じ道を歩もうとした。すでに大成功をおさめていたシットコムだったが、クリエイターのジョン・サリバンは、エピソードを長くし、誕生、結婚、死といった身体性を導入して、ドラマに深みを与えることを決意した。このことはドラマ業界の事件となった。サリバンはドラマに死の運命を与えて現実味をおびさせたが、ドラマの生命はその対極にあるものがなくては存在できないため、結果的には先々の終焉の種を蒔くことになった。それは『ヒルストリート・ブルース』も同じだった。どちらの作品も、登場人物たちはみずからをすり減らし、ストーリーライナーがスター俳優たちのためにますます現実味のないことに手を出した結果、ドラマは見苦しい停止に陥った。ほかのドラマと同じようにセンセーションを求めつづけた『デスパレートな妻たち』は、大量の試練に直面した。「災害」エピソードは毎年恒例の儀式となり、八シーズンにわたって竜巻、火災、飛行機事故、暴動など、あらゆる災害がウィステリア通りを襲った。主演のひとり、エバ・ロンゴリアはこう言った。「あと何回不倫すればいいの？　あと何人死ぬの◆03？」

長年続くドラマを観ている視聴者は、登場人物の少女が自分の経験から学んでいるように見えずにいらつくこともあるし、学んでいるにもかかわらず、自分が愛した登場人物が変化することに苛立つこともある。単独の物語や、時間の影響を受けない世界を除いては、変化とはコントロールが非常に難しいアイデアなのだ。うまくいかなければ、かなり珍妙な現実味のなさにつながってしまい、特によくソーププオペラが非難されがちな、ありとあらゆる陳腐な決まり文句が続くことになる。とはいえ、変化を与えることは不可能ではない。

製作現場責任者の基本的なやりかたは、変化を小さくする、平面的にする、一時的なものにするといったことだが、最も強力な彼らの武器は、選択的記憶喪失だ。長寿ドラマにおいて、忘却の技術ほど有益なものはない。

何年も前の『イーストエンダーズ』では、ミシェル・ファウラーの赤ん坊のビッキーが、スーパーマーケットの外で乳母車からさらわれた。子どもは一か月間行方不明となり、ミシェルは全米ネットのテレビ番組に出演して、自分が母親として失格であったこと、（それが正しいとは言えないが）自分にも責任があることを認めさせられた。幸いなことに、ビッキーは無事発見され、ミシェルは少しずつ生活を立て直し始めた。いまのところは順調だ。しかし、これがもし現実の人生なら、ミシェルの精神が完全に回復する可能性はまずない。トラウマや罪の意識、あるいは世間の悪評は、きっと一生消えない傷を残すだろう。しかしミシェルはそのことをすっかり忘れ、六週間もするとその事件は話題にものぼらなくなった。

刑事ドラマでは、レギュラーキャストはしばしば貴重な教訓を学ぶ——そして翌週までにはまた忘れてしまう。われわれが『時空刑事１９７３ライフ・オン・マーズ』を制作していたとき、[◆04]サム・タイラー役のジョン・シムは、ジーン・ハントがサムについて何も学ばないのと同じように、サム自身も何も学ばないことによく苛立っていた。それまで単発もので仕事をすることが多かったので、登場人物は変化できないという考えに慣れていなかったのだ。毎週の『ライフ・オン・マーズ』で、サムはもう少し本能的になることを、ジーンはもう少し理性的になることを学ぶのだが、翌週には二人とも、同じ教訓を学び直さなければいけないところに戻る。ジョン・シムの主張は論理的にはまったく正しいのだが、こうした記憶喪失がないと登場人物の旅が終わってしまうので、シリーズドラマのダイナミズムがだいなしになる。サムとジーンは、最後の最後になるまでは仲良くなれなかった。

第二シリーズの終わりごろには、誰もが充分やり尽くしたと感じていた。重要な連続的アークがいくつも動いていて、完全な忘却をやりすごすのはほぼ不可能になっていた。リスタートボタンを押すたびに、ドラマの世界の現実味が薄れつつあった。完全に自己完結した世界(『ブラウン神父』や『刑事コジャック』のような)なら問題にはならないが、そうじゃない世界もある。それにしても、なぜ忘却が必要なのか？　登場人物の培った豊かな遺産を、なぜ土台にしていかないのか？　チャンネル4の長寿ソープオペラ『ブルックサイド(Brookside)』で、サミーとボーイフレンドが交わすあるやりとりの言葉が、どの現場製作者の部屋の壁にも貼ってあるのかもしれない。忘れてしまった出来事を思いだそうとして、サミーはボーイフレンドにこううながすのだ。「覚えてるでしょ、あなたが車椅子に乗って、私がアル中だったときのことよ」。

テレビドラマなどが創造力を使い果たすと、その瞬間のことを、「サメを飛び越える《ジャンピング・ザ・シャーク》」という愉快なメタファーで表すことがある。これは一九七〇年代のシットコム『ハッピーデイズ』の、あるエピソードにインスパイアされたものだ。人気キャラクターのフォンズが旅費を払ってフロリダに行き、水上スキーでサメを飛び越える場面があった。あまりに不条理な発想で、シリーズ本来のDNAからもかけ離れたこのエピソードは、純粋にきわもの的、あるいは馬鹿げたプロットが生みだされるときの創造の死の瞬間を記録するウェブサイト（www.jumptheshark.com）にその名を残すことになった。英国ドラマにおけるこの手の事例の最高傑作は、おそらく『ブルックサイド』の一場面、リバプールの中流階級の団地に肉を食べる殺人ウイルスがひそんでいることが発覚したシーンかと思われる。二十一年間で七十四人の不自然死が起きたこのドラマは、シリーズ自体がその後間もなく死を迎えることとなる。

アメリカのシリーズドラマの場合は七〜八シーズンの契約なので、ストーリーの題材を必死に探した形跡が見えることがある。現場製作者は、自然災害に頼るほかにも、プロットの動態をいじったり、長年の性的（あるいはそれ以外の）緊張関係を解放に導いたりして、ストーリーを模索する。『こちらブルームーン探偵社』や『そりゃないぜ!? フレイジャー』が証明しているように、そんな取り繕いがうまくいくことはめったにない。マディとデイビッド、ナイルズとダフネがカップルになり、「二人は結ばれるのか?」が「結ばれた」になったとき、視聴者には応援できるものがなくなってしまった。ドラマを動かしていたストーリーの原動力は、登場人物たちがゴールに到達し、疑問が解決し、探求が完結したところで消えてしまった。

それでもなお、ドラマの登場人物は誰でも自然に完成を求める。バンクォーとその息子の殺害計画をしくじったあとで、マクベスもこう言っている。

……それさえうまくいけば完璧だっただろうに。
大理石のように完全で、岩のように堅固で、
包み込む空気のように広々とした心地であっただろうに。

ドラマにおいても、素晴らしいとされる物語はどれも、主人公が自分の必要とするものや欠点に向き合うよう仕向け、それを克服した登場人物は完成する——しかしそこで命が尽きてしまう。シリーズドラマの黄金律とは、必要なものや欠点が一時的に克服されるか、もしくは最終回まではずっと克服されないというものだ。『ザ・ホワイトハウス』のドナとジョシュ、『フレンズ』のレイチェルとロスの関係がうまく利いているのもそのためだ。旧友に会えるのはいいにしても、『オンリー・フールズ・アンド・ホーセズ』は、デル・ボーイとロドニーが億万長者になった時点で、本当は終わるべきだった。

このところ「サメ飛び《シャーク・ジャンピング》」の支配力は、「冷蔵庫を核攻撃する《ニューキング・ザ・フリッジ》」におびやかされている。これは、『インディ・ジョーンズ／クリスタル・スカルの王国』で、インディが原子爆弾の爆発から逃れるときに

使った、とんでもなく現実味のない方法から生まれた造語だ。すぐに飽きられるシリーズドラマはどれも「サメを飛び越える」傾向があるが、「冷蔵庫に核攻撃」してしまうのは、構造的にも選択の余地がないからだ。もっともらしい物語の原動力や、定期的に新しく多様な登場人物を投入する処理能力がなかったり、頑ななまでに平面的な物語に固執する（これによって時間による破壊を逃れる）ことが無理なら、そのシリーズは、物理的にはともかく精神的にはほぼ必ず、平均三シーズン程度で死にいたってしまう。そこには顕著なパターンが存在する。一年目は初期の熱狂、二年目は安定化、そして三年目には「この先どうする？」状態がやってくるのだ。

21 再び家へ

われわれは、他人とのいさかいから弁舌の力を生み、
自分とのいさかいから詩を作る。

――W・B・イェイツ

ジミー・マクガバンは、怒れる若い学校教師だった四十年前、『ブルックサイド』の脚本の仕事を始めた。英国のテレビドラマ業界でも、最もエキサイティングな新進脚本家のひとりでもあった。誰でもふと見入ってしまうような、過酷で激しい労働者階級の生活についてのドラマを書いていた――あれほどの怒りと、あれほどのユーモアを持って書き、労働者たちが信じる社会主義の理想をあれほど雄弁に表現できる脚本家は、これまでまったくいなかった。このドラマはかつての労働党の価値観の拠り所となり、そのテーマの多くは、労働組合代表のボビー・グラントと、ボビーを支える妻シェラ

の姿を通して語られた。強靱で、パワフルで、急進的なドラマで、当時の多くのテレビドラマとはまるで異質だった。BBC1のアンソロジー・ドラマ・シリーズ『プレー・フォー・トゥデイ（Play for Today）』が最後のあがきを見せていたころで（一九八四年に終了）、アラン・ブリーズデールが一九八二年に脚本を書いた労働者への哀歌『ボーイズ・フロム・ザ・ブラックスタッフ（Boys from the Blackstuff）』は、急進派の総意に臨終の祈禱を捧げているように感じられた。しかし、『ブルックサイド』はそうしたものが消えゆく闇の中から、「われわれはまだ死んでいない」と傲然と叫びながら現れた。その情熱や声の地域性という観点からは画期的であり、まぎれもなくソープオペラというジャンルを再定義した作品だった――が、それと同時に表面的でもあった。誰もボビーに反対しないドラマだった。ほとんどプロパガンダに近かった。そしてその後、驚くべきことが起きた。

マクガバンが真に偉大な脚本家となったのは、道を踏み外した警官の息子を持ち、スト破りをするコークヒル家の人々を登場させたばかりか、彼らにも「平等な権利」を与えたところからだった。◆01 左翼のヒーローと同等にコークヒル一家に愛を注ぎ、視聴者も同じように彼らを愛するべきだと主張した。『ブルックサイド』は、ほとんど一夜にして、非常に優れたソープオペラから最高のテレビドラマに変貌した（くだんの肉食殺人ウイルスの出現よりずっと前の時代の話だ）。

いったい何が起きたのか？　実のところマクガバンは、すでに味方とわかっている相手を説得することに飽きていた。つまるところ彼は、「小児性愛者を共感できる人物にすることは、脚本家には素晴らしい挑戦」だと気づいたのだ。[02]マクガバンにはこの挑戦が大いに役立った。一九九九年、リバプールの港湾ストライキを題材にした単発ドラマの制作で、マクガバンは脚本執筆のスーパーバイザーを務めた。解雇された組合員が多数参加した執筆のワークショップで、スト破りの視点からのスピーチを書いてほしいと求めた。組合員たちはそんなことは無理だと拒否したため、マクガバンは自分でそれを書いた。チャンネル4のドキュメンタリー番組（『ライティング・ザ・ロングズ（Writing the Wrongs）』[03]）に、マクガバンがこのスピーチを読み上げるところが撮影されている。怒りに満ちた四分間のスピーチは、ストライキ参加者は最終的に報酬を受け入れて自分たちの主義を売り渡したが、スト破りは断固として自分たちの主義を貫いたという結論で締めくくられる。これは目を奪われるシーンであり、このプロジェクト全体でもいちばん力強い瞬間でもある。マクガバンはこれと同じことを、映画『司祭』でもやっている。登場人物のひとりが近親相姦を神の御業として正当化するという、身の毛もよだつ弁明の場面だ。

　マクガバンはどちらの主張も自分では信じていないが、非常に重要な原理をマスターした。自分の信じるものは、破綻するまで試すべきということだ。マクガバンは、適切で強力な対立がなければストーリーテリングは陳腐になると気づき、共産主義プロパガンダの単純形式を否定した。すべてのストーリーテリングは議論だ——議論がその核心にあっての物語なのだ。

テーマの重要性

「必ずしも類似性を強く主張したいわけではないが」と前置きして、トーマス・ボールドウィンはテレンティウスについてこう述べている。「テレンティウスの芝居は、全般的に、法廷での弁舌プロセスに従っているように見える。……キケロや同時代の修辞学者たちが、法廷で使うのにまさにふさわしいと考えたような弁論と、非常によく似ているのだ」[◆04]。議論の精神という観点からは、私には同意できない――この類似性は強く主張すべきだし、ストーリーテリングの芸術に関し非常に重要なことを伝えている。

理論が提唱され、議論が展開され、結論に達する。端的に言えば、テーマとはそういうものだ。テーマと題材は混同されがちだが、この二つは似ている場合もあるにせよ、必ずしも同じではない。『クラッシュ』の題材は人種だが、テーマは「孤立は共感を阻害するか?」だ。

題材とは静的な既知の事実だ。一方でテーマとは、ひとつの考え、探求の対象となるひとつの前提、ひとつの疑問の能動的な探求だ。『ダイ・ハード』の題材はテロリストの摩天楼占拠だが、テーマは「人は自分の弱さに直面しなければ強くなれないのか?」である（ジョン・マクレーンも警官のアルも、自分の最大の欠点を認めることでしか心の平穏を見いだせない）。

『マッドメン』がドラマの内容を明らかにするのは、第一話の開始十四分でのことだ[◆05]。ゲイであることを（絶対的に）秘密にしているサルは、『プレイボーイ』誌をめくりながら、精神医学理論に対する反応として、驚いた顔でこう言う。「つまりわれわれは、人々が生活を営む一方で、頭ではまったく反対のことを考えていると思わなけりゃならないのか？　馬鹿馬鹿しい」。『クラッシュ』では、グレアム・ウォーターズ刑事の冒頭の台詞がテーマを提示する――「われわれは、何かの感触を得るためだけに衝突し合う」。もちろんどちらもテーゼであり、物語の第二幕で探求され、試され、第三幕で結論が導きだされる。ここにもまた、テーゼ、アンチテーゼ、ジンテーゼという構造上の基本原則が現れる。テーマこそがドラマなのだ。どんなドラマも、世界の本質についての議論なのである。

物語は、まさに小論のように、訴訟のように、そしてそれ自体が知覚のように機能する。アイデアを提起し、探求し、その物語に説得力があれば、正しいという証明のもとに結論に達する。『恋人たちの予感』では、「男と女は友だちになれない、なぜならいつもセックスが邪魔をするから」という単純な前提が示される。第一幕で問い（「男と女は友だちになれるのか」）が投げかけられ、第二幕ではアンチテーゼ（「男と女が友だちになってみようとする」）を通してテーゼを探り、第三幕ではジンテーゼ（「男と女は愛を持たなければ友だちにはなれない」）を通じて結論を導きだす。この脚本における契機事件とワーストポイントの関係を見てみるといい――テーマが展開されるのが見えるのはまさにここなのだ。ハリーとサリーは友だちになろうとするが、危機的状況がやってくると、どちらもまったくみじめな状況に陥る。王を殺したマクベスも、第四幕の最後で同様の状態になる（本人は自覚できていないが）。すでに述べたように、契機事件は「この結果、何が起きるのか?」という問いを投げ、ワーストポイントでその答えを提供する。ただしそれは書き手による答えである。シェイクスピアは『マクベス』で王殺しが破滅を導くと主張しているが、謀反に寛容なほかの書き手、たとえばベルトルト・ブレヒトやエドワード・ボンドなら、王の殺害についてまったく別の見解を示すかもしれない。つまり、契機事件と危機的状況の関係とは、テーマの動きのことなのだ。テーマとは、人生についての書き手の解釈なのである。

訴訟の現場に立ち会えばわかると思うが、両陣営の主張が強いほど、裁判は手に汗握るものとなる。脚本家が人生について議論するなら、その主張を破綻寸前まで徹底的に試すべきだ。『ブルックサイド』のコークヒル一家は古典的な敵役だし、ヒッチコックも言うように、映画は悪役が良いほどに作品も良くなる。ドラマも、構造上の使命を両陣営ともが果たしたときこそ、ストーリーが本当に機能する。反論が良くなければ、物語も良いものにはならない。主人公が森へ旅立つとき、森は恐ろしげで暗く不吉でなければならないし、それでこそ主人公を待つ家の意味が際立つ。脚本家は、主人公を愛するのと同じぐらい、敵役を愛さなければならない。

小説家のアーノルド・ベネットは、両陣営に目を向けることの重要性を指摘した。「本当に偉大な小説家の本質的な特徴は、キリストのような、すべてを受け入れる慈悲の心である」と彼は述べている。◆06 シェイクスピア作品が長く愛され、多様な解釈が無限に生まれる理由のひとつは、シェイクスピア戯曲がこうしたものをすべて備えているからだ。シェイクスピアのどの主要登場人物も、熱烈な主張とは言わないまでも、妥当な視点というものを持っている。たとえば『ジュリアス・シーザー』における主人公と敵対者は、絶妙なバランスをとる天秤のようだ。[07] チェーホフの場合はさらに顕著で、戯曲『イワーノフ』について兄弟に宛てた手紙にこう書いている。「僕は悪人も天使も決して描かなかった……誰のことも責めず、誰の罪を晴らしたりもしなかった」[08]。チェーホフの優れた戯曲には、主人公と敵対者の区別がほとんどできない作品もいくつかある。どの人物も両方を担っている。[09] 両方が必要なのはもちろんであり、物語とは対立を描くものなので、一方の立場を広く伝えるだけでは弁証法にならない。アンドリュー・スタントンはこんなふうに言っている。「『物語には何か伝えたいことがあるはずだ』という言葉をよく耳にするが、それは必ずしもメッセージとは限らない。いわばそれは、ストーリーテラーとしての自分自身が信じている真実、なんらかの価値であり、書き手は物語の過程を通して、その真実を議論することができる。まちがっているという証明を試みたり、限界まで試したり」[10]。

　それなりに大物感のある敵対者がいないと、ドラマにも重大なダメージを与えかねない。『ザ・ワイヤー』では、誰もが主人公であると同時に、誰かの敵対者でもあった。すべての戦いで力が拮抗し、誰が勝つかわからなかった。ベネットの言う慈悲の心を、脚本家は確かに持っていた。だが、『トレメ／ニューオーリンズのキセキ』では、現実味のないイギリス人ジャーナリストや純朴な観光客をこしらえて怒りをぶつける対象にしたことで、危うさが生じてしまった。ニューオーリンズの人々にドラマを愛してもらいたいという願望が、命取りとなったのだ。ドラマがみずから駄目になるのは、本来そのドラマが攻撃すべき罪に屈してしまうときだ——ドラマが登場人物に正しさを求めるなら、その人物が自分自身と闘うよう仕向けなければならない。主人公が書き手の単なる代弁者となっている作品には注意が必要だ。リッキー・ジャーベイスとスティーブン・マーチャントの『セメタリー・ジャンクション』は、『アメリカン・グラフィティ』と似た題材だが、陰影に繊細さがない。主人公たちは全員、まだ誰にも見つけられていない天才で、敵対者たちは全員頭が悪い。登場人物はあまりにも簡単に田舎町を出ていってしまう。『アメリカン・グラフィティ』のモデストの街とはちがい、そこには彼らを引き止めるものは何もない。これではドラマにならない。有能な敵対者がいなければ、しっかりしたテーマも生まれないし、テーマがなければ物語も生まれない。

批評家のラヨシュ・エグリは、すべてのドラマには「よく練られた前提」が必要だと提唱した。[11]これは本質的にはまったく正しいのだが、エグリはそれ以上に重要なことを無視している——テーマは浮上してくるものだ。意識的にテーマを考えて書き始める脚本家は多いが、どうにかしてテーマを生みだそうとまではしない脚本家もそれ以上にいる。テーマは脚本家と現実の議論による産物なので、有機的に浮上してくるものなのだ。弁証法的に執筆していけば、どちらも同じ土台、すなわち、テーゼ／アンチテーゼ／ジンテーゼの上に成り立っているので、テーマは浮かび上がってくる。これは重要なポイントだ。物語構造が無意識の産物だということを、この事実でさらに確認できるし、人がなぜ、いかにして物語を語るのか、その理解に近づく手がかりともなる。
だが、それを追求する前に、一歩下がって別のことを先に見ていきたい。

「すべてのテレビ番組はストーリーテリングである[12]」

一九九七年、英国王立テレビジョン協会で講演した伝説のジャーナリスト、アリステア・クックは、ラジオ番組『レター・フロム・アメリカ』のリスナーにその成功の秘密をたくさん明かしつつ、唯一無二の真実を口にした。「放送とは、サスペンスのコントロールである。何を話そうと関係ない。ガーデニングでも、経済でも、殺人でも――あなたは物語を語っているのだ。ひとつひとつのセンテンスは、次のセンテンスにつながっていなければならない。つまらないセンテンスをしゃべったとき、スイッチを切る権利はリスナーにある[13]」。

二十一世紀に突入したころ、テレビ局の幹部もようやくこの賢明な教訓を学んだ――どんな物語にもドラマティック・アークが必要で、特にテレビドラマはその形に非常に適しているのだということを。彼らは、物語構造のルールに従うだけでなく、それを現実の人間にも適用していけば、従来のテレビドラマが散発的にしか提供できなかった直感的なスリルを、毎週提供できることに気づいたのだ。

この方法でなら、これまでの四分の一のコストで（俳優は無料で！）番組を製作することができ、なおかつ山場はシリーズの最終回だけでなく、毎週生みだすことができる。まったく新しい聖杯が手に入ったようなものだった。

『子育てリアリティ出張しつけ相談』、『フェイキング・イット（Faking It）』、『ワイフ・スワップ（Wife Swap）』、『アプレンティス／セレブたちのビジネス・バトル』、『シークレット・ミリオネア（Secret Millionaire）』、『グランド・デザインズ（Grand Designs）』――どれも、リアリティ番組というジャンルの巨人たちだ。どの番組も、明確な第一幕と最終幕、つまり行動への呼びかけと最後の審判はあるが、そこまでのあいだにも、番組を生みだす現実という制約の中に、シェイクスピアやテレンティウスやホラティウスの戯曲と同じ構造が存在する。どれにもパターンが見えるはずだ――最初の熱意、目標の達成、事態の崩壊、危機との直面、そして、敗北の縁から奪い返す勝利。リアリティ番組の王者『Xファクター』は、多少の引き延ばしはあるものの、非常に明確な幕構成に従っている。実際、どんなリアリティ番組も、土台は古典的なシェイクスピア形式だ。ほとんど受動的な出演者ばかりを登場させたサイモン・コーウェルの『赤か黒か？（Red or Black?）』のように、原型的な物語の基本ルールを破ったりすると、同じことをしたドラマと同じように悲しい運命をたどることになる。また、『ワイフ・スワップ』も示唆に富んだ事例と言えるだろう。

英国のテレビ局では放映が終わった『ワイフ・スワップ』の最終的な失敗は、シリーズドラマと同じように「サメを飛び越え」てしまったことかもしれない。視聴者は当初、対立の残酷さ（ときには淫らに見えてしまうものもあった）を楽しむためにチャンネルを合わせたが、この番組で最も見応えがあって楽しめたパートは、主役たちが変化したとき——たとえば、抑圧され、感情的に無力になってしまった父親が、子どもたちと遊ぶことを覚えたりしたときだった。現実から真の変化を生みだすのは難しいというのもあったかもしれないが、番組制作者が成長や成熟よりも議論やセンセーショナルさを優先したためか、視聴者はしだいに残酷な争いに飽き（淫らさを長く持続させるのが難しいこともあっただろう）、番組は打ち切られた。うまくいっていたときのこの番組は、原型的物語に従った変化をうまく表現していた。が、主役たちが迷走し、何も学ばなくなると、観るのも不快な番組になってしまった。

この番組が忘れてしまったのは、この業界の古くからの不可欠な要素だ。ドラマには変身が必要なのだ。近年で言うと、チャンネル4の『フェイキング・イット』が、二〇〇四年に最高にパワフルで感動的なエピソードを放送している。リーズ出身の労働者階級のパンクロッカーが、ロイヤル・フィルハーモニー管弦楽団の指揮に挑戦する話だ。パンクロッカーは変わり、彼の世話を引き受けた中流階級の家族も変わる。ガールフレンドは土壇場で彼のもとを去る。そして、あらゆる困難を乗り越えたパンクロッカーは、ロッシーニの『アルジェのイタリア女』の指揮を、アルバート・ホールの屋根を吹き飛ばすような見事さでやりとげる。たとえ構成がシニカルでも（このエピソードではシニカルには見えなかったが）、変化と感情の成長は、原型的な物語構造に完璧にフィットし、途方もないドラマティックな体験をもたらした。まるでリチャード・カーティスが脚本を書いたかのような勢いや力強さがあり、まさに多くのテレビドラマが夢見るようなエピソードだった。

リアリティ番組はテレビドラマの十八番を奪い、その原型的構造を盗用した。だが、原型的構造とは本当に存在するのだろうか？　すでに述べたとおり、この議論は一部の脚本家たちを怒らせている。トニー・ジョーダンは、偶然に完璧な原型的構造を生みだしてはいるが、その議論には腹をたてている。[14] しかし、原型に対する異論の大半は、まちがった前提に基づいた意見と言わざるを得ない。優れた作品は、猿まねのようにその形式に従っているわけではない。むしろ、どんなものもフィットする形式があると言われたら、疑ってかかるべきだ。

標準をくつがえす

創造性と商業、伝統とその破壊とのあいだにある緊張感は、どんな芸術形式においても存在している。アレックス・ロスの記念碑的な二十世紀の音楽史、『20世紀を語る音楽』は、第二次世界大戦後の世界——調性が感じられるだけでファシストのレッテルを貼られ、ジョン・ケージが「ベートーベンはまちがっている」と公言する世界——で、クラシック音楽に襲いかかった原理主義を楽しげに描写している。どのような芸術媒体にも、たとえば「《モナ・リザ》を汚すだけでは不充分だ、なぜならそれでは《モナ・リザ》を殺せないからだ。過去の芸術はすべて破壊されなければならない」と言った作曲家のピエール・ブーレーズのように、偶像破壊主義者はいるものだ。偉大な作品は、こうした衝動から生まれる。原型的なものではないかもしれないし、当然のようにもっと難解なものかもしれないが、それでも、『ザ・ワイヤー』が証明しているように、そう呼ばれるべき作品はある。

それでもなお、こうした作品は物語の原型を無効化するわけではなく、むしろ確認させてくれると言っていい。すべての物語は、あるレベルにおいて良く似た特徴を共有しており、たとえそれが明確に前衛的なものになったとしても、それは物語の原型に対する反応なのだ。フランシス・スパフォードの小説『レッド・プレンティ（Red Plenty）』は、それ自体は原型的な物語形式の粗悪品だが、登場人物がマイルス・デイビスの『ブルー・イン・グリーン』のソロが演奏されるのを見る場面に、こんな描写がある。

「彼はトランペットを持ち上げ、高音の正確なフレーズを吹き始めた。曲の残りの部分にそのフレーズをつなぎとめるものは何もなく、彼らが慎重に期待を拒み、閉じたり、溶け合ったり、彼ら自身が絶えず与えようとしている構造らしきものに陥ったりすることを、甘く辞退しているのがなんとなくわかった」

マルセル・デュシャンが《モナ・リザ》に口ひげを描いたことは有名だ。本人も認識していたとおり、デュシャンの作品はオリジナルの絵画なしには存在しえないし、どんなにそうしたくても、絵画は決して破壊されない。物語も同じだ。伝統的な形式に従わないという選択はできるかもしれないが、それでもその物語は、ジャズと同様に、伝統的な形式に対する解釈であり反応なのである。ミヒャエル・ハネケが第一次世界大戦前のドイツの村の生活を描いた映画、『白いリボン』は、物語構造の慣習を受け入れることを入念に拒否している。どこまでも不安をかき立てる映画だ。観客が求める原型的な形式に従うのを拒否することにより、作品の力の多くが引きだされている。疑問にはあえて答えを出さず放置し、意味はわざと曖昧にされ、物語の終結を求める観客の欲求を挫くことで、観客が望む形と闘っている。

『リア王』の大部分は原型的な構造を持つ作品であるが、第四幕は例外で、シェイクスピアはここで厳格なしきたりを離れた試みを採り入れている。シェイクスピア・グローブ座の芸術監督のドミニク・ドロムグールは、これを「物語構造に盛り込んだジャズのリフ」と評している。このせいで作品の質は損なわれただろうか？　まったくそんなことはなく、むしろ作品の基本テーマである狂気の感覚を際立たせている。

サミュエル・ジョンソンは、ジョン・ダンの詩を「暴力にくびきでつながれた異質な観念」と批判した。修辞表現の不均衡とその容赦ない並置は、ダンが選んだ形式にはそぐわないと感じたのだ。ダンの形而上学的でとっぴな発想や、韻律の拒絶（ベン・ジョンソンからは「絞首刑に値する」と言われた）は、もちろんダンの強みであった。ジョン・コルトレーンの『マイ・フェイヴァリット・シングス』は力強い楽曲だが、映画『サウンド・オブ・ミュージック』に使われた原曲を意識して初めて、真に偉大な作品なのがわかる。映画『ノーカントリー』は、物語構造的には起きるべきでない出来事からその力を得ているし、そこまで極端な例ではなくても、たとえば幕をひとつ飛ばしたり、ミッドポイントを微妙に前後にずらしたり、音楽家が言うところのルバート（別の小節から拍を借りること）と呼ぶようなことをしたりすることも、すべて物語の並外れた豊かさや多様性を高めるアイデアである。

ミケランジェロ・アントニオーニ監督の『太陽はひとりぼっち』の終盤、モニカ・ビッティのクローズアップが画面右から左へと出ていくところがある。映画の「文法」の観点からは、次のショットで彼女は右から入ってくるはずなのだが、そこにはいない。◆15 ビッティにとっては最後のシーンなのに、主演女優に期待される伝統的な文法にのっとった終わりになっていない。ワイドショットもクレーンアップもなく、ただ彼女が立ち去ってから六分間、ほとんど人のいない通りの映像が続くだけだ。このシーンの驚くべき劇的な力は、観客の期待を裏切ったところから生まれている。彼女の不在は理にかなってはいないが、もちろん比喩的には多くを物語っている（この映画の原題は『日蝕』）。イタリアのネオリアリズモから、ベルイマン、タルコフスキー、ドライヤーの作品にいたるまで、映画は周期的に原型的構造に抗い、それによって驚異的な作品を生みだしているが、◆16 それでもなおそうした作品は、ブラックやピカソのキュビスムのように、伝統的形式との関係性から力を得ていくのである。

すべての物語が『テルマ&ルイーズ』と同じだと言うのは馬鹿げているし、すべての物語作品がシンメトリー構造になっていると言うのも馬鹿げている――それは明らかにちがう。ただ、「完璧な物語構造」を語る場合は、無意識のうちにそうしたものを意味することになる。バランスも完璧、対立も完璧で、すべてが区分けされ、すべて均整がとれた物語だ。もちろん、「完璧」という言葉には含みがあり、必ずしもいい意味とも限らない。完璧でも不快なものも、不完全だがずば抜けたものもたくさんある。物語は、水が平らになろうとするのと同じで、ひとつの形を目指すものではあるが、そうならなければ失敗というわけでもない。

リチャード・フォードの小説『カナダ（Canada）』（二〇一二年）はその好例だ。少年には平凡な両親がいたが、彼らが銀行強盗を働き、それがとんでもない失敗となってしまう。置き去りにされ保護された語り手の少年は、題名となっているカナダで、若いころに犯した凶悪犯罪のせいで二人の人間に追われる謎の男と暮らすことになり、（精神的にも文字どおりの意味でも）居場所を見つけていく。三部構成で語られるこの物語は、「完璧な」原型的構造を踏襲しつつも、同時に違和感なくそこから解放されてもいる。これが古典的な（つまりは「完璧な」）映画構造の物語なら、三幕構成で語られ、物語全体を通じて、強盗事件や両親の行為に対し折り合いをつける息子について描写するだろう。おそらくは強盗事件の被害者が敵対者となり、物語の第三幕で復讐を果たしにくることになる。だが、そうなってはいない。この物語は大半が二つのパートに分かれ、第三幕は実質的にはあとがきだ。それぞれの出来事は一見偶発的で別個のものに見えるが、それでもその内部には原型的な物語構造が透けて見える。両親が犯行を決意するという明確な契機事件があり、両親の逮捕と語り手のカナダへの逃亡という明確なミッドポイントがあり、危機的状況とクライマックス、すなわち、謎の男の敵との血みどろの銃撃戦も最後にある。主人公はどうなる？　少年は受動的な観察者のように見えるが、もちろんそうではない。少年はこの物語を語る――それが彼の望むものの追求なのだ。銀行強盗事件、そして、まったく別の犯罪を犯した新しい父親がわりの男。ある意味この二つは完全に別の物語で、そしてもちろん同じ物語でもある。主人公は犯罪がもたらす結果に直面するが、敵対者のひとりが持っていたバトンは、もうひとりの敵対者に渡されてアークが完成する（『パルプ・フィクション』や『サイコ』のちょうど中盤で、主人公のバトンが渡されるのと同じように）。ほかのあらゆる物語と同じく、『カナダ』も同じ基盤の上に成り立っている。主人公は森に放り込まれ、家に帰る道を探さなければならない。『カナダ』の語り手は、自分の人生を振り返り、そして鍵を見つける――この小説そのものにとって重要な鍵を。私にはそれが、物語構造にとっても重要な鍵に思える。

あの時間について考えるとき――グレートフォールズの学校での予感から始まり、両親の強盗、双子の姉との別れ、カナダへの越境、アメリカ人の死、ウィニペグへの道、そしていまの自分のいる場所までを思うと、すべては楽章のある曲の楽譜のようでもあり、私が取り戻して維持しようとしている人生、私がいかなるフロンティアを横断してきたと言えども、受け入れられる形にできたらと思っている全人生の、パズルのようでもある。そこにつながりを見いだすのが、私だけだということはわかっている。それでも、そうしないでいようとすることは、自分を翻弄し、自分を絶望の岸壁に叩きつける波に身を任せることに等しい。チェスから学ぶことは多い。個々の対戦はすべて、逆境や対立や敗北のない状態、ときには勝利すらない状態、すべての根底にある調和の状態を求めるための、ひとつの長い対戦の一部なのだ。◆17

フォードの小説は、美の理論の輪郭を描こうと奮闘したビクトリア朝の偉大な美術批評家の言葉を、語り手が引用するところで幕を閉じる。

ラスキンは、構図とは同等でないものの配置だと書いている。つまり、同等なのは何と何か、より重要なのは何か、高速で疾走する人生の道筋の脇に置かれるのは何かを決めるのは、構図を考える本人ということだ。

物語の形式には、無限のリフが存在する。ときには繊細に、ときには冷酷に原型を探求し、掘り起こす。たいていの場合、見つけるには長いあいだ懸命に探さなければならないが、原型は——たとえないように見えても——そこにある。音楽、詩、映画、まぎれもなくすべての芸術において、逸脱とは単なる原型の重要性の確認にすぎない。短調の和音はその根音（和音のいちばん下の音）と結びついていて、物語を生むのは双方のあいだにある関係性だ。インド映画で最も成功をおさめた『炎』の共同脚本家、ジャベド・アクタルは、鋭い観察をおこなっている。

子どもたちが糸と小石で遊んでいるのを見たことがあるはずだ。小石に糸をくくりつけ、それを頭上で振り回す。ゆっくりと糸をくりだしていくにつれ、小石はどんどん大きな円を描く。小石はいわば伝統の拒絶で、離れたがっている。……糸が伝統であり、継続だ。糸は石をつかまえている。だが、もし糸を切れば、小石は落下する。小石を糸からはずしてしまえば、糸はそこまで遠くには回せない。伝統の張力と、伝統に対する拒絶は……ある意味では矛盾しているが、実のところは統合体《ジンテーゼ》なのだ。どんな優れた芸術にも、伝統との統合と、伝統に対する拒絶とが、どちらも必ず見いだせるはずだ。◆[18]

どんな先鋭的な作品も、原初的な物語の形と比較したうえで先鋭的だということだ。◆[19]その形自体は、どうやら否定できなさそうだ。脚本家のピーター・モーガンが、デイビッド・フロストによるニクソン大統領のインタビューを脚本化したとき、モーガンは事実にいくつもの重要な変更を加えた。フロストを非常に貧しい男にし（実際はちがった）、土壇場で決定的な証拠を発見させた（実際は土壇場ではなく、八か月も前から証拠を握っていた）。「ワーストポイント」、すなわち、ニクソンとフロストが泥酔状態で電話で話したという事実はなかったし、ニクソンが罪を認めたクライマックスのインタビューは、実際にはすべて最終日の十二日目ではなく、八日目と九日目に収録された。すべて合理的な変更だが、どれもこの映画に古典的な物語構造を与えるためになされた変更でもある。[20]『フロスト×ニクソン』は、モーガンが実話に基づいて書いたほかの作品、『ザ・ディール（The Deal）』、『クィーン』、『ロングフォード（Longford）』、『くたばれ！ユナイテッド サッカー万歳！』などとほぼ同じ構造を備えている。実話を基にして書かれたほかの脚本家の作品を見ても、あるレベルではまったく同じことをしているのがわかるだろう。「事実を教訓的に、あるいは理解しやすくすることができるのは、フィクションを通じた場合のみだ」とジョージ・バーナード・ショーは言っている。「芸術家であり詩人であり哲学者である人々が、実際に起きた理解しにくい混沌の中から事実を救いだし、芸術作品としてアレンジする」。[21]事実を形式にフィットするよう変化させることで、現実の乱雑さからは得られない、大いなる真実をとらえやすくするのだ。

立体的な物語、平面的な物語、暫定的な欠点、巧妙なごまかし、単独主人公、複数主人公——どれも同じパターンを共有しているか、その方向性を持っている。物語の形に対する人間の渇望は絶対的なもので、消えることはない。デイビッド・ヘアーの主張とは対照的に、観客は「ジャンルものに飽きている」わけではない。『トランスフォーマー／ダークサイド・ムーン』とヘアー監督の『パリスbyナイト』の興行収入を比べてみても、それは証明されている。パターンを与えてくれるものなら、人はみななんでも貪り食う。多くの人々にとって、物語は贅沢品ではなく、人が持つ生来の欲求に直接訴えかけてくるものだ。たとえその形式の質が悪かろうが、人々は森への旅に飢えているし、質が高ければなおさら熱心に受け入れる。

デイビッド・ヘアーの戯曲は古典的な三幕構成ではないし（『プレンティ』は十二場、『翻身（Fanshen）』は二幕）、フランク・コットレル＝ボイスも古典的なシェイクスピアのパターンを意識的に模倣しているわけでもない。当然のことながら、彼らは数字に縛られた執筆に反対しているだけだし、つねにユニークかつ挑戦的なやりかたで芸術にアプローチしていることもわかっている。だが、彼らの作品が伝統的な三幕構成ではないからと言って、そこに物語構造が存在していないわけではないし、いちいち物語構造を探していたら気が散るだけだ。結局のところは、三幕構成か五幕構成かという話でもない。どちらも物語の形を見つけやすくする道具にすぎない。『ゴッドファーザー』は五幕構成で書かれてはいないし、『テルマ＆ルイーズ』もそうだ。ヘアーもコットレル＝ボイスも、ひとつのパターンを参照して書いている。彼らの作品はすべて、明確に基本構造形式に従っている。他人とはちがうユニークなやりかたをしようという情熱で取り組んでいるにもかかわらず、基本の形に従わずにはいられないのだ。

だが、それはなぜなのか？　そして、なぜその形なのだろう？　この二つの疑問はたがいに関連しており、一方に迫ることで、もう一方の答えも明らかになる。それと同時に、物語がなぜすべての人間にとってこれほど重要なのか、その答えも見つかるはずだ。

22 なぜ？

偶像破壊主義者でさえ、あらかじめ決められた形で書かずにいられないとすれば、それは何を意味するのだろう？　どんな芸術運動にもスタイルと反抗の姿勢を混同する人間はいるが、だからといって決められた形に従うことが不正だというわけではない。むしろ、それが偽物かどうかを超えたところに、理由が存在するはずだ。なぜ物語は同様のパターンをあからさまにくり返すのか？　理由になりそうなものをあちこちで集めてみたところ、熟慮してみるべき理論がいくつか見つかった。

社会的目的としての物語

「神話の英雄は、何かの戦士ではなく、これからなろうとしているものの戦士である」とジョーゼフ・キャンベルは書いている。◆01 もし本当に物語が、生存のための青写真をそのDNAに宿すことができるのだとすれば、変化のロードマップももっと広い目的を持つひな型と見ることが可能だ。社会は順応することで生き残る。正統性を否定し、変化を受け入れながら。これは原型的な物語構造のパターンとまったく同じだ。ストーリーテリングとは、このプロセスを成文化し、共感を通じて個人にもその役割を担うよう誘うためのものだという可能性はないだろうか？　キャンベルが言うように、神話の英雄は、「現状を維持し、過去を守る番人」であるドラゴンを倒さなければならない。神話に関して言えば、ほとんどすべてがそうした物語だ。

ストーリーテリングに、ある程度の学びの要素があることはまちがいない。主人公が何かを発見すれば、物語の受け手も発見する。そう考えると、物語の原型は地図と見なすこともできる。社会的・心理的抑圧から解放され、その過程で新しい自己を誕生させ、未知なるものを受け入れ、そこから学び、大きく成長するための地図だ。

予行演習としての物語

物語は、人々が未知の異質な世界を理解し、その中を進んでいけるよう手助けしてくれる。状況、問題、対立、感情を、フィクションの形で予行演習することにより、実生活においてもそれらを理解、対処、解決できる手際が身につくようになる。

神経学者のスーザン・グリーンフィールド[02]は、脳は筋肉であると考えている。使うことで成長し、能力が上がる。そして物語は、細胞間のつながりを強めるものだと主張している。グリーンフィールドによれば、物語を聴けば聴くほど、語れば語るほど、書けば書くほどに、脳は発達し、実人生の試練を処理し、その中で行動できるようにしてくれるものなのだという。

癒やしとしての物語

どんな欠点も、物語の原型に取り込み、物語が進む中で解決することができる。つまり物語は、あるレベルにおいて確実に、欠点克服のモデルケース、言うなれば癒やしの方法論を提供してくれる。物語の原動力として、このことはびっくりするほど役に立つことがある。実のところ、長年続いているシリーズドラマは、誰かに対する嫉妬や苛立ちなど、一時的な人の弱さを取り上げ、物語に送り込んで解決させることが、シリーズ存続に役立っている面もある（『イーストエンダーズ』では、ヘアブラシをなくしたことに対する苛立ちを活用したことさえある）。

物語の方法論がこうしたことを念頭に置いて「設計」されているかどうかはなんとも言えない。より純粋な目的が改変されているようにも見える（社会的理由もそうだ）――前述のとおり、あるレベルにおいては、物語が神経症的な葛藤を鎮めるように見える部分は確かにある。ただ、それがもっと深遠な理由の単なる副産物であろうと、理論的にはどんな問題も物語に取り込んで解決できるというのは有用な事実だ――むしろ喜ばしいことだろう。

情報検索のための物語

五十歳の人間の頭には、どれだけの情報が入っているのだろう？　まるで教育を受けていない人でも、生きてきた分だけの意見、知識、経験はあるはずだ。それはどうやって保存されているのだろう？　さらに重要なこととして、その情報はどうすれば取りだせるのか？　ナシーム・ニコラス・タレブは、著書『ブラック・スワン――不確実性とリスクの本質』で次のように書いている。「秩序があり、ランダム性が少なく、パターン化され、物語化された一連の言葉やシンボルほど、頭の中に保存したり、いつか孫に読んでもらえるように、ノートに書き留めておいたりしやすいものだ」。人はばらばらで混沌とした情報をため込んでおき、物語として取りだそうとする傾向がある。コンピューター上のフォルダが圧倒的な量のコードを整理するように、物語は人々の知識を、優れたＯＳと同じように、鮮明でわかりやすく検索しやすい話術と結びつけてくれる。

万能薬としての物語

ホロコーストを生きのびた人物が、映画『シンドラーのリスト』を観にいった。あとで感想を訊かれた彼は、こう答えた。「悪くなかったよ、ただ、ひとつまちがった箇所があった。彼らが逃げられたってことさ」。これは痛烈な批判だが、なぜ人は物語を語るのか、なぜハッピーエンドにするのかの理由を説明してくれてもいる。物語は人に希望を与えるのだ。こうした上乗せは、混沌から秩序を、無意味から意味を引きだすための極端な形式だ。現実の口当たりを良くして消化しやすくする――意味を与えるのだ。こうした希望もなければ、現実世界は耐えがたいものになりかねない。

生殖のための物語

性的な結びつきや、その象徴的な表現としての結婚で終わる物語は非常に多いが、このことは、物語に健全な子孫繁栄のひな型を提供する機能もあることを示唆している。古来の民話から、今日のロマンティック・コメディにいたるまで、そこには同じようなメッセージがくり返し登場する——個人の人格のバランスや調和を達成できた人間だけが、性的和合によって報われる、と。

このパターンは、『高慢と偏見』でダーシーが、『ノッティングヒルの恋人』ではウィリアム・タッカーが従うパターンでもあり、「そして二人は幸せに暮らしましたとさ」で終わるほとんどすべての物語に見られる。また、ジェームズ・ボンド作品では無情に処理され、『スター・ウォーズ』では途中で転化される。前述したように、『スター・ウォーズ』は原型的物語から性的な要素が取りのぞかれており、相手役が妹に、報酬は公的な称賛になるが、それでも物語の基礎的根源は明白だ（先例もなくはない。ライダー・ハガードの小説『ソロモン王の洞窟』と比較してみるのも教示的だ。原型的な物語全体が性的要素のない浮かれ騒ぎに満ちた十九世紀の作品だが、当時の大ヒット作となった。まさに「勇者《ボーイズ・オウン》」の冒険小説だ）。

『E.T.』から『恋人たちの予感』や『ノッティングヒルの恋人』まで、『スター・ウォーズ』から『アラジン』や『ア・フュー・グッドメン』まで、少年が男性になることを学ぶ物語は、骨格が同じで実にわかりやすい。男に限ったことでもない。『じゃじゃ馬ならし』から『分別と多感』や『ジェーン・エア』、ほぼすべての女性向け大衆小説《チック・リット・ノベル》にいたるまで、少女が若さならではの欠点を脱却し、完全に成熟した女性になる物語にも、同じようなプロセスが見られる。

心理的な表出としての物語

当然のことながら、すべての物語が性的な成熟を描いているわけではない。『ヘンリー四世』のハル王子は完全に成熟するが、その心理的葛藤は、生殖とはなんの関係もない。戦士となり、やがては王になるための成熟である。

多くの物語に見られる性的要素のパターンは、より大きな、より包括的な理由のために存在するのかもしれない。性的なものであれそれ以外であれ、何かを達成するためには、心理的なバランスがとれていなければならないということを、物語は伝えている。ユングの用語で説明されるような心理的なバランスは、それにふさわしく、なおかつ理にかなっていると思われるモデルを提示している。すべての物語は、こうした内面の心理的な闘争の表出であると主張することもできなくはない。自我に突き動かされた欲望と、より大きな欠点だらけのイドや欲求との対立は、確かに原型の核心に存在している。このことは、物語というものを説明する最善の方法のひとつを、ユングが提供している可能性があることを示唆している。◆03

ユングは個性化を信じていた。「幸福」とは、未熟な人格の経験、見地、矛盾を、さらに大きな全体に統合することで達成される。ユングにとっての心の健康とは、男性と女性（アニマとアニムス）、あるいはユングが「四位一体」と呼んだもの（個人と、師の知恵、恋人の女性性、敵対者の欠点を統合したもの）の内部において、矛盾する要素のバランスをとることだった。[04]『オズの魔法使』は、文字どおりこの内面の心理パターンを再現した映画である。悩みを抱えたドロシーは、心の内にある心配事を夢の世界に投影し、そこで自分に欠けた部分を見つけて不安を解消する。同じ論理に従うなら、実は『シンデレラ』に出てくる卑劣な姉妹は、主人公の内なる自尊心のなさを外的に象徴した存在なのだ。敵対者たちを追い払い、消化し、中和することで、物語はシンデレラ自身の劣等感を取りのぞき、完全な存在にする。反対に、闇の逆転劇の場合も予想がつくと思うが、マイケル・コルレオーネは、人を殺すたびに自分の善良な部分を破壊している。『ゴッドファーザー PARTⅡ』のフレドの死は、当然ながらマイケル自身の良心の死であり、自分の同情心や弱さの冷酷な殺害なのである。

評論家のA・A・ギルは、「刑事は集団的な超自我であり、彼らが解決する犯罪は、観る側自身の恐れや欲求の反映だ」と主張している。[05] これが正しいなら、論理上、すべての物語は内面の心理的葛藤の表出であり、外的な敵対者はみな内的に分裂する精神の投影だと言うこともできる。これが正しいかもしれないということは、立体的な物語構造を見るだけでもわかる。ミッドポイントで、自我に突き動かされた意識的な「欲しいもの」は放棄され、「必要なもの」を認める方向へ移行する。こうして物語は、主人公が自分の内面に埋もれているものを、急激に意識化する手法を習得していく過程を語っていく。

このパターンは神話によく見られるが、ダーレン・アロノフスキー監督の映画『ブラック・スワン』

は、そのプロセスをかなり見事に、かつ現代的に映像化している。ニナは自分の暗い影と絡み合いながら、死と完成のダンスを踊る。バレエの専門家たちが一斉に非現実的な映画だと非難したとき[06]、的外れな指摘だと感じずにいられなかった人々もいた。これはバレエの映画ではない。闇の重要性を理解し、なぜおとぎ話にはときおり残酷さがちらつくのかを示す映画だ。「悪」がいかに内面の葛藤から生まれるものかを、この映画は表現している。誰もが心の奥深くに悪魔や闇を抱えている。ディズニーの伝説的なアニメーター、フランク・トーマスとオリー・ジョンストンは、かつてこう話している[07]。「人が追い詰められ、限界点を超えるまでプレッシャーをかけられれば、自己保存システムが優位に立ち、誰もがひどい悪党になりうる」。そうした感情を否定し葬り去ることはできる（それが人間の自我防衛機制だ）が、本当の心の健全性には、その感情を認め、受け入れることが必要だ。『美女と野獣』の野獣は、ガストンに打ち勝つために必要な冷酷さや残虐さを、ガストンから学ぶことによって美女を手に入れる。『善き人のためのソナタ』のウィースラー大尉も、敵対者の慈悲の心を受け入れることで自尊心を取り戻す。ニナも自分の役を踊るために黒鳥を殺す。誰もが自分の暗い影から学ぶのだ。泥だらけで遊ぶことで、安全で健全な成長を遂げていく子どもたちのようなものだ。

つまり、成長するためには、闇との同化が極めて重要なのである。ペルセポネの物語は、このユング的な底流がこのうえなく明確に出ている神話だ。無垢な乙女のペルセポネは、ハデスに誘拐され、男ばかりの冥界に引きずっていかれるが、ハデスの「善良な」異母兄、ゼウスに救出される。ペルセポネは家に帰るが、その前にザクロの粒を食べさせられ、そのせいで一年のうちの一部期間は冥界に戻らなければならなくなる。この象徴は意味深い。男性が女性と融合し、バランスが成立する。神経症がその根本的な原因を受け入れることで治癒するのと同じく、人は「他者」を統合することによって免疫を得る。物語は地図として機能し、より深い個性化、そしてその結果としての心の健康につながる道筋を示してくれる。

ポリティカル・コレクトなドラマが、プロパガンダ映画のように面白みも動きもなく感じるのも、ストーリーテリングの検閲が、それを望む人々の恐れる作品そのもの以上に大きな損害をもたらす可能性があるのも、こうしたことのせいだ。検閲は、心理的真実を取りのぞき、否認や願望充足——つまりはプロパガンダに置き換える。いまの子ども世代は、『E.T.』に銃が登場していたことや（スピルバーグは二十周年記念の特別版から銃を削除したが、三十周年記念版では考えを改め、銃を復活させた）、イギリスのコミック『悪童デニス（Dennis the Menace）』（米国の原題同名のコミック『わんぱくデニス』とは別物）では、デニスがかつては豆鉄砲でひ弱なウォルターを撃っていたことも知らないかもしれない。ウォルターは二〇〇九年のコミック（『デニス&ナッシャー（Dennis & Gnasher）』）でキャラクターが改変され、よりたくましくなったが、それが物語や心理描写の質を上げたわけでもない。ブルーノ・ベッテルハイムが『昔話の魔力』で論じているように、世界が残酷なものだと示すよりも、そうでないふりをすることのほうが、子どもにとってははるかに有害なのだ。

物語に関する最も一般的な主張は以上のようなものだが、比較神話学や宗教学にも目を向ければ、ほかにもいろいろ出てくる。[08] 最も神聖なテキスト、すなわち聖書の根底にパターンの存在を見つけようとする探究は、ひとつの源までさかのぼらせたいという欲求も相まって、特に十九世紀には人気の娯楽となった——古典的な啓蒙主義の娯楽だ。たくさんの理論が展開された。[10] 神話は、言語による抽象的思考が劣化したもの、[09] 生と死と再生を通じた自然のリズムが表出したものなど、さまざまなものに解釈されてきた。

どれも興味深い理論だ。どれにも重みがある。だが、真実はどれだろう？　古典的な物語の形を説明できる説はあるだろうか？　それがリトマス試験紙のはずだ。形が物語の内容に根ざしていないのなら、それを支持する議論の有効性がなくなってしまう。

ユング派心理学の方法論は、物語を支配する構造パターンに見事に合致するし、対立に基づくという点でも、確かにまったく理にかなっている。この一致に説得力はあるが、慎重になる必要はある。受刑者の九十パーセントが紅茶が好きだからといって、犯罪の九十パーセントは紅茶のせいと結論づけることはできない。相関があれば因果関係があるとは言いきれない——何かが合致したからといって、それが正しいと結論づけることはできない。

ペルセポネの旅は教訓を与えてくれる。ザクロの種が男性の生殖能力の象徴なら、心理学的な暗示は明白だ。ただ、生殖にまつわる解釈ができるのと同じように、癒やし、予行演習、情報検索、社会的目的などの論拠をこの物語に組み入れることも、そこまで拡大解釈とは言えないだろう。それに、ペルセポネの神話の最も一般的で字義どおりとされる解釈は、季節はいかにして創造されたかというもので、これもたやすく理解できる。こうなると、ある種の行き詰まりに立たされてしまう。当てはまる理由がいくつも見つかるなら、唯一の決定的な答えなど、果たして見つかるものだろうか？

人はなぜ物語を語るのか？

人が物語を語る明確な理由をひとつだけきっぱりと述べたりしても、非難を浴びることになるだけだろう。ユングの説がストーリーテリングの唯一の真実であると断言してしまうと、かつて天動説を主張した人々と、同じ運命をたどる危険がある。大胆にひとつの理論を述べてしまえば、『ミドルマーチ』のカソーボンになるだけだ。

ストーリーテリングの各理論にはそれぞれの価値があるが、最も説得力のある説明は、ほかのすべての説を受け入れることができる。それができる理論が正しいとは断言できないが、潜在的な理由に近づくことはできる。ユング派心理学の理論がいちばん説得力がありそうだとしても（それがジョーゼフ・キャンベルやその多くの信奉者たちの研究を支持していることはまちがいない）、ユング自身が提唱した心の健康は、スコット・フィッツジェラルドも言ったように、異質なものを理解しつつも、機能を維持できることが前提になっていることを忘れないでおきたい。心の健康とは結局のところ、秩序をもたらす能力のことなのだ。

秩序の役割

実存主義は、欠点はあるものの、本質的な真実を突き止めた。神なき世界では、無意味な存在であることの絶望的な恐怖は、どんな個人にとっても耐えがたいということだ。自分はここにいていずれ死ぬのだという考え、すべての状況はランダムにできており、成し遂げたすべては最終的には無益であるという考えは、人を打ちのめす。奈落の底を見つめているうちに、自分は世界に秩序を与えずにはいられない生き物だということに気づく。ただランダムで恣意的なものを考えるということができない。正気を保つには、なんらかのパターンを与えなければならない。西洋社会では、文化の礎石としての聖書の役割も、この傾向をさらに強めている。神とは、人々が自分の内にある恐怖を和らげるために語る物語であるという事実を、聖書の明白な普遍性と影響力の大きさが示している。

ローレンス・スターンの同名小説の主人公、トリストラム・シャンディは、自分の生涯について書こうと計画するが、六百ページ近くを費やしても、自分の生まれた日のことを書き終えることができない。シャンディは、世界が秩序なく混沌としていることに気づく。皮肉なことに、主人公は気づいていないが、書くという行為そのものが世界に秩序を与えているのだ（シャンディの執筆が、古典的な「探求」構造をもたらしている）。シャンディにも、われわれにもどうにもならない。この十八世紀のスターンの主人公は、すなわちわれわれでもあり、秩序を求める気持ちはシャンディ同様にわれわれの中にもある。その傾向が極端に強い人もいれば、そうでない人もいる。アスペルガー症候群や自閉症のスペクトラムの末端にいる人もいるし、細かいことを丹念にやる順に分類していけば、本をアルファベット順に並べる人から、バスルームのタオルを整列させる人まで、あらゆる水準の人々がいる。われわれは、形を与える必要性に取り憑かれている。iTunesの驚異的な成功は、音楽への愛がどうこうというより、むしろ無作為に選んだ曲に秩序を与える能力によるものだ。時間をかけて任意の数のリストを作っていけば、パターンは自然に現れてくる。無政府主義者でさえ、体制を整備したいという衝動に抵抗することはできない。

ジャクソン・ポロックはフラクタル図形を描こうとしていたわけではなく、アルコール中毒症の狂気の中で、混沌を支配する方法を見つけたのだ。ちょうどエドガー・アラン・ポーが、内なる恐怖を鎮めるために、世界初の架空の探偵を生みだしたのと同じだ。C・オーギュスト・デュパンが完璧な理性の持ち主で、どんな混沌からも意味を見いだすことができる人物だったのは、おそらく偶然ではないだろう。「（この）新しい主人公は、醜悪な犯罪にやみくもに身を浸すのではなく、犯罪をてきぱきと追い詰めていく」と言ったのは、同時代の批評家のジョーゼフ・ウッド・クルーチだ。ポー自身が精神的に不安定だったことは有名で、彼はおそらく「精神を病まないでいるために探偵小説を発明したのだろう」と、クルーチは明快に指摘している。自分の中にいる悪魔を飼い慣らそうとするうちに、ポーは人々の悪魔を手なずける方法も見つけたのだ。「人類はあまりたくさんの現実には耐えられない」とT・S・エリオットは言っている。世界の広大な混沌を、なんらかの形で分類しなければ、正気でいることは不可能なのだ。◆11

どのストーリーテリング理論にもひとつ共通点があり、すべてはその考えを中心に展開している。不完全なものを完全にし、道理にかなったものにするということだ。秩序化がストーリーテリングの根本だと言うと短絡的に聞こえるが、秩序化とは、内的な自己と外的な世界とのあいだのギャップをどう操作していくかということにほかならない。本書でずっと言及してきた「家」とは、内なる自己そのものであり、森への旅とは、それ以外の範囲すべてにおける旅なのだ。物事を理にかなったものにしようという試みには、心理学的なプロセスも含まれる。どうやって内面と外面のバランスをとるか、どうやって主観と客観を一致させるか、どうやって欲しいものと必要なものに折り合いをつけるのか？　どうすれば調和するのか？

心理的、性的、社会的理由のどれであれ、物語の定義はどれも同じ原理で成り立っている。秩序は混沌から作られ、巨大な世界に道理がもたらされる、ということだ。秩序のある現実とおぼしきものを、契機事件が粉々に吹き飛ばす。それから探偵がやってきて、犯人を追い詰め、物事を正当な場所に戻そうとする。

三幕構成がこうしたプロセスの産物であることは前述のとおりだ。中で現実を組み立てるための囲いのようなものであり、息をするように簡単に物語構造が生まれる。秩序化とは認知行為であり、これこそが物語を、レトリックを、ドラマを与えてくれる。認知心理学者のスティーブン・ピンカーは次のように言う。「プロットの標準的な定義が、知性の定義とまるで同じなのは偶然ではない。……架空の世界の登場人物は、現実世界で知性が人間にやらせてくれることを、まったく同じようにやっている」◆12。人々の知性は探偵のようにふるまう。ミッションに駆りだされ、入手できる証拠を受け入れ、そこにある真実を見つけ、屈服させる。すべての物語は、ある意味で探偵小説と言える。ドラマティック・アークと呼ばれる物語の形は、このプロセスを外面化したものにすぎない。すべての物語はただの探求ではなく、捜査なのだ。

ストーリーテリングとは、知識の吸収プロセスを物語化することだ。物語の主人公は、作者と読者——どちらも真実を追い求める探偵と言えるだろう——その双方の欲求をたどっていく。どんな原型的な物語でも、主人公は学ぶ。現実の人々が学ぶのとまったく同じように。主人公も現実の人々も、学ばずにいた結果と直面する——啓発されない状態が続く——そして、物語を読む・観ることを続けることで、人々も学ぶことを選択する。◆13 知識の吸収は物語の細胞そのものの中にある。登場人物の欠点とは、ただ単にまだ学ばれていない知識だ。その欠点を修正しようとすることで、登場人物は徐々に学習し、認知のプロセスをたどり、そうして物語は進んでいく。

つまり物語は、脳が知識を吸収する方法を模倣しているのである。だからこそ、法律的な議論や学校で教わる小論文の基本構成は、物語とまったく同じなのだ。テーマが不可欠であり、どんな作品からも自発的にテーマが生まれてくるのもそのせいだ。意識的か否かに関係なく、すべての物語は現実を相手にした議論であり、その中で結論が導きだされ、現実が飼い慣らされる。われわれはみな、事件を解決しようとする探偵なのだ。

ただ、これは物語だけに当てはまることではない。

詩は、異質なものを、意味あるものに成形する行為にほかならない（「君を夏の日にたとえようか？」〔シェイクスピアのソネットの一節〕）。フィクション、ノンフィクションに関わりなく、すべての物語にはまったく同じプロセス、そして同じ構造が見られる。形式にはちがいがあり、ドラマは一定の時間内におさまるように作られるので幕構成で語られるが、伝記、詩、小説などはすべて、基本構造の統一性を共有している（音楽も同様で、ミドルエイトを使ったポップソング、提示部、展開部、再現部からなるソナタ形式は、いずれも奇妙なまでに幕構成と似た面がある）。ドラマには幕があり、本には章がある。本にはパラグラフがあり、ドラマにはシーンがある。文章や注釈、フレーズや拍子、すべてそれぞれの形式独自の単位であり、特定の手法でひとつにまとめられれば、現実を物語にすることができる。散文でも戯曲でも、各地点が前の地点に続くように構築されていなければ、秩序は失われ、読者も迷子になる――再び混沌の中に戻されてしまう。

こう考えると、リアリティ番組がドラマの方法論を盗用したというのは、厳密には正しくない。ドラマがリアリティ番組より先に生まれたのは単に経済的・技術的な事情によるもので、物語プロセスの表現ということでは、両者はまったく別物だ。物語構造がストーリーテリングの別形式を生んだわけではない。むしろ、本書の冒頭でも述べたように、物語構造を研究することが、物語プロセスを理解するための最良の鍵となる。物語は、人々が目にするもの、おこなうこと、そのほぼすべての中に存在する。われわれはあらゆる体験を物語化しているのだ。

事実主義の本、論文、ジャーナリズム記事や作品、そのどれをとってみても、著者が特定のゴール(著者が主張したい論点)を積極的に追い求め、理論を提示し、探求し、結論にいたるという、驚くほどなじみ深いパターンが見られるはずだ。主人公は著者だ。形式のちがうどんな物語も、探偵のようにふるまい、現象を原因と結果の連鎖に取り込んでいく。その構造は、演劇的な物語構造とまったく同じである。

つまり物語とは、与えられた現実についての人々の主張なのだ。神経学者のスーザン・グリーンフィールドが言うように、考えるという行為は連続的なものであり、考えとは、「これのせいでこれが起きた」という考えによって結びつけられた一連の事実のことだ。ある一点が証明されると、人々はそれを次の一点につなげ、意味を求めて努力し、それによって物語が生まれるのだ。

原因と結果の連鎖

ダニエル・カーネマンは、意識的・無意識的な精神世界が生みだすトリックについて考察した著書、『ファスト&スロー――あなたの意思はどのように決まるか？』（二〇一二年）で、二つの言葉を並べた――「バナナ　げろ」。カーネマンは、精神がすぐさま、「この言葉のあいだにある時間の連続性と因果関係によって……バナナが吐き気を引き起こしたという大ざっぱな筋書きを形成する」◆14ことを指摘した。違和感に直面すると、人はすぐさま、カーネマンが「連想一貫性のルール」と呼ぶものを適用する。これはもちろん、本書でもすでに概観したプロセスでもある――クレショフ効果だ。

『ザ・ホワイトハウス』の第二話で、テキサスっ子についてのジョークを言ったバートレット大統領は、その直後にテキサスでの支持率が下がっていることに気づく。彼のスタッフはジョークについて謝罪する必要があると考えるが、バートレットは、このエピソードのタイトルとなっているラテン語、「ポスト・ホック・エルゴ・プロプテル・ホック」（「これがあったからそのせいでこうなる」の意）という言葉を反芻しているだけだ。テキサスでの支持率は下がっているかもしれないが、それはジョークのせいだとは断言できない、とバートレットは言う。何かが起きたあとにほかの何かが起きたから、前者が後者を引き起こしたのだと決めつけるのは、よくある論理的誤謬であるばかりでなく、もちろん物語の源泉でもある。原因と結果の連鎖こそが物語なのだ。「ポスト・ホック・エルゴ・プロプテル・ホック」こそがストーリーテリングなのである。

カーネマンは『ファスト&スロー』、ナシーム・ニコラス・タレブは『ブラック・スワン』において、人々が陥りがちな罠、つまり、タレブの言うところの「物語の誤謬」、「ポスト・ホック」の罠について、両者ともだいぶページを割いて書いている。何年か前、BBCのローカルニュースでこんな報道が出たことがある。

• 警察は本日、住宅火災の捜査を開始した。
• 女性ひとり、子ども三人が病院に収容されている。
• 女性は親権を争っている最中だったようだ。

人々はすぐに「何があった?」と訊きたがり、三つの陳述をできるかぎり単純に結びつけて答えを見いだす。この火事の裏には夫がいると結論づける人間は多いだろうが（バナナが吐き気を引き起こしたと結論するのと同じだ）、もちろん文章の中にそれを示唆する言葉はいっさいない。

原因と結果を結びつけようとする衝動には限度というものがなく、とりわけ映画を作る人間にとっては才能だ。Ｊ・ブレイクソンの二〇〇九年の映画『アリス・クリードの失踪』では、二人の元詐欺師が大富豪の娘を誘拐して身代金を要求するが、この物語の本当のターゲットはアリスの両親などではなく、誘拐犯の一方の男であり、映画の題名を含め何ひとつ想像どおりの作品ではない。ブレイクソンは、出来事の順序を狡猾に並べ、順を追って推理を進めていきたいという観客の欲求を完全に逆手に取り、実際に起きていることとは正反対の想像を強いる。かつてのアガサ・クリスティのように、ブレイクソンもまた、観客に大嘘をつくには、配列を考えさえすればいいことを理解しているし、嘘が暴露されることで、このジャンルでは非常に愛される、ひねりの効いた展開が訪れる。とはいえ、一連の出来事に物語性を持たせたいという観客の願望は、スリラー映画の脚本家にも巧みに利用されるが、こうして見ると、編集以上の重要性を持っていることがよくわかる。

カーネマンもタレブも警告しているように、人はどんなものにも物語を押しつけたがる。一九七〇年代のバーミンガムでとんでもない被害をもたらした爆弾事件が起きたとき、街から列車で出発した六人の罪なきアイルランド人がＩＲＡのテロ実行犯として有罪にされたのも、マーガレット・サッチャーが戦車に乗っている写真が広まったのもそのせいだ。連想の一貫性は誰にでも影響を与える。テレビ業界で働いた経験があればわかると思うが、ヒットドラマに関わった人間は、出演者だけでなく制作会社なども含め、誰もが仕事をもらいやすくなる。履歴書にヒット番組があれば、給料が実質的に倍になるのも、雇い主が物語の誤謬に陥っているからだ。実際のところは、どんな番組でも、その関係者の九十パーセントは交換可能だし、特定の脚本と特定の人材の組み合わせからしか魔法は生まれない。しかし人はそれを無視する。名前を見て、履歴書を見て、その人が成功の中で演じた役割を自動的に推測してしまう。『恥はかき捨て』で称賛に浸りすぎた私が、人からもらった最も賢明なアドバイスは厳しくも的確だった。「君がいても成功した作品だったと思うべきかもしれないよ」

ランダムなものに対処できず、制御不能な世界に感じる恐れから、人は物語に完全依存しがちだ。このせいでこれが起きた、この理由でこの人に投票しなければならない、この車に乗ればあの子に好かれる。そして、この依存欲求を挫くことはほとんど不可能だ。アーロン・ソーキンの『マネーボール』は、オークランド・アスレチックスのGMビリー・ビーンの実話に基づいた映画だ。ビーンは、チームの選択に物語をまじえないアプローチを開拓し、それによって、自分たちの三倍の収入を好きに使えるチームも打ち負かせるようなチームを生みだした。従来の一般的な主観的評価というアプローチを否定し、統計という客観的分析を採り入れ、「スター」の代わりに、もっと「職人的」な選手を選び、「デイビッド・ベッカム」的物語の訴求力（ルックスのいい選手は優れているように見えるという本能的な思い込み）を退けた。部外者からは大いに疑われたにもかかわらず、チームはアメリカン・リーグ記録となる二十連勝を達成した。

この映画は物語の否定を担ぎ上げてはいるが、その主役をブラッド・ピットが演じているのは注目に値する皮肉だ。この映画は、作品自体のテーゼとは巧妙に矛盾しながらも、あらゆる困難と闘ったひとりの男による、古典的でアメリカらしい宣言を発することに成功している。『マネーボール』は、人はどうしても現実に物語を与えようとしてしまうという事実を、証明する作品でもある。

私の世代のイギリス人は、子どものころ学校で、南極点の探険で亡くなったスコット大佐は偉大な英国の英雄である、と教えられた。一九七九年になると、スコットを無能な愚か者として描いた、まったく新しい物語が登場してきた。二〇一一年には、そもそもスコットは南極点を目指す競争などしていなかったという第三の説も現れた――スコットの関心は虚栄心を満たすことよりも、学術研究に向いていたのだと。[15] どれが真実なのだろう？ 全部かもしれない。事実が観察され、それらが結びついて仮説となり、そこから物語が生まれる。忘れないでほしいのは、これは敵役が避けたがる障害物についても同じことが言えるのだが、物語というものは、作者が描写したい人物を明らかにするのと同じぐらい、作者自身についても、作者の執筆中の時代についても明らかにするものなのだ。[16] 各世代の書き手が、一見客観的な情報を選びだし、別のバージョンの現実に取り込んでいく。スコットにまつわる真実を知ることは永遠にできない。われわれはその場にいたわけではないし、仮にいたとしても、スコットの真実、オーツ大尉の真実、それにアムンセンの真実も、それぞれに異なるだろう。ジャーナリストで政治評論家のポリー・トインビーは、彼女の仕事を非常に高く称賛しようとする周囲の主張を退け、自分の仕事は「混濁した現実を善悪の物語に要約する」ための知識の探求だと表現した。[17] 素晴らしい見解であり、ジャーナリズムのみならず人生にも当てはまる言葉だ。

とはいえ、物語が世界に癒やしをもたらすのだとすれば、なぜ多くの理論家は、物語の起源が神話にあり、だからこそユング派の思想で説明がつくと信じているのだろう？　クリストファー・ボグラーからクリストファー・ブッカーにいたるまで、なぜ彼らは物語の礎を神話に見いだすのだろうか？

神話の役割

本来の王位継承権を剥奪されたアイルランドの高潔な王子コン＝エダは、恐ろしい選択に直面する。自分の冒険を続け、妖精の砦に入っていくためには、愛馬を殺して皮を剥がなければならない。王子はためらうが、それを説得し、残忍な行為をおこなわなければならないと言ったのは、当の馬自身だった。苦悩の末、王子は信頼してきた愛馬を殺し、王国に入っていくことができる。死んだ馬は奇跡的にもうひとりの美しい王子に生まれ変わり、どんな寓話もそうなるように、秩序は回復する。

この古代異教の神話◆18を、インド研究者のハインリヒ・ツィンマーが、比較神話学の最初期の研究書である『王と死体（The King and the Corpse）』（一九四八年◆19）の中で語り直している。次のような男の物語だ。

（前略）若さの美徳に非の打ちどころがないとはいえ（中略）自分の領土や世界のいたるところに存在する、悪の可能性についてはまだ無知だ（中略）。彼はまだ、邪悪な半身について、美徳に対抗する勢力の冷酷さや破壊力について何も知らない――野心や敵意といった、利己的で、破滅的で、凶悪な暴力について。彼の無害な支配のもとでは、こうしたものが、王国の調和を壊滅させるために出現するであろう（中略）。

つまり、コン＝エダはすべてを学ばねばならない。人生の力の多様さに対処できるようになる前に、敵対する力が共存しているという普遍的な法則を学ばなければならない。完全とは敵対する力が対立を通して共存することであり、調和とは本質的に消すことのできない緊張の解決であることを認識しなければならない。（中略）自分自身の性質と最も相反し、最も敵対する現実に立ち向かい、それを統合しなければならない。悪の力に立ち向かうため、苦痛に満ちた秘密の探求の道をたどらねばならない。彼の神話、不思議な物語は、対立する敵対する力を克服し吸収することにより、自己を完成させる苦悩の寓話である。その過程は、遭遇、危機、偉業、試練といった、典型的な象徴の言葉で表現されている。

ジョーゼフ・キャンベルがツィンマーの弟子であったことは、驚くには当たらない。師が亡くなったあと、その著作物を編集してもいる。キャンベルは自身の著作『千の顔をもつ英雄』において、英雄が対をなす正反対のものに出会うというモチーフが何度もくり返されることを指摘し（キャンベルはイアソンを引き合いに出しているが、ホメロスの『オデュッセイア』のほうがこの傾向は強いかもしれない）、次のように述べている。

英雄は、神であれ女神であれ、男であれ女であれ、神話の中の人物であれ、夢を見ている人であれ、敵対者（自分の中の思いも寄らない自己）を見つけ、相手をのみ込むかのみ込まれるかによって吸収する。反発は、ひとつひとつ打ち砕かれていく。プライド、美徳、美、そして生命を捨て、絶対に耐えられないものに屈服または服従しなければならない。そうして、英雄は自分と敵対者とが似た者であるばかりか、実はひとつの存在であることに気づくのである。

ツインマーと同様にキャンベルも、文明におけるあらゆる偉大な神話に、この統一的なパターンが見いだされていると信じていた。しかし、神話及び神話のユング心理学的基盤がすべての物語の礎であると信じるあまり、両者は皮肉にも、みずから物語の誤謬に陥ってしまった。キャンベルが、プロメテウスが火を盗み、イアソンが金の羊毛を探し求め、アエネーイスが冥界に下ることについて書いているときも、彼が見いだしているのはただひとつのパターンだ。すなわち、「英雄の神話的冒険の標準的な道筋は、通過儀礼において表される形式の拡大、つまり、「分離―イニシエーション―帰路」だ。これが神話の原型《モノミス》の核となる単位とされるものかもしれない」。

キャンベルが神話から見つけだした「旅に出る―旅から帰る」という構造は、本書でも見てきたように、すべての物語に存在する。神話は確かに、基本的な物語構造の原初的な具現化だが、神話が構造を生んだのではなく、構造のほうが神話を生んだのだ。そう言える理由はなぜか？

ニュートンの運動法則の第三法則は、こう宣言している。「すべての作用には、必ず等しく逆向きの反作用がある」[20]。それはシーン構造も同じで、どんな敵対者もその強さが非常に重要になる理由でもある。敵の強さが単にドラマを良くするだけではなく、そこにはさらに重要な構造的機能がある。『イーストエンダーズ』のキャットは、娘のゾーイがスペインにいる叔父のハリーのもとに行くのを止めたがっている。キャットは小児性愛者のハリーに少女のころレイプされ、その結果ゾーイが生まれたので、ゾーイを止めるには自分が母親であることを明かさなければならない。インド料理店で、二人の登場人物は真実の駆け引きをする。どちらも秘密を明かそうとする。ここではゾーイが旅行計画を伝え、キャットの嘘とゾーイの正直さが並置される。キャットがゾーイの旅を阻止するには、敵対者の性質を借り、吸収しなければならない――キャットはゾーイの正直さを吸収し、真実を伝えなければならない。

ゾーイ　母親でもないくせに！

キャット　母親よ！

この瞬間が期待のくつがえしであり（ドラムの音が聞こえてきそうだ）、物語の中では、主人公が目的を

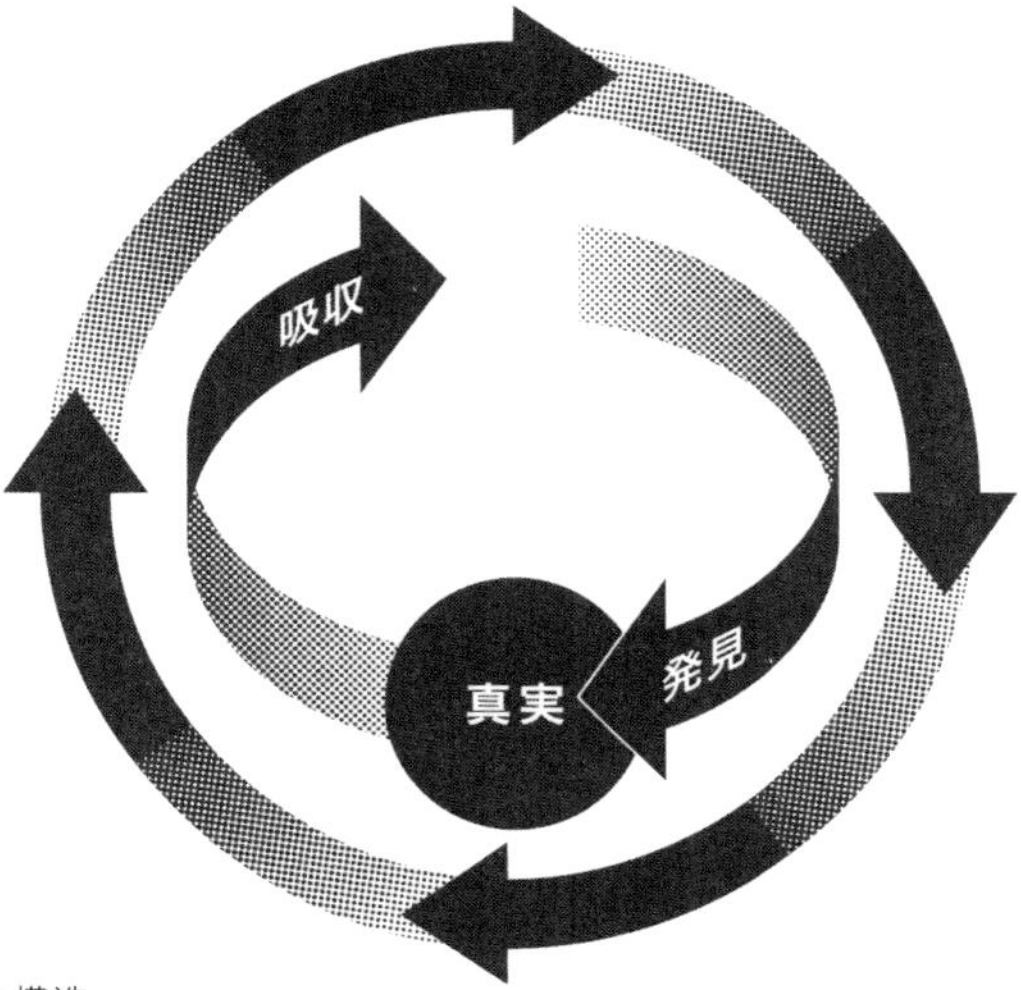

物語の構造

達成するために敵の性質を身にまとうことがあることも、われわれは知っている（コン＝エダ王子の足跡にもそれが見える）。ここでわれわれが目にしているのは、物語の細胞レベルで起きている、まったく同じプロセスなのだ。

キャンベルが「モノミスの核となる単位」と呼ぶものは、実際には単なるワンシーンにすぎない。たがいに同じ重みのある二つの構成要素であり、あらゆる物語の構築ブロックである。登場人物が旅に出て、敵対者と遭遇する。テーゼとアンチテーゼが出会い、どちらも相手の性質を吸収し、それから再びプロセスを開始する（上図参照）。

『ハムレット』はその最たる例だ。実のところこの作品は、古典的な探偵物語と言っても良く、前半は「クローディアスは王を殺したのか？」

という問いを軸に、後半は、途中で発覚した「彼が殺した」という真実への反応を軸にして構成されている。どんな物語も、どんなシーンも、この形の産物なのだ。登場人物は旅を続け、自分と正反対の相手に出会い、そして敵対する力を自分の中に吸収する。正反対のものこそ、誰もが注意を向けるべきものなのだ。

敵対する力の役割

紀元前四世紀の初め、ギリシャ人は「ソクラテス式問答法」と呼ばれる推論の形式を発展させた。二人の登場人物が演劇的に登場し（うちひとりはしばしばソクラテス自身が担当し）、一連の質疑応答を通じて真実を探ろうとした。ソポクレスの戯曲『アンティゴネ』の根本にはこのプロセスが明白に見てとれるが、そこには民主主義や司法制度、[21]報道の自由の芽生えや、サー・ロビン・デイからジェレミー・パクスマンにいたるまで、イギリスのテレビ・ジャーナリスト全般のインタビュー手法も見いだせる。

ゲオルク・ヘーゲルは、この考えを改良し発展させた。ヘーゲルの主張は、真実は継続的な反論の旅を経てのみ見つかるというものであった。ある考えが提起され、試され、そして新しい考えが生まれる。[22]この考えもまた試され、同じプロセスがくり返されて、ようやくフラクタルから構築された全体性が見いだされる。これは物語も同じである。

デイビッド・サイモンは、ＨＢＯに『ザ・ワイヤー』を売り込む際、作品の持つ並外れた二元性に言及した。「警察の官僚組織が突然に非道徳的になり、機能不全に陥る。そして犯罪行為であるドラッグ・カルチャーが、やはり突然に、官僚組織的になる」[23]。サイモンの傑作の基礎なったのはこの洞察だった。共同脚本を務めたアンドリュー・スタントンとボブ・ピーターソンは、これを「2＋2の理論」と呼んだ。ギリシャの人々にとっては「ペリペテイア」と「アナグノリシス」だった。クレショフはイメージの並列にそれを見いだし、デュシャンは小便器でそれを活用した。シェイクスピアはオセローとイアーゴーでそれを体現し、ジェーン・オースティンはエリザベスとダーシーの中にそれを探ろうとした。そしてゾーイは姉のキャットに「母親でもないくせに！」と叫び、キャットは「母親よ！」と返答した。

二〇一一年のロンドンの舞台では、フランケンシュタインとその創造物である怪物を二人の俳優が交互に演じて喝采を浴びたが、これは特に新しいアイデアではない。ジョン・バートンは一九七三年、ロイヤル・シェイクスピア・カンパニーの芝居で同じようなトリックを使い、ボリングブルックとリチャード二世の配役を交互に入れ替えた。『ガーディアン』紙はこう書いている――「突然、彼らは鏡像となった」[24]。もちろん両者は、構造的にはずっとそうだった。『空騒ぎ』のベアトリスとベネディック、『じゃじゃ馬ならし』のキャタリーナとペトルーチオ、ロミオとジュリエット、アントニーとクレオパトラ、『テンペスト』のプロスペローとキャリバン、マクベスとマクベス夫人、リア王とコーディリア、フォルスタッフとヘンリー、ホットスパーとハル、『トロイラスとクレシダ』のギリシャ人とトロイ人、『まちがいの喜劇』のアンティフォラス兄弟とドローミオ兄弟、『夏の夜の夢』の貴族と職工、どれもそうだ。シェイクスピアのすべてがこの形の上に成り立っているが、それはどんな原型的な物語も同じだ。アンティゴネとクレオンから、『インドへの道』のアデラとアジズを経て、『イーストエンダーズ』のオリジナル・ファミリーであるファウラー一家とワッツ一家まで、物語の核心部分には敵対者同士の対立がある。

登場人物の「図式的」解釈にもう一度戻ってみよう。内面的な変化がどのように主人公の輪郭を描きだすかは、ここまで非常に単純な形で見てきた。『キューティ・ブロンド』や『マクベス』の登場人物の進展も図式化してきた。変化のロードマップも、やはり同じパターンの上に成り立っている。テルマとルイーズはつねに正反対に行動し、二人のあいだの弁証法はたえず変化をもたらして、しまいには二人の役割が入れ替わる。シェイクスピアの『リチャード二世』ではこれがさらによくわかる。ボリングブルックと王がたどる旅路は、二十世紀のテルマとルイーズの旅とまるで同じである。冒頭、リチャード王はグロスター公の死の影をまとい、ボリングブルックは王の前で断罪される。五幕になると、ボリングブルックが王となり、リチャードは囚われ、新しい王は前王とまったく同じように、死の罪を問われる。正反対の者同士のダンス（ユング派的な成長はまったくない）は、単に話の説明だけでなく、完璧な物語構造を与えてくれる。

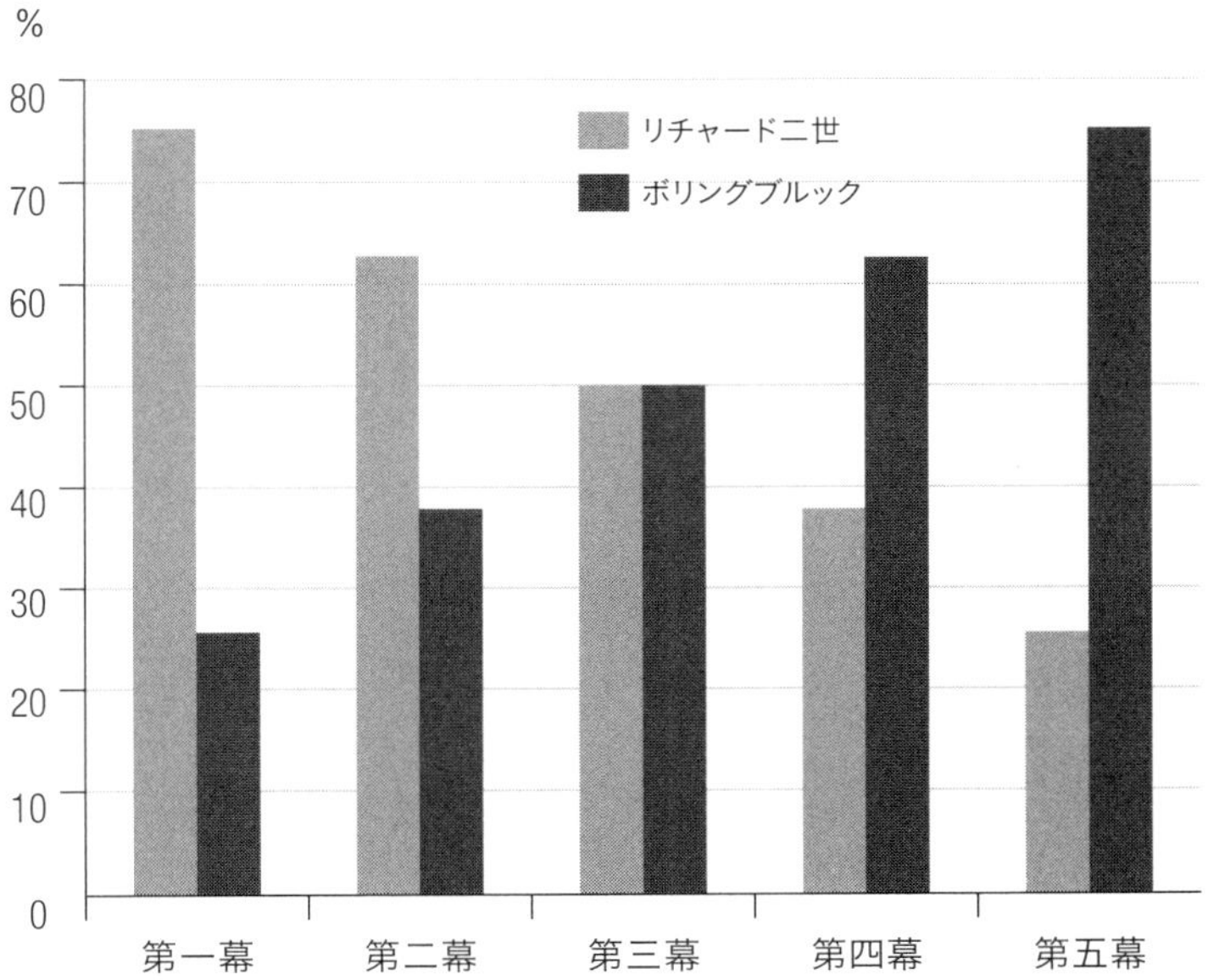

主人公と敵対者の運勢

このグラフは主人公と敵対者の運勢を表している。図式化すると馬鹿げて見えるものの、敵対する者同士の全幕の状況がはっきりとわかる。当然ながら、ミッドポイントには深い意味がある。第三幕第二場で、リチャード二世は屈服し、神聖な王権をボリングブルックに明けわたす。この流れは『ゴッドファーザー』に酷似している。ソロッツォとマクラスキーに銃口を向けるときのマイケル・コルレオーネは、これまで信じていたもの全部と正反対のものに直面している。森の中を見つめ、引き金を引くと、相反するものがひとつになり、新しい登場人物が誕生する。◆25

フランク・コットレル＝ボイスは、三幕構成について「役に立たないモデルだ。静的だ」と言っている。[26] 良識ある返しをするとしたら、「そうですね、あれが静的だというなら役に立ちませんね」としか言いようがなさそうだ。だからこそ主人公は能動的でなければならないし、不活発になれば物語はすぐしおれてしまう。欲求がなければ、すなわちマイケルが引き金を引かなければ、このシーンには触媒となるものが何ひとつない。二つの相反するものを橋渡しし、融合を起こせるのは動くことだけだ。このエネルギーがなければ、細胞は生産性を失い、事実上の機能不全となる。いま私がそうしているように、事実に照らして書こうとするとき、書き手は相反するものを融合し、理路整然とした全体像に組み込もうと試みる。読者がフォルクスワーゲンのザ・ビートルの写真を、「不良品《レモン》」という単語と融合しようとするのと同じことだ。物語の中でも、主人公がやることはまったく同じだ。主人公の欲求は細胞を通り抜けていくエネルギーであり、それが意味へと変換される。[27] 融合の瞬間のたび、松明は燃え上がり、炎が受け継がれていく。対立するもののあいだに橋が架かることで、意味が生まれる。

　化学、物理学、生物学の知識を振り返ってみれば、驚くようなことではないのかもしれない。かつて英国の政治家のナイ・ベバンが、「純粋主義者は非生産的だ」と言ったことがある。この世界は、惑星の誕生から種の繁殖にいたるまで、無数の融合の瞬間で成り立っている。ミケランジェロは、システィーナ礼拝堂の天井にそのさまを描いた。彼が描いたのは神がアダムに生命を与える姿だが、人々がそこに本当に見ているのは、完璧なバランスを持った二つの相反するものがひとつになっている姿だ。指先が触れ合い、その関係が融合することで、生命が生まれるのである。

物語の形の起源

人々が、なぜ、どのように物語を語るのかについて、どんな理由を提示するにせよ、最終的にはストーリー・アークの普遍性を説明する必要が出てくる。シーンには、始まり、中間、終わりがあり、変化が含まれている。これらのシーンをまとめると幕になり、幕をまとめると物語ができる。

シーンをつなげていくとどうなるかを見てみよう。ひとつのシーンに別のシーンを加えて新しい中間を作り、そこに第三のシーンを加えると、最初と最後の部分はたがいに共鳴し合う。新しい鎖の環が追加されるたび、全体の形は元の「細胞」の構造を模倣するように調整される。当初は危機的状況であったものが幕間となり、その後ミッドポイントや契機事件となり、それが無限に続いて鎖が長くなっていく。ひとつの構築ブロックが複製され、形を成し、物語は広がる。シーンから幕へ、幕から物語へ、物語から三部作へ（アイスキュロスの『オレステイア』はその好例だ）、さらにその先へと広がっていく。

シーンが機能するのは正反対のものが並置されているときだ。相反するもの同士が、それぞれに新しい現実や「真実」をもたらす。その真実も正反対でなければならないか？　もちろんそんなことはない。異なる程度でも大丈夫だが、正反対がいちばんうまくいく。物語を大きくするうえで、対称性は必要か？　もちろんなくてもいいが、あれば据わりが良くなる。水が最も流れやすい道筋を求めるように、知覚も最も快適で消化しやすいパターンを求めるもので、ストーリーテリングにもそれが言える。要するに、ミッドポイント（中心的な「真実」がもたらされる瞬間）は中間にあり、資質の欠如を抱える主人公は、その反対側の地点からスタートする。ミッドポイントに到達した主人公は、学んだ資質を吸収しなければならないが、そのことを示すいちばん簡単な方法は、過去の主人公との比較だ。そこから先は、同様の形が、単純構造のビートから進化していく。

物語が展開し、相反するもののあいだに橋が架けられていくあいだ、物語の受け手は因果関係を推測し、物語は活気をおびる。それぞれのシーンは、ひとつ前のシーンの素材の融合から浮かび上がってくる。それぞれのシーンは爆発する太陽のように死んでいき、そこから次のシーンの原料が生まれてくる。物語が構築されるにつれ、新しい形が現れる。物語は知性を模倣し、知覚は探偵の真似事をする。意味を理解し、対立するものを吸収し、世界に秩序をもたらす。そうして浮上した形は、もちろんとてもなじみ深いものであり、原型や物語構造全体が存在する理由を説明してくれる。

形とはいったい何か？

ひとつのシーンをフラクタルに拡大したものだ。

それこそが物語構造なのだ——単体の知覚がたがいを果てしなく模倣し合いながら、それぞれが構成要素となって巨大バージョンを作り上げていくのである。

すべての個々のシーンにおいて、登場人物は自分とは正反対の存在と対峙し、内なる存在は外的な謎と対峙する。謎は飼い慣らされ、教訓は吸収され、登場人物は変化して前に進む。『ブラック・スワン』のニナは黒鳥の特性を徐々に統合し、シーンごとに変化し、成長し、敵対者と同化する。各シーンは、前のシーンの終わりから構築される。新しい事態が正反対の事態と遭遇し、それを統合し、再び正反対と出会う準備を整える。登場人物は、物語においてのみならず、シーンのすべてにおいて森に踏み込んでいく。それ以上複雑化はしない。原型的な物語は、知覚の基本単位がフラクタルに拡大されたものだ。物語構造とシーン構造は同じものなのだ

九歳の子どもが完璧な構成の物語を語れるのもそのためだ。

同様に、ジョーゼフ・キャンベルのモノミスも、シーン構造の複合体でしかない。秩序のないものを吸収して秩序をもたらすための、ミリ秒単位の単純な旅だ。◆28 そう認識できれば、「ヒーローズ・ジャーニー」が単なる構築物ではないこともわかる。キャンベルが最初に明示し、ボグラーが普及させたものは、物理学の産物であり、◆29 始まり、中間、終わりがあり、対称性を求める原因と結果の連鎖にほかならない。どの幕構成においても、登場人物は、あるパターン――それ自体は無意識の産物である物語構造によって決められたパターン――に従って変化し、成長しなければならない。そのため、登場人物はスタートからミッドポイントへ、さらにそこから先へ進むなかで、可能なかぎり簡単なルートを選ぶ傾向がある（もちろんそうしなければならないということではない）。つまり英雄の旅とは、構造に定

められた地点間の最短経路にほかならない。「変化のロードマップ」とは、A地点からB地点へ対称のアークを経由しながら進む、単なるビートごとのロジカルな進行だ。それが自然の形なのだ。それは無意識のうちに生じる（そして物語作家はそれに従う）ものであり、だから『ベオウルフ』にも『ジョーズ』にも現れる。神秘でもなんでもないが、悪意あるものでもない。恐れるべきものでもない。[30] 人間が世界を秩序立てるうえでの、自然の産物なのだ。

普遍的な物語

つまり、単一の物語があるというよりは、単一の物語の形があるということなのだ。だがもしそうなら、文学的モチーフが継続してくり返されるのはなぜなのだろう？　あるテーマ、あるいは神話が、なぜ何度も再発するのだろう？　普遍的な物語があるということなのだろうか？

物語は意味を求め、共鳴しようとする——でなければ、物語を共有する理由はない。そして、意味を持つようになった物語は、くり返され、人々の集合意識に埋め込まれるようになる。母親、父親、性の芽生え、旧世代から次世代への人生の引き継ぎに関する物語は、人間の普遍的な欲求、感情、象徴、つまりはユングが定義した実質上の集合無意識に触れるものなので、つねに共鳴を呼び、後世に残っていく傾向がある。人類は誰もが共感できる普遍的なシンボルを共有している、とユングは信じていた。確かにそうだが、それは物語を生みだす理由ではない。そうした仮定もまた物語の誤謬だ——

ただ単に、なぜ強力なテーマの周辺にたくさんの物語が集まってくるのかの説明にすぎない。物語構造は対立の上に成り立っているため、ユング派の思想がうまくはまり、くり返し物語構造を植民地化しようとする。だが、原因と症状を取りちがえてはいけない。人々はあらゆる物事についての物語を無数に語っているが、定着し、最後まで残るのはほんのひと握りだ。

物語が残るとすれば、それは自由市場の究極の結果だ。何か提供できるものを持っている物語は、長く語り継がれる。詩人のネイアム・テイトが一六八一年に書いた、現実味のないハッピーエンドの『リア王』を知っている人はほとんどいないだろう。その当時一時的に流行した多くの作品と同様、この作品が生き残れなかったのは、この作品を語る意味がなかったからだ。作品が一世代以上生き残れるかどうかで、作品の価値は測れる。シェイクスピアの『リア王』は、四百年以上にわたり人々に愛されている。数多のギリシャ神話と同様に、その奥深くにある何かが琴線に触れるのだ。物語は、心に響く内容があれば長く残っていくし、真実を含む物語のみならず、空想物語（シンデレラのような）にも長続きする力がある。自由市場は、人々が真実だと知っていることも、人々が信じたがっていることも、どちらも生きながらえさせてくれる。

「ヘカベはあの男のなんなのだ、あの男にとってヘカベは何なのだ、ヘカベのために泣くようなことでもあるまいに」

これはハムレットがある役者に対して発した疑問だが、実のところは共感についての問いだ。二〇〇一年九月にニューヨークのツインタワーが攻撃された四日後、『ガーディアン』紙に小説家のイアン・マキューアンのエッセイが掲載された。[31]

これが、他者の頭の中に入り込んで考えるということが、共感の本質である。（中略）もしハイジャック犯が、乗客の思考や感情に入り込んで考えることができたなら、ハイジャックの続行はならなかっただろう。犠牲者の頭に入り込むことを自分に許してしまえば、残酷になるのは難しい。自分以外の誰かになるとどんなふうかを想像することは、われわれの人間性の核心である。それは思いやりの本質であり、道徳の始まりでもある。

共感は、ただの理論にとどまらない。オランダ神経科学研究所のクリスチャン・キーザーズ教授は、人間が物語をどのように見るか、そしてどう反応するかについて、広範な研究をおこなった。[32]全世代が、『ジョーズ』で漁師の首が船から転がりでてきたのを見てぎょっとし、『レイダース』のヘビの穴のシーンで身をよじったことを記憶している。キーザーズの分析によれば、共感が生じるとき、観客は生理学的にも主人公と一体化している。「バナナ　げろ」の並置に自分の体がどう反応するか考えてみよう。『ソウ』のような映画や、『ゴールドフィンガー』でジェームズ・ボンドの脚のあいだをレーザー光線が這い上がっていく場面を観ているとき、どう感じるか考えてみよう。ボンドの心拍が加速するにつれて、観客の鼓動も速くなる。人が殴られるのを見ただけで、殴られるのとまったく同じ脳の領域が活性化される——幸いにして痛みはないが、生理学的反応は同じものだ。物語は文字どおり、すべての人々を「同じ波長」に置く。アリストテレスが『詩学』で語っている、人々が経験する「哀れみや恐怖」である。◆[33] われわれは、主人公が生きている世界を生きている。

熱心な観察者である観客は、自分が見ている対象が経験していることを、自分自身の頭の中で経験し、理解するようになる。このことは、見せることが語ることよりはるかに強力である理由を説明するのみならず、共感が神経に基づいていることを伝えている。感情的にも科学的にも、マキューアンは正しい。物語には人を結びつける力があり、物語がわれわれを「人間」にする。だからこそ、私が「真の原型」と呼んできたもの、すなわち、話が進展するにつれて欲求が必要性に置き換わっていく物語の原動力が存在するのだ。主人公がただ何かを欲しがる物語は、まさにその性質ゆえに外の世界に拒絶される。われわれは主人公となり、物語はわれわれが正しいことを伝えるために存在する。ボンドが魅力的なのは、ボンドがわれわれであり、それゆえにわれわれが正しいということを伝えてくれるからだ。テレビドラマのシリーズが存在するのも、人生は悪くないものだとわれわれを安心させるためだ。こうした物語がなければ、世界は退屈になるばかりか、かなり希望のないものになるだろう。とはいえ、結局のところ、主人公が分相応以上のものと結びつくことができるような物語においても、同じ報酬を得られるわけではない。だからこそ、ジャンルもの以外の物語では、登場人物は学ぶのだ。彼らが学ぶことで、初めて観客は自分の自我を超越することができる。本当の結びつきを作ることができる。

ジョージ・エリオットはこう書いている。「われわれが芸術家から受けている最大の恩恵は、共感の拡張である。一般化と統計に基づいた主張には、既存の共感、つまり道徳的感情があらかじめ活性化されている必要がある。が、偉大な芸術家が提供できるような人間の人生像は、ささいなことや利己的なことにさえも驚きをもたらし、道徳的感情の原料とでも呼ぶべき、人々と距離のあるものに目を向けさせる」[34]。エリオットに言わせれば、「芸術」とは、「個人的な範囲の境界を超え、同胞との接触を広げる手法」だ。物語は人々をひとつにするものであり、それが起きるプロセスがわれわれに構造を与えてくれるのである。

ハンガリーの哲学者であり文芸批評家であったジェルジ・ルカーチは、かつてこう言った。「芸術の本質は形である。芸術とは、対立を打ち破り、対立する力に打ち勝つものであり、あらゆる遠心力から、この形ができる以前やこの形の外においてまったく永久的に未知同士であったすべての物事から、一貫性を生みだすことである。形の創造は、物事に対する最後の審判、救済されうるものすべてを救済し、神聖なる力で万物に救済をとりおこなう最後の審判なのである」[35]。

秩序をもたらしたいという絶対的な人間の欲求から、物語構造は始まる。シルビア・プラスは創造のプロセスについてこう語っている。[36]「私の詩は、自分が経験する官能的で感情的な体験から即座に出てくるものだと思っているが、針やナイフ、あるいはそれが何であれ、それ以外に何も知らない心の叫びには、共感はできないと言わざるを得ない。狂気、拷問を受ける、そういった最も恐ろしい経験であろうと、人は経験をコントロールし、あやつることができるはずだと信じているし、こうした経験をあやつれる人は、情報に通じた知的な頭脳の持ち主であるはずだ」。感情から構造が生まれ、構造からはコミュニケーションが生まれる。

本書で始めたことを締めくくるために、美術評論家のロバート・ヒューズの言葉を引用しておきたい。「芸術の基本計画とは、つねに世界を全体像の見える理解しやすいものにすることであり、議論によってではなく感情によって、その栄光と、ときに顔を出す不愉快さをすべて復元することである」[37]。

つまりストーリーテリングは、自分の外にあるすべてに秩序を与えたいという欲求から生まれる。物語とは、無秩序の中を引きずっていかれる磁石のようなもので、物事の混沌をなんらかの形に引き寄せて、運が良ければ何かしらの意味をなすことができる。すべての物語は、恐ろしい現実を投げ縄で手ぐり寄せ、飼い慣らし、従わせようとする試みだ。

森への旅

どの世代も、自分の手に入る事実に従って世界を解釈する。中世の人々は、地球はアトラス神の肩の上で支えられていると考えていた。そののちの人々が、地球は太陽系の中心にある、惑星の軌道は円形を描いている、宇宙は水晶の球体でできている、タバコは体に良いなどと考えるようになったのと同じように。

これらはすべて、それぞれの時代において事実と考えられていた――客観的で厳しい科学的推論の結果として。しかしもちろん、すべては「物語の誤謬」、すなわち「これのせいでこれが起きている」の産物であり、どれもまちがっていることが証明された。科学は事実ではなくモデルであり、その時々で入手可能な知識からだけでなく、人々が見たいと望むものからも構築される。神の存在の証拠を探したい人間は、それを裏づける事実に注意を向け、それを選びだしがちである。人類の歴史には、既知の事実から誤った推測をし、ときには破滅的な結論を導きだした人々の亡骸が散らばっている。

物語理論もそうだ。数多くの人が物語を研究し、物語構造に関するたくさんの書籍が書かれてきた。そのどれもが、著者が入手できた知識に従った、独自の真実を含んでいる。プロップからナボコフ、ボグラーからマッキーにいたるまで、誰もが物語のプロセスを体系化するためのモデルを提唱してきた。だが、それらは「事実」ではない――そして本書が提示したモデルもだ。どれも、つねにとは言えないまでも、しばしば現在の経験的証拠の大半に適合するモデルなのである。科学と同じで、モデルもまた、最後まで知りえないもののメタファーなのだ。ユングの研究も、結局はメタファーだ。では、なぜメタファーを受け入れてはいけないのか？　物語とは、人が秩序を求める力や、神経症を解消したいという欲求の産物かもしれないし、生きるため、子孫を残すためのモデルであるかもしれない。物語とは、ひょっとすると――おそらくはきっと――そのすべてなのかもしれない。どんなメタファーが、そのすべてを受け入れることができるだろうか？

二〇一〇年の映画『ウィンターズ・ボーン』は、少女がオザーク高原の森の真ん中で行方不明の父親を探す物語だが、そこで眠る狼や鬼は、いまや荒れ果てた覚醒剤の売人や中毒者になっている。それでもおとぎ話であることに変わりはない。現代を舞台にしたおとぎ話だというだけだ。人は同じ物語を語らずにはいられない。「森への旅路は、誕生から死、そして再生にいたる、精神の旅の一部なのだ」。ヒラリー・マンテルが述べている旅路は、知覚や成長という行為のメタファーだ。かつて、神とは、存在の光に照らして、人々の恐れに意味を与えるために語られる物語だった。ストーリーテリングには、それと同じ基本的な宗教機能がある。異質なものを融合させ、形を与え、そうすることによって人々に静寂を吹き込むのだ。

ストーリーテリングは、人々を神に、性的パートナーに、適切な行動に、健全な精神に近づけるものなのかもしれない。結局のところ、われわれには知りようがない。だが、森への旅、欠けている部分の探求、それを取り戻して何かの全体像を作ることは、不可欠なことである。何かとは、われわれ自身かもしれないし、「復活」かもしれないし、謎や無数の腐敗かもしれない。すべては、シーンの中、つまりは物語の中で、二つの相反するものが吸収されて対立が静まるという、馬鹿馬鹿しいほど単純なプロセスが定義するものだ。だからこそ物語は、麻薬のように熱心に求められる。人の内面の自己と外の世界を一致させることができるのは、物語をおいてほかにないからだ。そのプロセスにおいてなんらかの意味が生まれ、運が良ければ、なんらかの真実が見いだせる。

そんなふうに、物語は単純であり――そしてまた、複雑でもあるのだ。

付録Ⅰ

『レイダース／失われたアーク《聖櫃》』の幕構成

第一幕

一九三六年、考古学者のインディ・ジョーンズは、ペルーのジャングルで、罠が仕掛けられた神殿に隠されている黄金の偶像を探していた。像を手に入れたインディは寺院を出るが、ライバル考古学者のルネ・ベロックが待ちかまえていて、彼に像を奪われ、置き去りにされて殺されそうになる。インディは待機させていた水上飛行機で脱出する。

第二幕

アメリカに戻ったインディが考古学の授業をやっていると、陸軍の諜報部員がやってきて、ナチスがインディの師であるアブナー・レイブンウッドを探していると告げる。レイブンウッドは、失われた契約の箱（聖櫃）の在り処を明らかにできる古代エジプトの遺物、

「ラーの杖飾り」を所持する人物と考えられている。ナチスがそれを手に入れれば、計り知れない力を手にすることができるため、インディは自分でそれを見つけようと考える。

第三幕

インディはレイブンウッドを探すためにネパールに飛ぶが、恩師はすでに亡くなっており、ラーの杖飾りは、レイブンウッドの頑固な娘（そしてインディの元ガールフレンド）のマリオンが持っていた。マリオンが杖飾りをインディに売るのを拒んでいるうちに、マリオンの酒場はナチスの工作員に襲撃され、焼け落ちる。ナチスと争っている最中、邪悪なトート少佐が焼けた杖飾りをつかんで火傷し、飾りの模様痕が手に残る。マリオンとインディは杖飾りを持って逃げ、マリオンは、インディとともに失われた聖櫃を探すことを決意する。

第四幕

インディとマリオンはカイロにやってくる。インディの宿敵ルネ・ベロックがナチスを手伝い、聖櫃の最後の安息の地「魂の井戸」を探していることがわかる。ナチスはトート少佐の手の火傷痕から杖飾りを複製し、井戸の場所を突き止める。しかしナチスは情報を見誤っており、先に聖櫃を見つけたのは、本物の杖飾りを使ったインディだった（ミッドポイント)。

ナチスはインディとマリオンを追い、不意をついて聖櫃を奪う。二人は「魂の井戸」に幽閉されるが、なんとか脱出する。

第五幕

インディとマリオンは、ナチスが聖櫃を飛行機に積み込もうとしている滑走路にやってくる。巨体の整備士を倒し、ナチスのトラック部隊が運ぶ聖櫃を追う。インディは腕を撃たれるが、なんとか聖櫃がドイツに送られるのを阻止して奪還する。

第六幕

インディとマリオンは不定期貨物船でイギリスへ向かうが、またしてもベロックが潜水艦で妨害しにやってくる。聖櫃は奪われ、マリオンも連れ去られる。インディはひそかに海に潜ってUボートに乗り込む。

第七幕

ベロックたちを離島まで追っていったインディは、聖櫃を爆破すると脅しをかけるが、ベロックにはったりを見抜かれ、捕らわれてしまう。マリオンとともに柱に縛りつけられたインディは、ナチスが聖櫃をあけるさまを見せられる。中身を目の当たりにするのは危険だと気づいたインディは、マリオンに目をつむれと指示する。悪魔的な精霊が現れ、ナチスの連中を殺し、聖櫃はインディの手に戻る。

締めくくり

聖櫃は「最高機密」と書かれた木箱に入れられて、政府の巨大な倉庫に保管される。まわりにも無数の同じような木箱が置かれている。

付録Ⅱ

『ハムレット』――構造の形

ホラティウスが規定した五幕のひな型に完全に合致する作品はほとんどないし、そもそもこうした精密なひな型に従って書く作家もまれだ。とはいえ、まるで別の世紀、別の媒体の作品であっても、驚くほどの類似性が生じるのは実に奇妙だ。人間の肉体はみなちがうが、それぞれの根幹には同じような骨格が見いだせるし、それは物語も同様である。ページの制約上あまりたくさんの例は示せないが、ここでは、ほかのすべての作品を代表する有益な事例として、英語で書かれた最も偉大な戯曲のひとつである『ハムレット』をあげておきたい。

この戯曲の五幕構成は実に明白で、幕ごとに、新たな欲求を発動させる大きなターニングポイントが含まれている。「変化のロードマップ」も非常に魅力的だ。うまく機能していない場面もあるが（オフィーリアの死は見込みどおりに第四幕の最後に起きるが、ハムレットはフォーティンブラスの軍隊を目にしたのち、すでに行動を決意している）、全体的な形はとても明瞭だ。『ハムレット』と『テルマ&ルイーズ』のあいだに構造的な類似点を見いだすのは少々馬鹿げていると思われそうだが、確かに類似点はあり、ストーリーテリングの形の統一性や普遍性を明示してくれている。

『ハムレット』——簡単なあらすじ

第一幕

デンマークの王子ハムレットは、父王の亡霊に遭遇し、父の弟クローディアスが父を殺したことを聞かされる。父はハムレットに復讐を求める。

第二幕

ハムレットは、幽霊が本物なのか、強い不安が生んだ想像の産物なのか確信が持てず、動きがとれなくなる。が、旧友のローゼンクランツとギルデンスターンがクローディアスの命で自分を監視していると知ると、これに勇気づけられ、旅回りの一座を使ってクローディアスの罪の意識を刺激してみようと決意する。「それには芝居がうってつけだ。芝居で王の良心を捕まえてやる」

第三幕

一座はハムレットから助言を受けて芝居を上演し、第三幕第二場（第三幕は全四場で、ほぼシンメトリーな構成となっている）で、クローディアスの芝居への反応により、彼の罪悪感が明白になる。ハムレットはこの成功に浮かれ、母ガートルードと彼女の寝室で対峙し、王子の精神に最初に疑念を呈した王の相談役、ポローニアスを殺害し、その遺体を隠す。

第四幕

クローディアスは、ハムレットをイングランドに行かせ、ひそかに殺害してしまおうと決意する。ハムレットがイングランドへ向かう途中、フォーティンブラスの軍隊が「名前以外になんの利益もない小さな一画」を占領するために進軍するのを目にする。ささいなことのために死のうとする者がいることに魅入られたハムレットは、ついに復讐を決意する。一方、ポローニアスの娘オフィーリアは、父の死の知らせに発狂する。オフィーリアの兄のレアティーズは、父が殺されたことに激怒して外国から戻ってくるが、クローディアスにハムレットを殺すよう説得される。クローディアスは、自分になんの責任もないと見せかけるため、陰謀を企てる。オフィーリアの悲劇的な溺死の知らせを受け、レアティーズは王と手を組む。

第五幕

無事に戻ってきたハムレットは、オフィーリアの墓の前にいる（「ああ、哀れなヨリック……」）。ここでレアティーズとハムレットが対面し、剣術の試合がおこなわれることになる。レアティーズは剣に毒を塗り、クローディアスはワインに毒を入れる。試合が始まり、ハムレットはレアティーズを倒すが、自身も致命的な傷を負う。ガートルードは毒入りワインを飲んでしまう。レアティーズが死に際にクローディアスの陰謀を暴露し、ハムレットはついに父を殺した男を殺害して自分も死ぬ。フォーティンブラスがやってきて、王位を継ぐことになる。フォーティンブラスはハムレットを英雄と呼び、秩序が回復する。

変化のロードマップ——ハムレットの場合

第一幕

何も知らない――ハムレットは亡霊のことを何も知らない
知り始める――亡霊のことを知る
気づく――復讐を要求する亡霊に遭遇する

第二幕

疑う――自殺を考える（「最近の自分には何ひとつ喜びがなく……」）
ためらいを克服する――ローゼンクランツとギルデンスターンから監視されていることを知る
受け入れる――役者を使ってクローディアスに罠をかけようと決意する（「それには芝居がうってつけだ……」）

第三幕

知ったことを実験する――新たな熱意で役者たちを指導する
重要な知識を得る（ミッドポイント）――クローディアスとガートルードを罠にかけ、両者の

罪を証明する
知ったことを再び実験する――ガートルードを罵り、ポローニアスを殺し、イングランドへ追放される

第四幕

疑う――イングランドへ旅立つ
再びためらう――観客はクローディアスのハムレット殺害計画を知る
あと戻りする――フォーティンブラスの軍隊を見たハムレットは、復讐への決意を新たにする。オフィーリアの死

第五幕

再び気づく――「ああ、哀れなヨリック」。レアティーズとハムレットの対峙
再度受け入れる――剣術の試合。ハムレットがクローディアスを殺す。全員死ぬ
完全に消化する――ハムレットは、自分の物語が語り継がれ、遺体は名誉のうちに運び去られることを知りながら死ぬ

付録III

『マルコヴィッチの穴』――構造の形

これほど多くの点で象徴的な（そして見事な）作品が、古典的な物語構造の形に明確に従っているのは興味深いが、『マルコヴィッチの穴』は、脚本家チャーリー・カウフマンによる変化のプロセスのリフであり、その物語構造全般が原型的だ。

一〇八分にわたってほぼ完全な対称性を保ったこの作品には、「森への旅」のパターンが非常に明白に現れている。自分に足りない部分を見つけるために別の場所へ旅立つというのが、この映画の表面上の意味とまでは言えないにせよ、サブテキストに含まれるだろう。「ビート」が省略されたり、別の幕へ移されたりはしているが（「穴」が発見されるのも、古典的な分類では第二幕に当たる部分だ）、それでもこの映画が難なく原型のひな型におさまっていることはわかるはずだ。

第一幕

クレイグ・シュワルツは、人生も結婚もうまくいっていない、優れてはいるが認められていない人形師だ。謎の人物ドクター・レスターを通じて事務の仕事を見つけたクレイグは、魅力に欠ける自分の妻とは正反対のまばゆいばかりの美女、同僚のマキシンに心奪われる。クレイグはマキシンに執着し、セックスをシミュレーションするため、マキシンの人形を作る。

第二幕

ある日クレイグはマキシンに愛を告白するが、拒絶されてしまう。その後クレイグは、ファイルキャビネットの奥に小さなドアを見つける。ドアから入ってみると、自分が有名俳優のジョン・マルコヴィッチの頭の中にいて、本人と同じように物事を見たり体験したりできることに気がつく。ニュージャージーの高速道路の脇に放りだされるまで、十五分そこにとどまることができた。クレイグがマキシンにこの「穴」のことを話すと、マキシンは一回二百ドルでほかの人にも使わせようと提案する。クレイグが妻のロッテにもその話をすると、妻はみずから穴に入りにくる。ロッテはその体験に取り憑かれてしまい、すっかり人生が変わってしまう。

第三幕

マキシンとクレイグは、マルコヴィッチの頭の中ツアーの販売計画に乗りだす。一方、この体験に陶酔したロッテは、自分の性自認が一致していないことを告白、さらには初対面からマキシンに夢中になってしまう。マキシンはロッテの気持ちに応じはしなかったが、ロッテには幸運なことに、マキシンはジョン・マルコヴィッチに魅力を感じていたため、ロッテがマルコヴィッチの頭の中に入って、マキシンとセックスする計画が立てられる——この計画は、映画のちょうど真ん中（始まりから五十四分）のところで実行に移される。

激怒し嫉妬に狂ったクレイグ（この体験でいい思いができなかった唯一の人物）は、ロッテを監禁し、自分がマルコヴィッチの頭の中に入り、マキシンへの欲望を満たすために行動する。クレイグにあやつられるようになったことで、頭の中に入られているマルコヴィッチ本人が不審に思い始める。マルコヴィッチはレスター社のビルに侵入し、このいんちき商売を発見すると、自分で自分の頭の中に入り込む。ニュージャージーの高速道路でクレイグと対峙したマルコヴィッチは、穴を閉じるよう要求する。

第四幕

ロッテは檻を脱出し、マキシンに事情を話すが、皮肉なことにマキシンには、マルコヴィッチになったクレイグとのセックス体験のほうが刺激的に思えていた……。

ロッテはドクター・レスターに会いに行く。レスターは、穴の存在と、それがいかに永遠の若さをもたらすかについて、長々説明する。ドクターと年配の仲間たちは、自分たちが長生きするためにたくらんだ陰謀により、マルコヴィッチの四十四歳の誕生日にその頭の中を占拠する必要があるという。一方、自信を深めたクレイグは、自分のあやつり人形の技術がこのうえない才能であることに気づき、マルコヴィッチの頭の中にフルタイムで入り込み、マキシンをそばに置き、マルコヴィッチを世界的に有名な人形師にしようと決意する……。

レスターはロッテに、マルコヴィッチの頭の中にずっと居座るための場所を提供しようとする。ロッテはレスターにクレイグのことを暴露する（クレイグにとってのワーストポイント）。

第五幕

ジョン・マルコヴィッチになっているクレイグは、人形師としてのキャリアをスタートさせ、大成功をおさめる。クレイグは身ごもっているマキシンと結婚するが、二人の関係はぎくしゃくし始める。一方、ロッテの密告を受けたドクター・レスターの一味は、クレイグとマルコヴィッチを引き離すため、マキシンを誘拐して人質にする。最終対決で、マキシンとロッテはマルコヴィッチの頭の中に同時に入り、ロッテは（マルコヴィッチの中の）クレイグではなく、（マルコヴィッチの中の）自分がマキシンの子どもの親であることを教えられる。

クレイグは良心の呵責に耐えきれずマルコヴィッチから出ていき、かわりに老人たちが入り込み、ロッテはマキシンと結ばれる。嫉妬したクレイグは穴に入り直そうとするが、自分が別の恐ろしい場所にいることに気づく……穴は変化していた……。

七年後、映画の視点はマキシンとロッテの子どものエミリーに移る。エミリーの目を通して、観客はクレイグがエミリーの頭の中に閉じ込められていることに気づかされる。

変化のロードマップ――『マルコヴィッチの穴』の場合

『マルコヴィッチの穴』のテーマは、映画が始まって五十一分の地点でマキシンが告げる。マキシンに執着するロッテやクレイグとともにした夕食の席で、マキシンは考えに耽る。

世の中には、欲しいものを追い求める人と、そうでない人がいると思う……そうよね？　情熱的な人、欲しいものを追いかける人が、それを手に入れられないこともあるかもしれないけど……少なくとも生き生きとはしてる……そういう人たちは、死の床についても、後悔は少ないんじゃないかしら……ね？

冒頭で登場してきたときのクレイグには何もないが、マキシンと穴を発見すると、彼の目の前で新世界が興味をかき立てるかのように渦巻きだす。クレイグが欲しいものをつかめば、世界はクレイグのものになる。要するに、クレイグは旧い自己から逃れるための旅に出たということだ。ひどい結果にはなるが……。

ここでのワーストポイントは、クレイグが敵対する力の存在に気づいていないことだ。これは退行とも解釈できるが（結局のところ、クレイグは人形師になりたかっただけだ）、悲劇の物語構造にはよくあるリフでもある。ワーストポイントが逆転すると、主人公の野心の古典的頂点となる。

第一幕

何も知らない——クレイグは自分の世界の外について何も知らない
知り始める——仕事を得て自覚が出てくる
気づく——まったく新しい世界への入口を発見する

第二幕

疑う——穴に入ってみたものの、何を見つけたのか確信が持てない
ためらいを克服する——ロッテに話すと、彼女は自分で穴を試したいと言う
受け入れる——クレイグはマキシンとビジネスを始める

第三幕

知ったことを実験する——ロッテはマキシンに、自分がマルコヴィッチの頭の中に入って、マキシンとセックスすることを提案する
重要な知識を得る（ミッドポイント）——二人はセックスする——クレイグの怒りが爆発する
知ったことを再び実験する——クレイグがロッテを監禁し、マルコヴィッチの頭の中に入ってマキシンとセックスする

第四幕

疑う――クレイグは自分が怪物になった気がしてくる

再びためらう――とはいえ、これはただの不正ビジネスだ。クレイグはマルコヴィッチを支配し始める

あと戻りする――クレイグは計画を立てるが、それが最後には破滅につながる

第五幕

再び気づく――マキシンとロッテがマルコヴィッチの内部で争う中、クレイグは疑問を抱く……

再度受け入れる――それでも支配の道に戻る

完全に消化する――ほかの人間を完全支配するにいたる（ただしクレイグが思っていた人物ではない）

付録Ⅳ

戯曲『マイ・ジンク・ベッド』——構造の形

依存症を題材としたデイビッド・ヘアーのこの作品は、相反するものの和解を中心にして構築されている。情熱と抑圧、優しさと激しさ、生きることと生き残ること。ソフォクレスの『アンティゴネ』にまで源流をさかのぼることができるこの作品において、両極端な二つの見解の並置と最終的な同化は、戯曲の形だけでなく、内容そのものでもある。更生したアルコール中毒患者と、彼を雇った美食家（ひとりの女性をめぐって争う二人）が登場するこの戯曲は、びっくりするほど原型的である。実のところヘアーの戯曲は、あらゆる物語構造に内在する中心的弁証法そのものだ。登場人物のひとりがこう言及してさえいる。「ユングによれば、私たちが他人を愛するのは、本当は自分自身の不足を補おうとしているからだ。ただしユングは、他人によって自分を完成させようとする試みは、決して成功しないとも言っている」。

『マイ・ジンク・ベッド（My Zinc Bed）』は、単なる感情と感情の抑圧、つまり人生と中毒についての作品というだけでなく、物語構造のメタファーとしても機能する作品である。ビクターは、ポールの前で挑発するようにマルガリータを作り、こう表現する。「口に含むとひどく冷たく、喉をおりていくときはひどく熱い。矛盾、まさに人生の核心だ。そう思わないか？」これこそ作品のテーマそのものだ……。

もちろん、この作品は五幕構成ではなく二幕構成で書かれている――各幕に六シーンが含まれている。が、その基本的な形と構造的規範への忠実さを示すため、ここではあえて五幕構成で作品を紹介する（オリジナル版の区切りも併記しておく）。物語にどんな構成を使おうとも、骨格は同じだということを示すためだ。

ポールが抑圧から情熱に向かい、その過程で理解を見いだし、ぼんやりとした癒やしのようなものを得るまでを観察してみてほしい。

『マイ・ジンク・ベッド』――簡単なあらすじ

第一幕

アルコール依存症から回復中の詩人、ポール・ペプローが、インターネットビジネスで大富豪となったビクター・クインの家にやってくる。かなりひどい面談ののち、ポール自身にも観客にも意外なことに、ビクターはコピーライターの仕事をポールに依頼する(第三場の終わり)。

第二幕

ポールはビクターの妻エルサと出会う。エルサ自身もコカイン中毒から立ち直ろうとしているところで、二人は、《アルコホーリクス・アノニマス》(AA。アルコール依存者の自助グループ)はカルトか否か——団体はポールを救ったのか、それとも以前持っていた人間関係を断つ口実を作っただけなのか——について激しく議論した末に、思いも寄らずキスをしてしまう(第四場の終わり)。

第三幕

ポールはビクターの世界に入っていく。不安、恐怖、興奮を感じながら、ビクターとエルサの世界に巻き込まれ、再び人生を生き始める。ビクターはポールとは正反対で、飲むことを恐れず、「一杯だけ」などというふるまいはありえないと信じ、ポールの目の前で挑発的にマルガリータを作って飲んだりする。ポール自身もその危険の中毒になっていき、酒と愛を関連づけ、どうしても飲みたくなり、久しぶりに飲んでしまう（第六場の終わり）。

（第一部終わり――ミッドポイント）

ビクターが留守のとき、酔ったポールが家に現れる。ポールはエルサに、もしエルサを手に入れることができるなら、永遠に酒を断つと言う（第八場の終わり）。そしてボトルに入ったウィスキーを植木鉢に注ぐ。

第四幕

ポールは、ビクターがエルサとの情事に気づいているのではないかと疑念を抱く。夏が終わろうとしている。ビクターとエルサは口論し、ビクターはエルサが飲みすぎていると非難する。ビクターのビジネスもうまくいっていない。ポールは、ビクターの仕事をやめ、AAに戻り、ここにはもう来ないという決意を観客に宣言する（第九場の途中）。

第五幕

エルサはポールに行かないでと訴え、愛していると言う。しかしポールは、エルサを愛することはひとつの中毒をほかの中毒に置き換えるだけだと告げる。空が暗くなり、ビクターが入ってくる。エルサはなおも懇願するが、ポールは前進の決意を固める。ビクターは飲酒運転事故で死ぬ。ポールはまだAAのミーティングに通っているが、自信と判断力、そしてもしかしたら愛する能力も再発見しつつあり、再び生きることを学んだという様子が（いい意味で漠然と）見える。

変化のロードマップ――『マイ・ジンク・ベッド』の場合

第一幕

何も知らない――ポールがビクターの家にやってくる
知り始める――ビクターのことを知り始める
気づく――ビクターの仕事を引き受ける

第二幕

疑う――過去の自分について語る

ためらいを克服する――過去の自分の欠点が見え始める

受け入れる――エルサに初めてキスをする

第三幕

知ったことを実験する――恐れを認める／さらにエルサに惹かれる

重要な知識を得る（ミッドポイント）――酒を飲む――愛の宣言の象徴として。「人生」の力を感じる

知ったことを再び実験する――人生／飲酒への興奮に圧倒される、エルサのために酒を断つ

第四幕

疑う――ビクターが疑いを抱いたため、情事から身を引く

再びためらう――ビクターの闇の部分とエルサの依存に気づく

あと戻りする――ＡＡに戻ると告げ、家から去る

第五幕

再び気づく——エルサの懇願への反論——エルサを愛することは別の中毒でしかない

再度受け入れる——ビクターに仕事をやめると告げる——もう依存はしない

完全に消化する——去る

付録V

『ゴッドファーザー』——構造の形

『ゴッドファーザー』は、まるでスティック・オブ・ロック（日本の金太郎飴に似た棒状のキャンディ）のどこを切っても出てくる文字のように、本書の全体を通じて登場してくる。その構造の形は完璧だ。現代悲劇の典型的な事例（主人公は肉体的には生きているが、精神的に死ぬ）であるこの作品は、悲劇の形をとりながら、一字一句まで変化の方法論に忠実に従った、原型的な闇の逆転劇である。くり返しになるが、この作品が五幕構成で書かれたかどうかというのはあくまで学問的な話だ。五幕構成のひな型は、その基本にある「森への旅」の形を、気味が悪いほど明瞭に見せてくれる。

『ゴッドファーザー』——簡単なあらすじ

第一幕

マイケル・コルレオーネは、婚約者ケイとともに、妹のコニーとカルロの結婚式に出席する。マイケルはケイに、自分の一族のファミリー・ビジネスについて説明する。「これが僕の家族だ、ケイ。僕はちがう」。マイケルがニューヨークでクリスマスの買い物をしているとき、父のドン・コルレオーネが撃たれた知らせが入る。

第二幕

マイケルは父の看病のために一族のもとに戻り、兄のソニーが指揮をとる。入院中の父を見舞ったマイケルは、そこで二度めの暗殺計画を阻止し、その体験の最中、自分が恐怖ではなく高揚感を覚えたことに気づく。悪徳警部マクラスキーはマイケルの顎の骨を折ったが、計画の頓挫に苛立つ。

第三幕

マイケルは、マクラスキーと、父の暗殺未遂の黒幕と見られる麻薬王、ソロッツォを殺す計画を思いつく。

二人を殺害したマイケル（ミッドポイント）は、シチリア島へ逃げ、そこで恋に落ちて結婚するが、復讐をたくらむ連中に妻を殺されてしまう。ニューヨークでソニーも殺害される。ドン・コルレオーネは復讐を断念し、ドン・バルジーニの権力を認め、マイケルが故郷に戻っても身の安全が保証されるようバルジーニに求める。

第四幕

マイケルはニューヨークに戻り、ケイのもとに行って、五年以内に一族のビジネスを合法的なものにすると約束する。ニューヨークのほかのファミリーからも一家への圧力は強まり、ビジネスを拡大してラスベガスに移るというマイケルの計画も、コルレオーネ家はもはや太古の恐竜だと揶揄するカジノ企業家、モー・グリーンに馬鹿にされる。マイケルの弟のフレドはグリーンに手玉に取られ、事態はさらに悪化する。

ドン・コルレオーネは自宅の庭で倒れ、安らかに息を引き取るが、マイケルはすでにその前に父から、ファミリーの中に裏切り者がいる、その人物が自分の死後に取引を持ちかけてくるはずだという警告を受けていた。

第五幕

父の葬儀の席で、ファミリーの重鎮テシオが、ドン・バルジーニとの取引を自分が仲介するとマイケルに持ちかけてくる。コニーの息子の洗礼式の日、マイケルは行動を起こし、テシオ、バルジーニ、グリーン、そのほかのニューヨークのドンたち全員、そしてカルロも殺害する——カルロがソニー暗殺の糸を引いていたことに、マイケルは気づいていたのだった。ケイはマイケルに、コニーが未亡人になった責任はマイケルにあるのかと問うが、マイケルはケイの目を見てそれを否定する。

変化のロードマップ——『ゴッドファーザー』の場合

第一幕

何も知らない——マイケルはファミリー・ビジネスと距離を置く

知り始める——父が暗殺されかけたという知らせを聞く

気づく——ファミリーのもとに駆けつける

第二幕

疑う——ソニーに指揮を任せる

ためらいを克服する――父のための復讐計画を立てる
受け入れる――計画は周囲に受け入れられる

第三幕
知ったことを実験する――計画を実行に移しにかかる
重要な知識を得る（ミッドポイント）――ソロッツォとマクラスキーを殺害
知ったことを再び実験する――シチリアに逃亡する。妻が殺される

第四幕
疑う――ニューヨークに戻り、ビジネスを合法にすると誓う
再びためらう――ほかのファミリーやグリーンからの圧力が増す
あと戻りする――父はマイケルに、裏切り者の存在を警告して亡くなる

第五幕
再び気づく――テシオが裏切り者だとわかる
再度受け入れる――敵対者を全員殺す

完全に消化する――ファミリーのトップとなる。ケイに嘘をつく

付録Ⅵ

第一幕と第五幕の対称性
――ほかの事例

『英国王のスピーチ』

第一幕

1　ひどいスピーチをする
2　人と話すことを拒否
3　ローグを拒否

第五幕

1　ローグを必要とする
2　意見を言うことを主張する

3　見事なスピーチをする

『恋のゆくえ／ファビュラス・ベイカー・ボーイズ』

第一幕

1　「また会える？」「いや」

2　表面上はクール——兄と一緒にやることをいやがっている

3　スージーと出会う——彼女を追いかけたい

第五幕

1　モニカと出会う——彼女を追いかけようとはしない

2　仮面をはずし、兄を受け入れる

3　「また会える？」「かもね」

付録Ⅶ

脚本術の権威による理論の早見表

インターネットの検索エンジンに「脚本　構造」と入力するぐらいならまだしも、脚本家のフロンティア世界で怪しげなセールスマンが徘徊していたりするはずがないなどと信じたりすれば、かなり面倒なことが起きる覚悟をしたほうがいい。

脚本術の権威は世の中にたくさんいる。面白い人もいれば、そうでもない人もいる。最悪なタイプの特徴は、グロテスクなほど過剰に複雑な理論、奇怪な専門用語、根拠のない確信などで、多くの場合は「真実」と引き換えに、とにかく金銭を要求してくる。お金で買える真実を約束する人々はみなそうだが、こういった連中にできることは、せいぜい物語構造の真面目な研究に悪評をもたらす程度だ。

とはいえ興味深いことに、彼らの指示に従ってみれば、それなりに良い脚本が書ける――なぜなら、どの脚本術の権威も、基本的には同じことを言おうとしているからだ。実のところ、私自身の理論も含め、どの物語理論も本当は同じものであり、そう認識できることこそ、まさに原型的な構造が存在することの証明とも言える。

次の表は、ごく一部の重要な研究について、その基本にある類似性を簡潔に示したものである。ウラジーミル・プロップとジョーゼフ・キャンベルも、この表に含めた。どちらも自分たちを脚本術の「権威」とは思わないだろうが、彼らを含めることで、統合的物語構造についての議論が明確になるだろう。ほかと比べて簡単なモデルもあるが、どのモデルも構造に当てはまる。この表はかなり単純化したもので、もっと詳しい内容については著作をすべて読むべきだが、要点を説明するのには役立つ表になっていると思う。すべて、物語の真の形をとらえて理解しようとしている理論だ。

	第一幕	第二幕	第三幕	第四幕	第五幕
テレンティウス／フライターク	設定、行動のきっかけ 契機事件	物事がうまくいく　最初の目標が達成される ターニングポイント	敵対する力が強さを増すにつれ、物事がうまくいかなくなる ミッドポイント	物事は悪化の一途をたどり、敵対者との最終対決となる ターニングポイント／ワーストポイント	欠点を克服する　良かれ悪しかれ事態は解決する
ウラジーミル・プロップ	悪事または欠如	出発	闘争 勝利 ミッドポイント 清算	帰還 追跡 気づかれない到着	困難な課題 結婚
ジョーゼフ・キャンベル	無垢 冒険の世界への召命 幼年期の別離	召命拒否 自然を超越した力の助け	最初の境界を越える 父親への贖罪 ミッドポイント 神格化	帰還の拒絶 魔術による逃走	救出 生きる自由 二つの世界の導師
モーリーン・マードック*	女性らしさからの分離 男性らしさとの同一化	試練の道 双頭のドラゴン ドラゴンを殺す	幻の恵み イニシエーションと女神への降下 ミッドポイント 女性らしさと結びつきたいという渇望	野性の女 癒やし	女性らしさの統合 二元性を超える

	第一幕	第二幕	第三幕
シド・フィールド	設定	ピンチポイント　対立　ピンチポイント	クライマックスと解決

	第一幕	第二幕	第三幕	第四幕	第五幕
ボグラー	日常世界 / 冒険への誘い	ためらい、もしくは冒険の拒否 / 師との出会い	最初の戸口の通過 / 最大の苦難 / 報酬 / ミッドポイント / 試練、仲間、敵	帰路での追跡 / 第三の戸口 / 死	復活 / 宝を持っての帰還
ブレイク・スナイダー	オープニング・イメージ / セットアップ / きっかけ / テーマの提示 / 契機事件	ディベート / サブプロット / 第二幕への突入	お楽しみ / 迫り来る悪い奴ら / ミッドポイント	すべてを失って / 心の暗闇	最終幕への突入 / フィナーレ / ファイナル・イメージ
ジョン・トゥルービー	必要なもの／欲しいもの / 最初の失敗	計画 / 最初の反撃	衝動 / 敗北と見えるもの / 第二の失敗	仲間による観客への新事実の暴露 / 第三の失敗	闘い / 道徳的判断 / 新たなバランス

	第一幕	第二幕	第三幕	第四幕	第五幕	第六幕	第七幕	第八幕
フランク・ダニエル**	現状維持	外面的に欲しいものの明確化	新たな世界の探求	最初の大きな試練の克服	力が増す	壁に当たる	自暴自棄のアクション	成功とその後
リンダ・アロンソン	正常　混乱	主人公の計画	驚き	障害	複雑化　サブストーリー	さらに複雑化	さらに障害	クライマックス　解決
クリストファー・ブッカー	行動のきっかけ		夢		いらだち		悪夢	問題解決
マイケル・ハウジ	1. セットアップ		2. 新たな状況	3. 進展	4. 複雑化・大きな賭け		5. 最後のひと押し	6. 結末

* モーリーン・マードック『ヒロインの旅：女性性から読み解く〈本当の自分〉と創造的な生き方』（一九九〇年）

** フランク・ダニエルは脚本術の講師。「八つのシークエンス」を開発した。Paul Joseph Gulino, *Screenwriting: The Sequence Approach*, 2004.

注

はじめに

◆01 インターネット・フォーラムの果てしないおしゃべりを参照してほしい。「THE WEEK」(https://theweek.com/articles/498015/4-avatarpocahontas-mashup-videos)は、比較を試みた数多くのサイトのひとつである。

◆02 『カジュアルティ』の脚本家の息子が、二〇〇七年に筆者にEメールで送ってきたもの。

◆03 唯一理由に近づこうとしたのは、ラヨシュ・エグリの『The Art of DramaticWriting』（一九四二年に『How to Write a Play』として出版）で、これでさえも「真実」というよりはポエムに近かった。

◆04 ウィリアム・アーチャーは、一九一二年に出版した舞台技術に関する著書『Play-Making: A Manual of Craftmanship』で、理論家志望の人々の問題をうまく表現している。
「こんなふうに、一方には衒学趣味、もう一方にはいんちき行為が殺到してくる余地がある。ここでいう衒学者とは、形而上学的もしくは心理学的な第一原理から一連のルールを構築し、なんとか大学のどこぞの講義室のシナイ山から、演劇的な十戒をもたらすと公言する人のことである。一方、いんちき学者とは、最も低俗な舞台職人の悪習を一般化する人間のことであり、劇場の切符売場の御神託を解釈する以上の野心はない。それに成功するのであれば、その職務もすべてが卑しいとは言えないだろう。しかし、そうした人物にはたいてい洞察力がなく、そればかりか、切符売場の御神託は、月単位とは言わないまでも季節によって差があるため、いんちき学者の仰々しい研究は、占星術師のザドキエルやムーア老人のそれと同程度の価値しかない」。

◆05 Guillermo del Toro speaking at the International Screenwriters' festival; reported in *Time Out*, 12 July 2006.

◆06 二〇一〇年十二月、BBCラジオ4の『Front Row』は、英国で最も成功した三人の脚本家を招き、脚本術について議論させた。示唆に富んだ話も多かったが、物語の構造や技巧を真っ先に非難しようとやっきになる彼らの会話は、モンティ・パイソンの『四人のヨークシャー男』のスケッチをパロディにしているかのようだった。

◆07 David Hare, writing in *Ten Bad Dates With De Niro: A Book of Alternative Movie Lists*, edited by Richard T. Kelly, 2007.

◆08 英国映画協会（BFI）第五十二回ロンドン映画祭（二〇〇八年）における、チャーリー・カウフマンのマスタークラスの筆記録より。

◆09 構造の研究が軽視されてきたことは驚くにはあたらない。平凡な脚本術の書籍を読めば、非難すべきは構造の教祖たち以外の何者でもないことがわかる。厳密な分析もなしに絶対確実なものを宣伝するシステム、疑問視されることを拒否するシステム、教祖をてっぺんに置くシステム、どのシステムも経験的事実に基づくこともできていない。「それを置くべきところに置く。十二ページ……十二ページは触媒だ」（ブレイク・スナイダー『SAVE THE CATの法則』）などと、契機事件について真顔でこう書いている人を見かけたら、混乱した世界に入り込んでしまった証拠だと考えたほうがいい。果てしなく続く不要な複雑さ（ジョン・トゥルービー『ストーリーの解剖学』）、「テーマ」などの単純な基本理念に、より複雑でまったく不必要な新しい用語を与えようという誘い（ロバート・マッキー『ストーリー』）、一九六〇年代のグレイトフル・デッドがアルバムのスリーブの裏に書きそうな言葉（クリストファー・ボグラー『作家の旅』）などは助けにならないし、カルト宗教の古典的なマーケティング手法を思わせる。残念なことだ。彼らの言うことの多くは価値があるが、何も本人たちのためにはならない。自分たちを教祖のように見せ、無条件の信仰を要求する。重要な根拠までさかのぼりもしない。そんな理論づけを受け入れる学問などどこにもない——物語構造の研究なら許されると考えるほうがおかしいのだ。

◆10 Aaron Sorkin, interviewed by *On Writing* magazine, February 2003, vol. 18.

◆11 フリードリヒ・エンゲルス『反デューリング論』（一八七八年）。

◆12 Robert Hughes, *The Shock of the New*, 1980.

1 物語とは何か？

◆01 Frank Cottrell Boyce, 'How to Write a Movie', Guardian, 30 June 2008.

◆02 David Edgar, 'In Defence of Evil', Observer, 30 April 2000. 記事はこう続く。「メアリー・ベル〔一九六八年に十一歳で連続殺人を犯したイギリスの少女〕事件の被害者の両親が、サン紙に『メアリー・ベルは感情のある人間として考慮される価値などない』と書いたのは、理解はできるが悲しいことだし、ほかの人間たちに責任逃れをさせているだけだ。悪と呼ばれるものが存在し、それが悪人とそれ以外の人間を分けているという考えは、なぐさめにしかならない幻想だ。不快な真実を理解するには、認識と共感が必要なのだ。邪悪な人間の目を通して世界を見て、自分自身の内にもある衝動や怒りや恐れを見いだし、痛みのなかで認めなければならない――別の状況下なら、自分もそうしたものによって、恐ろしい行動に駆り立てられる可能性があることを。

ピーター・ブルックが『なにもない空間』で書いているように、『劇場では、過去の過失はつねに清算されている』のである。演劇は、人々の最も暗い衝動を、実験室的な状況のもとで試し、直面することのできる試験用飛行機だ。そこでは観客は、結果を気にすることなく、欲望を体験できる。演劇は、父王を荒野に追いやった人間の魂ではなく、追いやりたいと思っている人間の魂を、観客にのぞき見させてくれる。

だが、衝撃は最初だけにすぎない。次の瞬間には、観客はそのながめを楽しんでいる。その楽しみこそが、われわれに、自分の我慢ならない面と向き合わせてくれるのだ」。

◆03 ポール・シュレイダーは『タクシードライバー』についてこう言っている。「観客が共感の価値がないと感じる人物に、（観客を）共感させることができる。そうなれれば、かなり面白い立ち位置にいるということだ」（*The Story of Film*, More 4, 2011）。

◆04 ロバート・マッキー『ストーリー』。

◆05 フランソワ・トリュフォー『映画術 ヒッチコック／トリュフォー』（一九八五年）。

◆06 すべて非常にポストモダン的だ――バットマンに『ザ・エージェント』（一九九六年）の台詞が引用されるとは。

◆07 Aaron Sorkin, interviewed by *On Writing* magazine, February 2003, vol. 18.

◆08 スタニスラフスキーは俳優たちに向けてそれを明確にし、より広い意味合いはほかの人物が世に伝えた。十九世紀末のフランスの演劇批評家、フェルディナン・ブリュンティエールはこう言っている。「演劇とは、われわれを制限し小さく見せる謎めいた力や自然の力に相対する、人間の意志を表現するものである。宿命に抗い、社会の法に抗い、自分と同じように命に限りがある仲間に抗い、自分自身に抗い、必要とあらば、自分を取り巻く人々の野心、利益、偏見、愚かさ、悪意に抗うために、われわれのひとりが、生きたまま舞台の上に投げ込まれるのである」(*Etudes Critiques*, Vol. VII, 1880–98)。

◆09 正確には、これを言ったのはチェーホフではなく、『退屈な話』の語り手であるニコライ・ステパーノビッチである。

◆10 アルフレッド・ヒッチコックによるコロンビア大学でのレクチャー、一九三九年。ドナルド・スポトー『ヒッチコック 映画と生涯』より引用。

◆11 ボンドに深みを持たせようという試みは周期的におこなわれている。『女王陛下の007』『007/カジノ・ロワイヤル』、そして『007/スカイフォール』もそうだ。後ろの二作は実質的には創造神話であり、変化の可能性を許容している。最初の作品はラブ・ストーリーで、立体感が生じる余地を与えている。だが、ボンドがボンドでなくなるほど変化させることはできないので(変化に内在する問題については20節を参照)、プロデューサーが次にボンドをどこまで変化させようとするかを見るのも興味深い。

◆12 私の知るかぎり、この言葉は1945年にトーマス・ボールドウィンが作った。シド・フィールドが一度だけ使っているが、ロバート・マッキーの著書を通じて現代に定着したのはまちがいない。脚本家業界では、この言葉はほとんど一般的に使われているが、おそらくこの言葉がその機能を非常によく表しているからだろう。

◆13 契機事件とは実のところなんなのかを明確にする試みは、長年おこなわれている。シュレーゲルの『Lectures on Dramatic Art and Literature』(一八〇八年)は、契機事件を悲劇的な状況における自由意志の最初の行為と定義した。グスタフ・フライタークはここでもその成文化の中心となった。一八六三年の『戯曲の技巧』(この中でピラミッドが初めて明確化された)で、彼はこう書いている。「[演劇の五つの部分の]あいだに三つの重要な場面効果があり、これを通じて各部分が分離し、同時にひとつに結びつけられてもいる。これらの劇的な瞬間や危機のうち、導入部と上昇部のあいだにあるひとつが、行動が活発化する始まりを示唆する。それは、興奮の瞬間、もしくは力と呼ばれる」(フライタークが書いたこのパラグラフは、本書の前提をきちんと要約していると言っていいだろう）。

一八九二年、ウィリアム・トンプソン・プライス教授は、自身の『Technique of the Drama』でこう言っている。「動きが本当に始まるのは、意見が対立したときである。……戯曲の主人公やその追随者、あるいは敵対する勢力が目的を告げた瞬間、メカニズムが動き出す。……それは第一幕で必ず起こらねばならず、通常は結末からかけ離れてはいない」。六年後、エリザベス・ウッドブリッジ・モリスは『The Drama; Its Law and Its Technique』（一八九八年）でこう述べている。「芝居の適切な動きは、「刺激をもたらす力」と呼ばれるものから始まる。すなわち、物事を均衡状態もしくは静止状態から動かし、劇的な対立に急きたてる力である」。一九〇二年、ブリス・ペリーは『A Study of Prose Fiction』で、現在われわれが契機事件と呼んでいるものの位置づけを次のように述べている。「そこで、一般には芝居の第一幕の中盤か終わり近く、巧みに組み立てられた物語の冒頭からそう遠くないところで、「刺激的な」（あるいは「契機となるような」）力、あるいは「瞬間」と呼ばれるものがやってくる」。ウィリアム・アーチャーも、その著書『Play-Making』（一九一二年）で同意している。「フライタークの言う「erregende Moment」は、なんとしても第一幕に含めるべきである。「erregende Moment」とは何か？「導火線の発火の瞬間」と表現する人もいるだろう。法律的な言葉で言えば、意見の対立と解釈できるかもしれない。これまで潜伏していた劇要素が、はっきり姿を現す時点を意味する。危機の発芽、人の手の大きさにも満たない雲が地平線に出現する瞬間を意味する」。

上記したすべてに関しては、一九〇二年にこのテーマについて『演劇における刺激の力（The Exciting Force in the Drama）』と題する素晴らしい論文を書いた、ジェームズ・D・ブルーナーの貢献に非常に感謝している。ブルーナーは、当時の既存の研究（アーチャー以前の時代のもの）を要約したばかりか、明らかになった矛盾も解決した（本書の8節参照）。出来事と行為のあいだにいくらか混乱があることに気づいた彼は、こう結論づけた。「この難問の解決法として私が提案するのは、次のようなものである。まず、演劇上の動きを起こす刺激的要因は、この動きの刺激的な始まりと、明確かつ厳密に分離されるべきである。前者は、刺激となる、もしくは契機となる事件と呼び、後者は、刺激的な力、もしくは最初の力、最初の瞬間と呼ぶ。たとえば、ソポクレスの『アンティゴネ』では、刺激的要因はポリュネイケスの遺体を埋葬する者は死をもって罰するというクレオンの命令であり、刺激的な力は、兄を埋葬するというアンティゴネの決意である」。この論文は、モダン・ランゲージ・ノーツ誌に掲載されている（一九〇八年一月）。

◆14 『007／カジノ・ロワイヤル』では、ボンドは女を手に入れていない。『ターミネーター2』では、ターミネーターは事実上は目標を達成しているが、そのために誰も殺したりはしなかった――彼が学ぶ必要があった真の教訓はそれだ。

◆15 興味深いことに、『エイリアン2』のこの場面は、初公開時には削除されていた。その後、ディレクターズ・カット版（一九九二年）で復活した。

◆16 Pamela Douglas, *Writing the TV Drama Series*, 2005.

◆17 『ストーリー』において、ロバート・マッキーはこれを「危機地点」と呼んでいるが、私はこれはまちがっていると思う。

◆18 ラヨシュ・エグリはすべてのシーンが必須であると主張しているが、やや衒学的ではあるが良い指摘である。彼の主張は、ジョン・ハワード・ローソンが『劇作とシナリオ創作 その理論と方法』（一九三六年）で訴えた「芝居が目指している直接的な目標」と一致しており、同等に公正な見解だ。フランシスク・サルセーは、必須のシーンは複数ありうると主張している（確かにそうしたシーンは、戯曲が問いを投げかけるたびにひとつずつ規定されていくものだ）。ただし、契機事件に触発される、構造上必須の最優先のシーンはひとつだ――意図や目的をどう考えても、主人公と敵対者の対決がそれであり、つまりは最終幕全体だということを主張しておきたい。

◆19 『007／スカイフォール』は、特にこの形式にポストモダン的なひねりを加えている。ボンドは世界を救い、そして……秘書を手に入れる。フェミニズムが闘ってきたのはこういうことのためなんだろうか、と思わずにはいられない。

◆20 『スター・ウォーズ』に関するクリストファー・ブッカーの洞察には感謝している。

◆21 ヤン・コット『シェイクスピアはわれらの同時代人』（一九六二年）。

◆22 このパターンに当てはまらない物語を見つけることはつねに可能だ。チェーホフの『三人姉妹』の中心人物は、モスクワを夢見る以外たいしたことはしていない、とよく言われる。しかし、チェーホフの天才的なところは、欲望の結果を絵のような静けさで見せるところにある。登場人物たちが示す退屈さと倦怠感の向こうに、その下に横たわっている燃えるような欲望の構造――ナターリヤの支配から、マーシャによるベルシーニンとの悲惨な不貞行為まで――が見えてくる。「プロットのなさ」の幻影に埋もれているだけで、演劇的構築の中心要素はすべて正しく存在している。チェーホフの戯曲は、ドラマティックな欲望の過程ではなく、時間の中で刻々と変わっていくその結果であり、そこから観客の心は最初の原因をさかのぼっていく。

◆23 用語についてはクリストファー・ブッカーに感謝している。『The Seven Basic Plots』(二〇〇四年)からの引用である。が、どう機能するかについての説明は私自身のものである。

◆24 これはもちろん、『詩学』の中で「hamartia」がどう訳されているかによる。「欠点」と訳されることもあるが、一九九六年のペンギン版では「誤り」と訳されている。このほうが明らかにわれわれの定義にしっくりくる。

◆25 イプセンの戯曲と『ジョーズ』の類似性を指摘する人は多いが(『How Plays Work』のデイビッド・エドガーなど)、後者が古典的なヒーローズ・ジャーニーを描いているのに対し、『民衆の敵』は、ひとりの男の悟りの道として読むにせよ、もっと暗い色合いをおびたものとして読むにせよ、スピルバーグの映画とはトーンが大きく異なる。後者の主人公は自分を取り戻すが、イプセンのストックマン医師は地域社会と争うことになってしまう。スピルバーグ作品では、こうした暗さは決して生じない。

◆26 もうひとつのバリエーションは、闇に旅をしてそこから回帰するというもので、『ヒッチコック』(映画)や『ワン・デイ 23年のラブストーリー』(映画及び小説)に見られる。とはいえ、こうした映画にも、利己主義から無私主義へという表面的な下降の根底に、よりわかりやすい直線的な旅をたどることができる。

2 三幕構成

◆01 アラン・プレイターが著者に二〇〇八年に語ってくれた話より。

◆02 幕間はミッドポイント(詳細は後述参照)として機能し、賭け金を大きく引き上げる。

◆03 アリストテレスは、物語には始まり、中間、終わりがあり、因果関係の連鎖で結ばれているべきだという信念を持っているが、『詩学』には、それ以上幕構成についての具体的な言及はない。伝統的な三幕構成の定義としては、このうえないものだ。

◆04 Marc Norman, *What Happens Next?—A History of American Screenwriting*, 2008.

◆05 David Mamet, *Three Uses of the Knife*, 1998.

◆06 これを自分のオリジナルの考えだと主張する気はない。マメットが最も雄弁に言明しているし、ブレイク・スナイダーも『SAVE THE CATの法則』で少しだけ触れており、ラヨシュ・エグリは『The Art of Dramatic Writing』（一九四六年）で、弁証法を中心に物語の理論全体を構築している。ただ、これについて細かいところまで掘り下げた人間、あるいは、構造的であろうとなかろうと、弁証法の持つ意味全体を探求した人間はいない。

3 五幕構成

◆01 ウィリアム・アーチャーは『Play-Making』（一九一二年）の中でこう論じている。「ホラティウスによって引き継がれたアレクサンドリアの教えは、五幕構成の分割に純粋に恣意的な制裁を与え、劇作家たちが自分のテーマの自然なリズムを、この人工的なリズムの下に覆い隠すよう仕向けた。しかし実のところ、三幕構成を五幕構成以上の絶対的ルールに持ち上げるべきではない。戯曲は、一連の小さな危機を積み重ねて生まれる大きな危機によって構成されるもので、そうあるべきでもある。となれば、一幕は、一時的に解決される小さな危機、もしくは、そのような危機のわかりやすい集合体で構成されるべきである。あるテーマを展開するうえで、現れるべき危機の数に決まりはない。現代の舞台では、社会的慣習による上演時間の制限があるので、五幕が最大数と見なされている。しかし、メロドラマが「五幕、八回のタブロー」、あるいはそれ以上に分けられているものはよく見かける。このことは、舞台は実質的に八幕、九幕、十幕で構成されているが、ひと晩の上演では伝統的な四回の幕間しかないということを意味している。劇作家が慣習に縛られ、テーマを幕の数という恣意的な型に押し込めたりするべきではない。三幕でも四幕でもいい、五幕でもこれと言って異論はない。それ以上の幕の数をどうしてもやりたいのなら、表現の簡約化に失敗していないか、小説家の領域に踏み込んだりしていないか、よく考えてみることだ」。

アーチャーは、シェイクスピアが無条件に五幕のひな型に従っていると確信していた（現在ではほとんどの研究者が逆に考えている）。後述の注釈07参照。

◆02 ラファエル・ベア、「ガーディアン」紙とブログの記事、二〇〇七年三月一日。

◆03 Thomas W. Baldwin, *Shakspere's Five-Act Structure*, 1947.

◆04 ボールドウィンは、四世紀のローマの文法学者ドナトゥスと、ローマ時代の同輩ヴァッロにも功績があると考えている。ドナトゥスは、戯曲が三つの部分（プロタシス、エピタシス、カタスタシス）に分けられることに最初に気づいた人物で、ヴァッロは教養学の創始者とも言われている

◆05 Thomas W. Baldwin, *Shakspere's Five-Act Structure*, 1947.

◆06 ソフォクレスの『オイディプス』も同様だが、エピローグが加えられている。

◆07 ウィルフレッド・T・ジュークスは、著書『Act Division in Elizabethan and Jacobean Plays 1583–1616』（一九五八年）で、一五八三年から一六一六年のあいだに書かれた二百三十六本の戯曲を検討し、約半数が五幕に分割されていることを見いだした。ジュークスは、この分割の多くは恣意的なもの、あるいは出版業者が加えたものだと見ている――シェイクスピアのファースト・フォリオに収録されている戯曲の多くもそうであった。一六一六年ごろには、戯曲が幕で分けられるのは普通のことだと考えられていた。

議論の性質をもう少し明らかにしておくと、『ロミオとジュリエット』の第一四折本では、二人の印刷業者のうちのひとりが、幕の区切りが目立つような装飾を多用していた。だが、こうした装飾は、小さなフォントを使うことで、割り当てられた紙を使い切るために活用されたものだという意見もある。W・W・グレッグは、一五九一年から一六一〇年のあいだに印刷された、百二本の戯曲を検討した。彼の結論は、全体の約十九パーセントが幕に分割されているというものだった（'Act-Divisions in Shakespeare,' *Review of English Studies* 4, April 1928）。

アーデン版シェイクスピア（第三シリーズ）の『リチャード二世』のテキスト分析をおこなったチャールズ・R・フォーカーは次のように書いている。

「フォリオの分割、特に場の番号づけが、シェイクスピアの当初からの構想なのか、それとも単にジャコビアン時代の編集や演劇の慣習の反映なのかというのは、難しいところである。もちろん、フォリオの五幕構成が、少なくとも十七世紀になってようやく大衆劇場で完全に定着した、古典的伝統に対する敬意の高まりを示している程度でしかない可能性もある。あるい

は、エリザベス朝以降の演劇の上演において、構造的な断絶の方向に移行したことを示唆している可能性もある。『リチャード二世』のような、自筆文書に近いほかの四折本を見るかぎり、シェイクスピアの草稿に幕や場という形式的な表記が登場したことはなさそうに思えるが、もちろん、こうした結論が、劇作家側に意識的な五幕構成の原則があったことを否定できるわけではない」。

◆08
この概略はアメリカの学者フランク・ダイスによるもの。フライタークの仕事は複雑で、翻訳を追うのが難しいこともある。ここにあげたのは、私が見つけた中でも最も優れた要約である。

◆09
小説家のヒラリー・マンテルは、『ジュリアス・シーザー』のこの場面（「友よ、ローマ人よ、同胞よ」第三幕第二場）についてこう言っている。「私がやってきたことはすべてあの場面の中にある。私は、革命、説得、レトリック、群衆が暴徒に変わる瞬間に関心を寄せてきた。より広義の意味で言えば、あるものが別のものに変わる瞬間、幽霊が実体のある人間に変わる瞬間、暴動が革命に変わる瞬間に関心を寄せてきた。私には、そのすべてがこの場面にあるように思える」（「ガーディアン」紙、二〇一二年八月十五日）。もちろんこの言葉は、マンテルの文章についてのみならず、ミッドポイントの機能もかなり正確に表現している。

◆10
クリストファー・ボグラーは、ミッドポイントは「死の瞬間」だと主張しているが、その根拠は単に、『サイコ』のジャネット・リーやE.T.が死ぬ地点だから（E.T.は実際には死なないが）というものである。どちらも私には薄っぺらく聞こえる。ボグラー理論の詳細分析については、4節や後述の注釈を参照。

◆11
ブッカーの著書（『The Seven Basic Plots』）は苛立たしい書物だ。統一的パターンを押しつけようと急ぐあまり、当てはまらない要素の決定的な重要性を無視している（特にミッドポイント）。とはいえ彼は、数多くの有効な（そしてときには素晴らしい）観察もおこなっている。

◆12
ブッカーは、自分の「パターン」がマクベスの幕構成と一致していると述べているが、ブッカーの物語の形と幕構成全体との直接的な関係を、明確に追求しているわけではない。

◆13
一九一二年、ウィリアム・アーチャーは著書『Play-Making』で次のように書いている。普遍的な物語の形というものを明確に表しているので、全文を引用する。「ビクトリア朝中期の通俗劇では、各幕に多少なりとも魅力的なタイトルをつけることが流行した。これを復活させたいわけではまったくない。ただ、初心者が頭の中で、あるいは個人的な覚書として戯曲の概略を描いてみる際に、各幕の説明となるタイトルをつけ、各幕の登場人物を決め、同時に全体の設計を発展させる助けにしてみるのは悪くない試みだ。この原則を、シェイクスピア劇、たとえば『マクベス』に当てはめてみよう。幕のタイトルは次のようになるのではないだろうか。

第一幕　誘惑
第二幕　殺人と王位の簒奪
第三幕　犯罪の狂乱と自責の念
第四幕　報復の集結
第五幕　報復の完遂

シェイクスピアがこうした幕の区切りのリズムを念頭に置いていたことは、疑いようがないのではないか。もちろん、これらのタイトル等が意識にあったという意味ではなく、単にシェイクスピアが「幕で考え」、危機的状況を発展させるうえで各幕に明確な分担を、頭の中で割り当てていたということである。

次にイプセンに目を向けてみよう。彼の戯曲でも最もシンプルでわかりやすい『民衆の敵』について、幕の構成を考えてみよう。次のようなものになるのではないか。

第一幕　救いようのない楽天家――ストックマン医師が浴場の不衛生な状態を発見し、公表する。

第二幕　頑なな多数派――ストックマン医師は、見つけた悪を改善する前に既得権益と闘わなければならないと気づくが、「頑なな多数派」が背後で支えてくれるはずだと確信していた。

第三幕　運命の変転――ストックマンの楽観的な自信は砕け散る。「頑なな多数派」が背後で支えてくれるのではなく、背後から邪魔しようとしていると気づいたのだ。

第四幕「頑なな多数派」を怒らせる――自分たちの当面の利害が少数の特権階級と一致していることに気づいた民衆は、官僚連中に協力し、真実には罵声を浴びせ、沈黙して陰謀に加担する。

第五幕　楽観主義の失墜と不屈の精神――ストックマン医師は、あたかも猿ぐつわをはめられたようになって、貧困のどん底に突き落とされ、逃げたい気持ちに駆られるが、それでも生まれ故郷にとどまり、もはや身体的な健康のためというより、道徳的健康のために闘うことを決意する。

こうした動きのひとつひとつ自体が小さなドラマであり、それぞれの動きが次へとつながり、危機の発展における明確な段階を刻んでいる」。

アーチャーは、根底にある形を明確にしているわけではないが、五幕のパターンを非常に明確に伝えている。

◆14
シド・フィールドは「ピンチポイント」、すなわち伝統的な幕構成の第二幕の中で、主人公の目標に再度焦点を合わせるための二つの瞬間について語っている。もちろん、これは幕間のことだ。フィールドは、自分でも気づかないうちに、五幕構成の使用を提唱しているのだ。

◆15
研究者たちが長年にわたり、基本的な五幕構成の形をいかに明確にしようとしてきたかを見るのは興味深い。A・C・ブラッドリー（英文学者、一九〇四年から一九〇九年までオックスフォード大学の詩学教授を務めた）は、二十世紀の大半にわたって、シェイクスピア批評の世界で支配的だった人物だ。フライタークを認め、物語構造の形式を真面目に受け止めた、数少ない学者のひとりでもある。ブラッドリーは次のように書いている。

「その特徴がはっきり見えるか否かの差はあるが、およそどの悲劇においても、一方の陣営が対立の特定地点まで全体で前進していき、その後にもう一方が反応すると、最初の陣営がそこから全般にわたって衰退していくのがはっきりと感じられるものだ。どうやら動きには臨界点があるようで、それがターニングポイントにもなる。そこを臨界点と呼ぶべきなのは、対立がそこに達するまで、いわゆる膠着状態が起きることはないからだ。二つの勢力のどちらかが鎮まるか、あるいはなんらかの和解が成立するかのどちらかだ。一方で、到達したとたん、観る側はもはやそれが不可能なことを察知する。なぜなら、前進する力は勝利を主張しているように見え、望むすべてとは言わないまでも大きな優位を獲得しているが、実のところはその地点が、転落に向かうターニングポイントとなるからだ。この危機は、原則として芝居の中盤近くにやってくる。そして、この危機を巧みに際立たせられるところに、構成上、戯曲を三部ではなく五部に分けることの効果がある。それぞれの部分は、（1）まだ対立のない状況、（2）対立の浮上と発展のなかでAかBが（3）の危機に達するまで全体で前進し、その後、（4）Aまたは Bが（5）の破局に向かって衰退していく、という形を示す。第四幕と第五幕は、AとBの方向が逆転するものの、第二幕と第三幕の動きをくり返し、第二幕と第三幕が危機に向かって動いたのと同じように、破局に向かって動くのが見えるはずだ」（『シェイクスピア悲劇の研究』第二版、一九〇五年）。

ブラッドリーの言う「危機」とは、もちろんわれわれが言うところのミッドポイントである。とはいえ彼は正しい。ミッドポイントは障害物であり、それが主人公のジレンマの核心、ひいては命を救う大きな選択を提示することになるのだから。ブラッドリーはいくつかまちがいも犯している。彼が『ロミオとジュリエット』で動きが盛り上がる頂点の部分を、第二幕の最後の結婚だと考えたのは興味深いが（ここは当然、第三幕でロミオがティボルトを殺し、その結果ベローナから追放される場面だろう）、ブラッドリーの幕構成の説明は見事なまでに正確である。

◆16

英国映画協会（BFI）第五十二回ロンドン映画祭（二〇〇八年）における、チャーリー・カウフマンのマスタークラスの筆記録より。

◆17

ジョン・ラッセル・テイラーは『The Rise And Fall of the Well-Made Play』（一九六七年）の中で、ウジェーヌ・スクリーブについてこう語っている。「彼の最も独創的な部分は、観客の注意を引きつけるために最も確実な定式が、巧みに語られた物語であるということを認識している点だった。……スクリーブが目指したのは、ロマンティックな放縦さを手なずけて律することではなく、いかに気ままで制御不能に見える素材でも、流し込むことのできるひな型の考案だった」。

◆18

これがスクリーブの完全な定式だ。シェイクスピア的パターンを見抜くことはそう難しくないはずだ。

「第一幕　主に解説的で快活。幕の終わりに向かうにつれ、敵対者が関わってきて、対立が始まる。

第二幕・第三幕　緊張が高まる雰囲気の中で、幸運から不運へといった形で動きが揺れ動く。

第四幕　「舞踏会の幕」。舞台は人で埋め尽くされることが多く、スキャンダル、口論、挑発など、なんらかの激発が生じる。通常この時点で、状況は主人公にとってかなり悪く見える。クライマックスはこの幕で起きる。

第五幕　すべてが論理的に解決され、最後のシーンでは出演者が集合し、和解し、その日のモラルを強化するため、詩的正義に従った褒美が公平に分配される。誰もが非常に満足《ビエン・コンタン》して劇場をあとにする」。

この定義は、ウェイン・ターニーがスクリーブについて書いたエッセイ／ブログからの引用である。この定義がスクリーブ自身のオリジナルかどうかは定かではないが、彼の作品の一般的な形を正確に説明している。

◆19 Archibald Henderson, *Bernard Shaw: Playboy and Prophet*, 1932. ヘンダーソンはさらにこう述べている。「実のところ、ショーの頭は偉大な劇作家たちのことでいっぱいで、スクリーブのことは何も知らなかったし、気にしてもいなかった」。この引用は、スティーブン・S・スタントンの魅力的なエッセイ『Shaw's Debt To Scribe』（PMLA、第七十六巻第五号、一九六一年十二月）でも報告されている。ヘンダーソンの主張はまちがっているようにも見える——スタントンは、ショーとスクリーブの作品の類似性を、説得力を持って論じている。

◆20 William and Charles Archer (eds), *Introduction to The Works of Henrik Ibsen*, 1911.

◆21 Stanton, 'Shaw's Debt To Scribe'.

◆22 実のところこれは、ショーの『ピグマリオン』の非常に巧い説明だ。ただし、『人形の家』の最終幕は実に見事だが、『ピグマリオン』は個人的に、最終幕の印象がさえないとつねに感じてしまう。

◆23 George Bernard Shaw, *The Quintessence of Ibsenism.*

◆24 Taylor, *The Rise and Fall of the Well-Made Play.*

4 変化の重要性

◆01 事実であれフィクションであれ、テレビディレクターがつねに求める映像は、変化が表れる人間の顔のクローズアップだ。これは『アプレンティス／セレブたちのビジネス・バトル』でも『The Street』でもそうだが、最高の事例はスポーツだろう。アスリートが自分の勝敗を認識する瞬間は、テレビ局の重役たちにとっての金メダルだ。二〇一二年のロンドン五輪で予想外の成功をおさめたイギリスのボート選手、キャサリン・コープランドほど美しく感動的な例はめったにない。女子軽量級ダブルスカルでゴールラインを通過した直後、彼女がその偉業の大きさを理解していくさまを注意深く観察してみてほしい。コープランドの唇が読めれば、彼女が信じられないという顔で、パートナーのソフィ・ホスキングに「私たち切手になるのよ！」と言っているのがわかると思う。

◆02 ビンス・ギリガン製作『ブレイキング・バッド』、シーズン1、第一話。

◆03 重要なことを強調しておくと、いくつかの段階は省略できるし、省略すべきでもある。『リチャード二世』の第二幕の終わりにおいて、リチャードには変わらなければならないという決意や認識はなく、かわりにシェイクスピアは、リチャードの味方が離れていくことに焦点を当てている。こうした他者の行動は、リチャードの人格変化の直接的な原因となる——この変化は、言うなれば本人のいないところで起きる。同様に、『ヘンリー四世』第一部では、ハルが運命を受け入れる瞬間は描かれないが、フォルスタッフが芝居をして「追放しないでくれ」と訴えるのに対し、ハルは奇妙で心に残る反応を示し、「追放する、必ず」と返事をする。次の登場場面では、ハルは王を探しに行っている。自分を新しく作り直す決意がスタートしたのだ。

◆
04
クリストファー・ボグラーの著書を読んでいる人なら、私が「変化のロードマップ」と呼ぶものの最初の部分については、ボグラーも表面的に概略を描いていることは知っていると思う。ただ、ボグラーは三分割の形と本質的対称性を認識しておらず、その重要性も完全に見逃している。私の分析はボグラーの最初の仕事の恩恵を受けているし、私の用語も同様である。また、『人形の家』、『ロミオとジュリエット』、『タルチュフ』にも似た登場人物変遷のパターンを見いだした、ラヨシュ・エグリにも謝意を表したいが、エグリもその意味合いを充分には探求しておらず、登場人物の言い逃れが演じる役割も認識していない。

◆
05
ジョージ・ルーカスはこう述べている。「神話の現代的な活用というものは、実のところ存在しないことに気がついた。……西部劇は、われわれに価値観を教えてくれる、アメリカで一般に知られる最後のおとぎ話じゃないかという気がした。西部劇が消えてしまうと、代わりは何もない。文学の世界は、サイエンス・フィクションの時代に入りつつあった。……そこで私は、おとぎ話や民話や神話について、さらに熱心にリサーチを始めた」。プリンストン大学のジェームズ・B・グロスマンのエッセイ、『The Hero with Two Faces』より引用。

◆
06
スティーブン・ラーセンとロビン・ラーセンによるジョセフ・キャンベルの公認伝記『Joseph Campbell: A Fire in the Mind』（二〇〇二年）より、ジョージ・ルーカスとのインタビュー。ルーカスがキャンベルの影響について詳しく語っている。

◆
07
この覚書は「『千の顔をもつ英雄』実践ガイド（A Practical Guide to the Hero with a Thousand Faces）」（一九八五年）と題したもので、オリジナル全文はhttp://www.thewritersjourney.com/hero's_journey.htm#Memoで読める。

◆08
ジョーゼフ・キャンベル『千の顔をもつ英雄』。「原質神話《モノミス》」という言葉は、ジェームズ・ジョイスの『フィネガンズ・ウェイク』から採っている。

◆09
くり返しになるが、ボグラーの最初の洞察に助けられたことは事実だが、ボグラーは自分自身の発見の意義をとらえ損ねているし、物語構造の対称性や三分割構成の性質を無視している。ただ、このことはボグラーの著作の重要性を損なうものではない。彼の作品がなければ、本書が書かれることもなかった。

◆10
ボグラーは著書の冒頭で登場人物の欠点について数々の指摘をおこない、変化の方法論を示唆してもいるのだが、この非常に賢明な観察から論理的結論を導くことはできていない。

◆11
神話的言語にも困惑させられるところがある。古めかしいものとニューエイジ的なものとの混在や、知的な厳密さの欠如により、シャーマニズムという残念なマントがかかってしまった感じだ。これに加え、ボグラー自身の試みが示すように(後述の注釈12を参照)、こうした言語を適用するのは簡単ではない。ただ、忘れてはならないのは、これがメタファーだということだ。トールキン主義を取りのぞいてしまえば、残るのは非常に単純な形、すなわち、癒やしの探索、発見、実施に集約される原型的な物語である。少なくとも、その真の重要性は、キャンベル自身が明らかにしたことを裏づけることにある。ボグラーの例は不思議なほどいいかげんに見える。扉の前に立っているというだけで、その人に「戸口の番人」というレッテル貼りをするのでは不充分だ。スチュアート・ボイティラ(著書『Myth and the Movies』で、神話がどのように使われるかを示そうとした)の場合はさらに恥ずかしい事例ばかりで、ボグラーがそれを支持しているのも本人のためにはならないだろう。

◆12
ボグラーはここをひどく誤解しているように思える。『オズの魔法使』の分析で、ボグラーはミッドポイントと危機的状況を完全に混同しているようだ。前者はもちろん魔法使いとの遭遇であり、ここで主人公たちは初めて勇気を見いだす。ボグラーは、悪い魔女が倒された時点に置いている。『E.T.』においても同様に、ミッドポイントと危機的状況を混同するミスを犯している。実のところそれはあまり重要ではなく、この方法論に従えばうまくいくことを思えば、教祖の煙幕とはそういうものだということがよくわかる。

5 人はどうやって物語を語るのか

◆01 デイビッド・ロッジ『小説の技巧』(一九九二年)。

◆02 Interview with Mondrian in 1919, taken from Tate Modern catalogue, Van Doesburg exhibition, 2010.

◆03 ベン・リチャーズ脚本『MI-5 英国機密諜報部』シリーズ3の第十話(BBC1の映画・テレビ製作)。

◆04 『ゴールドフィンガー』から『スカイフォール』まで、ボンド映画のミッドポイントは悪党の隠れ家の発見であることが多い。暗い洞窟のような場所だ……。

◆05 ウンベルト・エーコは、『The Role of the Reader: Explorations in the Semiotics of Texts』(一九七九年)所収の小論「Narrative Structures in Fleming」の中で、ボンドのおとぎ話の起源(ドラゴンの魔手から救いだされる乙女)と、フレミングの全作品がマニ教的な対立の上に成立している事実を指摘している。さらにエーコは、ひとつの定式を提示している。

A　Mが動き、ボンドに任務を与える。

B　悪役が動き、ボンドの前に現れる(おそらくはほかの誰かによる代理の形で)。

C　ボンドが動いて悪役に最初の妨害をおこなう、もしくは悪役がボンドに最初の妨害をおこなう。

D　女性が動き、ボンドの前に現れる。

E　ボンドが女性を手に入れる(女性をものにする、または女性を口説き始める)。

F　悪役がボンドを捕らえる(女性も一緒の場合もそうでない場合もあり、女性が不在時に捕らえられることもある)。

G　悪役がボンドを拷問する(女性も一緒の場合もそうでない場合もある)。

H　ボンドが悪役を殺す(または悪役の仲間を殺す、または殺すのを手伝う)。

I　ボンドは回復し、女性との時間を楽しむが、その後その女性を失う。

エーコの定式から「森への旅」の形を識別するのは難しくはない(ミッドポイントで悪役に捕らわれ、女性が褒美となる)。実のところ、女性はたいてい賞品のおまけ扱いであり、物語の本当のゴールは、たとえば悪者のたくらみを発見して阻止する(『ゴールドフィンガー』)、暗号解読機レクターを盗む(『ロシアより愛を込めて』)などだ。もちろん、女性はそうしたゴールと本質的に結びついており、ある種のボーナス賞品ではある。最後にエーコは、ボンドが女性を失うことを指摘している。ほとんどのボンド映画(『女王陛下の

007』、『カジノ・ロワイヤル』、『スカイフォール』のような立体的な作品を除く）では、ボンドは女性を手に入れたいのではなく、ただセックスがしたいだけなのだ。『カジノ・ロワイヤル』の映画版で強調されているように、ボンドの究極の目的は、完全かつ無情な自己充足なのである。

◆06
ウラジーミル・プロップのストーリーテリングに関する初期の重要な研究、非常に素晴らしいが複雑な『昔話の形態学』（一九二八年）を解読すると、まったく同じ形が見えてくる。ただしこの形を見つけるには、提示された三十一の重要な段階（大半は構造よりもジャンルに関わる段階）の中から発掘しなければならない。簡略化すると、基本的なパターンは非常に明確になる。

　悪役または欠落　何かが家族に危害を加える、または家族や共同体で何かが失われ、それが求められる
出発　主人公がそれを見つけるために旅に出る
闘争　主人公が悪役に遭遇し、交戦する
勝利　主人公が悪役を倒す
清算　「失われたもの」が解消される
帰還　主人公が帰途につく
追跡　主人公が追いかけられる
気づかれない到着　主人公の素性は認知されない
困難な課題　最後の試練
結婚　主人公の素性が明らかになり、最終的に結ばれる。

◆07
Hilary Mantel, 'Wicked parents in fairytales', Introduction to free booklet on fairy tales, Guardian, 10 October 2009.

◆08
William Goldman, *Adventures in the Screen Trade: A Personal View of Hollywood and Screenwriting*, 1983.

6 フラクタル

◆01
ポリュクレイトスの《ドリュポーロス（槍を持つ人）》に見られる、動きと静止のあいだの緊張感、逆側の腕と脚がたがいに鏡に映し合うような様子、中心から外れているように見えながらもバランスがとれているところなどに注目してみてほしい。

◆02
ジミー・マクガバンのインタビュー、チャンネル4『Right to Reply』（一九八五年）、及び著者との会話より。

◆03
これも、同様の観察をラヨシュ・エグリが初めておこなっているが、ミッドポイントや対称構造の役割は認

識していない。

7 幕

◆01 ロバート・マッキーは、ヘーゲルの「否定の否定」という言葉を拝借し、このことを説明している。二重否定は肯定（ヘーゲルはそういう意味で使っている）なので、マッキーの言いたいことを理解するのはかなり難しい。彼の言う意味を理解している作家には、まだ会ったことがない。

8 契機事件

◆01 シド・フィールドは、これをプロットポイントIと呼んでいる。まったく同じものだ。フィールドはまた、幕の三部構成の性質についても指摘しているが、その意味合いの探求はしていない。

◆02 ロバート・マッキーは『ストーリー』の中で、『普通の人々』の契機事件は、コンラッドの神経質な母親が息子の朝食のフレンチトーストを捨ててしまう瞬間だと主張している。しかし、明確な三部構成として見ると、フレンチトーストの廃棄は、実は最初のターニングポイントにすぎないことがわかる。実際にコンラッドが精神科医に電話するきっかけとなるのはそのあとの、ボート事故のフラッシュバックだ。マッキーは、コンラッドの父親こそがこの映画の主人公だと主張する。父親は非常に受動的なので、この主張を支持するのは難しいが、仮にそうだとしても、彼を異なる世界へと突き動かすのはフレンチトーストではない。

◆03 第二幕の終着点は、実のところブッカーの言う「最初の目的の達成」よりも、変化の「受け入れ」と見たほうがわかりやすい。最初の目的を達成するために、登場人物は変わらなければならない——それはつまり、日常世界の外に足を踏みだすことを「約束する」ということだ。変わる必要があることを「受け入れる」のだ。

◆04 よく使われるものの、誤解されがちな手法だ。クリストファー・ボグラーは、『スター・ウォーズ』を例として、すべての第一幕には「冒険の拒否」が含まれていると主張する。含めること自体は可能だが、シェイクスピア的構成の第二幕の終わりまで受け入れを遅らせるほうが、はるかに一般的であり、おそらくは興味深いものとなる。受け入れがどこだったかを発見するのは、かなり難しいケースもある。誘いの先延ばしは、しばしば第一幕の「省略」をともなう。「遅れて入り、早く出る」という格言は、シーンと同じように幕にも当てはまる。第一幕の小クライマックスをなくし、かわりに誘いの先延ばしを長くして、第二幕のクライマックスで頂点に達するというのもよくある手法だ。

◆05 ジョーゼフ・キャンベルは『千の顔をもつ英雄』の中で、グリム童話『カエルの王さま』の王女がボールを水に落とす場面を引用し、こう述べている。「これは、こうして冒険が始まるという方法のひとつだ。ほんの偶然にしか見えない失敗が、思いも寄らない世界を見せ、人は明確には理解できない力によりひとつの関係に引き込まれる」。

9 シーン

◆01 ダスティン・ホフマンが『小さな巨人』で演じたのは、ジャック・クラブが十七歳のときからだが、それでもひとりの俳優が映画で演じた年齢の幅としては最長である。

◆02 William Goldman in *Adventures in the Screen Trade*, 1983.

◆03 E・M・フォースター『小説の諸相』（一九二七年）。

◆04 From an interview with David Sexton, 'Clash of the Titans', Evening Standard, 31 March 2010.

◆05 二〇〇六年の著者との会話より。

10 すべてをひとつに

◆01 物語における洞窟や森、あるいはそれらに相当する場所で、どれだけ多くのミッドポイントが発生しているかを見るのは（科学的ではないが）興味深い。

◆02 グスタフ・フライターク『戯曲の技巧』（一九〇〇年）。

◆03 私が観たり読んだりした最近の例をいくつかあげてみる。映画――『ボーン・アルティメイタム』、『インディ・ジョーンズ／最後の聖戦』、『地獄の黙示録』、『ロミオとジュリエット』、『ニューヨーク冬物語』、『英雄の証明』、『スター・ウォーズ』、『裏切りのサーカス』、『フォー・ウェディング』、『パルプ・フィクション』、『ドライヴ』、『スーパー・チューズデー 正義を売った日』、『紅夢』、『ザ・ガード 西部の相棒』、『アタック・ザ・ブロック』、『レ・ミゼラブル』、『愛、アムール』。書籍――『レベッカ』、『琥珀の眼の兎』、『ヒューマン・ステイン』、『フリーダム（フランゼン）』、『Karoo』。戯曲――『Flare Path』、『ハムレット』、『ヘンリー四世 第一部』。こうした事例はどのジャンルでも圧倒的だ。フィクション、ノンフィクションを問わない。

　予想がつくと思うが、どの幕でも、小危機的状況は死の瞬間であることが多い。『ゴッドファーザー』と『テルマ&ルイーズ』の第一幕、『マクベス』の第二幕などはその典型だ。これには疑似スピリチュアル的な理由があるのだろうか？　確かに、死と再生の議論は説得力があるし、テーゼがジンテーゼに取って代わられる瞬間であることは明らかだが、どんな危機的状況も、主人公が同じままでいるか変化するかを決めなければならない、単なるジレンマにすぎないことは覚えておく価値があるだろう。劇的なターニングポイントが、変わらなかったことの結果に直面する主人公を中心に作られるとすれば、そうした結果、つまり物語構造の指示する先は、できるだけ悪いものであるべきだ。危機的状況における肉体的な死が多いのは、単純にその結果なのかもしれない。

11　見せること、語ること

◆01 From an interview with Mike Skinner (aka The Streets), in *The South Bank Show* on ITV, 21 September 2008.

◆02 Andrew Stanton, lecture, 'Understanding Story: or My Journey of Pain', 2006.

◆03 演じた俳優はイワン・モジューヒン。クレショフの同僚であったフセヴォロド・プドフキンは、のちになって、観客は「この芸術家たる役者の演技を絶賛した」と書いている。「観客は、忘れられたスープに対する彼の重苦しい憂いを指摘し、亡くなった女性を見つめる深い悲しみに心を揺さぶられ、遊んでいる少女をながめる軽やかで楽しそうな微笑みに感嘆した。しかしわれわれは、三つのケースすべてにおいて、顔がまったく同じであることを知っていた」(Pudovkin, 'Naturshchik vmesto aktera', in *Sobranie sochinenii*, vol. I, 1974)。プドフキンは、監督を務めた自身の作品において、この技法を完成させることになるが、最も有名なのはおそらく『母』であろう。
　実験の正確な内容（二ショットか三ショットか、撮影対象は何か、実験のために撮影されたのか、それとも既存の映像なのか）については多少の食いちがいがある。クレショフ自身はこう書いている。「モジューヒンの同じショットと、ほかのいろいろなショットをたがいちがいに組み合わせたところ、これらのショットは異なる意味を持つようになった。この発見には仰天した。私はモンタージュの途方もない力を確信した」

（*Kuleshov on Film: Writings by Lev Kuleshov*, 1974）。

◆04 Stanton, 'Understanding Story: or My Journey of Pain'.

◆05 John Peel, *Observer*, 17 July 1988.

◆06 たとえば『ガーディアン』紙のマイケル・ビリントン（二〇一〇年）や、ドミニク・ドロムグールの著作『Will and Me: How Shakespeare Took Over My Life』など。皮肉なことに、一九七〇年代後半から、急進的な実験演目が成長し、エドワード・ボンド、ハワード・ブレントン、デイビッド・ヘアーといった劇作家が活躍するようになると、演劇はより映画的になった。ブレントンとヘアーのコラボレーションによる舞台『Brassneck』は、ほとんど映画と言ってもいい。

◆07 もちろん、BBCが二〇一二年から放送したシェイクスピア劇のドラマ、『ホロウ・クラウン／嘆きの王冠』を含め、翻案ドラマはまた別の問題だ。ただ、戯曲（『リチャード二世』、『ヘンリー四世』の第一部と第二部、『ヘンリー五世』）をテレビドラマに適したものにするため、監督たちがやらなければならなかった膨大な作業（カット、並べ替え、展開、削除など）は、まさにこの点を強調している。作品は非常に良かったが、演劇ではなかった。シェイクスピアの場合は、特に議論の余地がある。シェイクスピアの言葉は非常に視覚的で、ほとんどラジオの台詞のように機能する。「私たちが馬の話をするとき、馬が誇らしげに蹄を打ちつけるのが見えるだろう」と、『ヘンリー五世』のコーラスは観客をいざなう。ポランスキー監督の『マクベス』や、ラーマン監督の『ロミオ+ジュリエット』は素晴らしい映画かもしれないが、私にとってシェイクスピア作品の力は、何もない舞台でこそ最も深遠に感じられるものだ。

◆08 あくまで私の見解だ。「天才」という言葉はあまりに多く使われすぎて、用語としては破産状態だと思っている。デュシャンの《泉》は洞察力に富み、皮肉と茶目っ気があり、当時としては完璧な作品だった。残念なことに、この作品によって、無数の馬鹿げた作品に門戸がひらかれてしまった。

◆09 E・M・フォースター『小説の諸相』（一九二七年）。

◆10 Interview with Nick Hornby, The Believer magazine, August 2007.

◆11 ソープオペラとドラマのちがいを明確にせよと言われれば、この罪を犯しているのが出来の悪いソープオペラだと主張したい（私には既得権益があるので、すべてのソープオペラが悪いとは言いたくない）。

◆12 アリストテレス『詩学』。

12 登場人物とその設定

◆01 ウォルター・アイザックソン『スティーブ・ジョブズ』（二〇一一年）。

◆02 オブザーバー紙のジャーナリストのユアン・ファーガソンが『THE KILLING／キリング』について、「このデンマークのドラマは、ここ何年も新しい犯罪スリラードラマがなかったかのように、デンマーク国民のあいだで話題沸騰となった」と書いたが、実のところは人口五千六百万人のうちの三十万人が観たにすぎない。自分がトレンディ・クラブのまさに中心にいるコンセンサスの決定者だと思い込むために、人はそういうことを言いたがるものだ。

◆03 とはいえ、安全の定義は人それぞれ固有のものだ。『イーストエンダーズ』のデイビッド・ウィックスは、危険の中でしかそれを見いだせなかった。彼がするすべての選択は、自分に「生きている」という実感を与えるためのものだった。リチャード・マイケルズ・ステファニクは、著書『The Megahit Movies』で、マズローの欲求階層説で表現されているような安全の追求が、いかに多くのヒット映画の根幹にあるかを指摘している。

◆04 *The Social Network* DVD extra: 'Trent Reznor, Atticus Ross and David Fincher on the Score'.

◆05 この魅惑的なパラドックスに最初に気づかせてくれた、トニー・ジョーダンには実に感謝している。

◆06 『ライフ・オン・マーズ』の長い開発期間中（三十回も草稿を書き直した！）、私はチャンネル4のドラマ責任者として、クドス・フィルム＆ＴＶの常務取締役、ジェーン・フェザーストーンにメールを送った。
「ほかの登場人物がどうしても釈然としない。やはり、トムと、七〇年代のレーガンのような警官を組ませて、バディ・コンビで番組の全体像を正しく表現すべきだと思う。そうすれば、多くの仕事も省ける——これがジェフになると思う。……『48時間』みたいなバディ・ムービーの完璧な定式は持っている。同じ主題にまったく異なる意見を持つ二人の男、それを利用しよう」（Eメール、二〇〇三年六月二十三日）。

　私に先見の明があったと言いたいわけではなく、われわれはすでにこのテーマについて話し合っていた。そして、番組がうまく進んでいないことはわかっていた。そして、バディというアイデアにはしっくりくる感じがあった（当然、トムとジェフはすぐさまサムとジーンになった）。誰ひとり対立の理論を意識していなかったが、脚本家にはその必要もない。構造を探求すればするほど、それが本能的に正しいと思うようになった。偉大な脚本家はそれを感じるものだ。われわれはみなどこかで対立の必要性を理解している。

◆07 Ricky Gervais, *The Word* magazine, June 2011.

◆08 ドラマ『モダン・ファミリー』でも同様の表現が見られる。

13 登場人物と構造設計

◆01 ローリー・ハツラーと、彼女の「キャラクター・マッピング」の研究、その洞察力には感謝している。その理論は複雑すぎるように思えるが、さまざまな「トラブル特性」を明確にしている点は貴重なものだと考えている。

『ブレイキング・バッド』の最終シーズンとなるシーズン5の開始に当たり、エンターテインメント・ウィークリー誌（二〇一二年七月二十日）が主演俳優ブライアン・クランストンにインタビューしている。クランストンは、温厚な化学教師から覚醒剤製造者へとなりかわっていくウォルター・ホワイトを演じた。ジャーナリストのダン・スニアソンが次のように書いている。

「今シーズンは、これまでで最も魂が腐り切った誇大妄想狂のウォルター、到底金儲けができそうもない、内なる穴を埋めることもできないウォルターが登場する。「初期のころのウォルター・ホワイトの大部分は善良で、その存在に腐敗が染み込んでいっていたのだが、いまやその逆だ」とクランストンは言う。「腐敗のほうがずっと多くなって、そこに善良さが付随している。……彼のその複雑さが好きなんだ。……人は多面的で、さまざまなことを感じる能力を持っている。ウォルターが何か英雄的なことをして、誰か、あるいは何かを救うのを見たい……」子どもたちで満員のバスとか？「子どもたちでいっぱいのスクールバスとかね。そのあと、子どもたちを覚醒剤ラボで働かせるんだ」。クランストンは暗い喜びを滲ませて続ける。「子どもたちは感謝すべきだ。命を救われたんだからね。『終わるまで家には帰さないぞ！』」ギリガン（番組のクリエイター、ビンス・ギリガン）もその可能性について考え、さらに話を膨らませるかもしれない。「子どもたちは協力し合って、覚醒剤をグレープ味にするかもしれないな。つまり、子ども向けにね」」。

◆02 ここではエグリの意見は異なり、どちらかが勝利すべきだと考えていて、「ジンテーゼ」を否定しているようだ。

14 登場人物の個性表現

◆01 アンナ・フロイト『自我と防衛機制』（一九三七年、改訂版一九六八年）。

◆02 ジョージ・E・バイラント『Adaptation to Life』（一九七七年）による分類。精神分析における多くの事柄と同様、異論やバリエーションはあるが、簡略な表現としては有益である。

◆03 『脚本を書くために知っておきたい心理学』（二〇〇四年）を書いたウィリアム・インディックの洞察は認めなければならない。彼はいくつか魅力的な仮説を提示しており、基本を理解するのに非常に有益だった。映画の事例のひとつか二つはインディックによるもので、最高の事例であることはまちがいない。

◆04 シドニー・ルメットは、著書『メイキング・ムービー』（一九九五年）でこう語っている。

「テレビの黎明期、キッチンシンク・リアリズムが幅を利かせていたころ、われわれはいつもどこかの地点で登場人物を「説明」していた。話が三分の二ぐらい進んだところで、その人がそういう人間になった心理学的真実を、はっきりと説明する誰かが現れる。（パディ・）チャイエフスキーと私は、そうしたものをドラマの「ラバー・ダッキー」派と呼んでいた。「誰かにラバー・ダッキーを奪われたせいで、彼はイカれた殺人鬼になってしまった」のだと。当時はそれが流行りだったし、いまも多くのプロデューサーや映画会社はやっている。

私はつねに、ラバー・ダッキー的な説明はしないようにしている。登場人物は、現在の行動によって明確にされるべきだ。それに、人物の心理的モチベーションは、映画が進むにつれて、その行動から明らかになるはずだ。脚本家が理由を説明しなければならないなら、その人物の書きかたはどこかまちがっている」。

◆05 シド・フィールドは『映画を書くためにあなたがしなくてはならないこと　シド・フィールドの脚本術』（一九七九年）で「存在の輪」に言及し、その演劇的価値を指摘しているが、その起源や真の目的については探求していない。

◆06 Interview with Simon Stephens in the *Observer*, 30 August 2009.

◆07 David Mamet, Bambi vs. Godzilla: On the Nature, Purpose, and Practice of the Movie Business, 2008.

◆08 E・M・フォースター『小説の諸相』（一九二七年）。

◆09 『007/スカイフォール』(二〇一二年)では、プロデューサーがボンドのバックストーリーに肉づけを試みた。主観的な意見なのは確かだが、私はマメットに同意する――知りたいとは思わない。

◆10 Interview with David Fincher in the *Guardian*, 2 February 2011.

◆11 これがアリストテレスが言った「カタルシス」、もしくは一九九六年のペンギン版『詩学』の翻訳で言うところの「浄化(purification)」の意味だと私は考えている。われわれは、他者への共感を通じて、自分の不安や恐怖をしのいでいる。共感を通じ、自分の悪魔を追い払っているのだ。

15 会話と登場人物設定

◆01 David Hare, BAFTA / BFI Lecture, September 2010.

◆02 一般的には一九一八年とされているが、確定的な記述はないようだ。

◆03 Joss Whedon's 'Top 10 Writing Tips', initially published in Channel 4's talent magazine by Catherine Bray.

16 説明

◆01 一九九〇年代英国のテレビシリーズにあった出だしの台詞。

◆02 ロバート・マッキーの『ストーリー』の一節。驚きではあるが、良い事例としては、イプセンの『ヘッダ・ガブラー』でミス・テスマンと召使いのベルテがこれを演じている。ウィリアム・アーチャーは『Play-Making』(一九一二年)で、「従僕と小間使いが家具のほこりを払いながらおこなうフランス演劇の伝統的な説明に、限りなく近いのはイプセンである」と述べている。またアーチャーは、『社会の柱』から『人形の家』を経て『野鴨』にいたる、イプセンの説明技法の興味深い発展にも言及している。最初は登場人物の噂話をする裁縫の集い、次に親友を使った手法を用いたが、さらに次の段階では、力のこもった本格的な議論により、必要な事実が伝えられるようになった。この三段階は、初心者から熟練者までにいたる、説明の発展の歴史そのものを表している。

◆03 私は二〇〇五年から二〇一二年まで『ホルビー・シティ』の仕事をしていたので、当然ながら利害関係がある。現在の作品はかなり変わってきていて、特にここ数年は、はるかにインテリジェントな番組になっていることは強調しておきたい。

◆04
実際、エピソードのこの時点では、視聴者はすでに患者が死んでいることを知っており、ドクター・コリンの情報は事実上は重複している。未熟な脚本家が犯しがちな大罪である重複が、ここでは感情的な覆いのおかげで機能している。重複説明は、皮肉にもコリンの感情の状態を示すために使われることで、彼が神経質で狼狽しているという説明の必要を取りのぞいている。要点は生かされている——感情を通じて表現された情報が、登場人物の設定と融合し、脚本家の存在を消すことに成功している。ジェド・マーキュリオの非常にわかりやすい解説とイラストに感謝を述べたい。

◆05
ジェド・マーキュリオと著者との二〇〇六年七月のEメールのやりとりより。

◆06
ジェド・マーキュリオと著者との二〇〇六年七月のEメールのやりとりより。

17 サブテキスト

◆01
Screenwriter's Masterclass, edited by Kevin Conroy Scott, 2006. テッド・タリーの章より。

◆02
この台詞は、BBCのドキュメンタリー番組『Acting in the Sixties』（のちに書籍としても一九七〇年に出版）で、クライブ・グッドウィンがハリー・H・コーベットにおこなった、実際のインタビューからそのまま引用している。ブライアン・フィリスは、その言葉を手際よく文脈に織り込み、さらに意味を持たせた。

◆03
'The Secret and the Secret Society', Part IV of *The Sociology of Georg Simmel*, 1950.

18 テレビドラマと物語構造の勝利

◆01
世界初のテレビドラマは『The Queen's Messenger』だとされている。アイルランド系の劇作家J・ハートリー・マナーズによって書かれたこの作品は、一九二八年九月にニューヨーク州スケネクタディのW2XB（ゼネラル・エレクトリック社所有のテレビ局）で放送された。『ニューヨーク・ヘラルド・トリビューン』紙は、その場面をこう伝えている。

「主役の二人、ミス・イセッタ・ジュエルとモーリス・ランドールにフォーカスを合わせた二台のテレビカメラのあいだに、監督のモーティマー・スチュワートが立っていた。スチュワートの前にはテレビ受信機があり、送信機から送られる映像をいつでも見ることができた。小さなコントロールボックスを使い、映像の出力をコントロールし、カメラのどちらかをカットインしたり、映像のフェードアウトやフェードインもできた。ゼネラル・エレクトリック社の研究所に設置された操作設備以外の、ほかの場所のすべてで受信が成功したかどうかは、すぐに確認することはできなかった。この実験を見ていた人たちの一般的な意見は、電波による活動写真が実現する日はまだずっと先だろうというものだった。現在のシステムが商業的に実用化され、公共の役に立つようになるのかは、まだ疑問である」。

『ニューヨーク・タイムズ』紙はもっと先見の明があった。

「ここ数年でかなり引かれつつあった時間と空間のカーテンが、この日の午後、さらに大きくその奥を見せてくれた。ゼネラル・エレクトリック社の研究所でおこなわれた最新の無線テレビのデモンストレーションでは、未来の驚異を垣間見ることができた。

トーキー映画の成功も素晴らしいものだが、無線テレビの技術的な困難が克服されれば、たやすく圧倒されてしまうかもしれない」。

◆02 Asa Briggs, *The History of Broadcasting in the United Kingdom*, Volume Two, The Golden Age of Wireless, 1965.

◆03 'The First Play by Television — BBC and Baird Experiment', *The Times*, 15 July 1930.

◆04 Shaun Sutton, 'Dramatis Personae', *The Times*, 2 November 1972.

◆05 Tise Vahimagi, *British Television: An Illustrated Guide*, 1994.

19 シリーズドラマと連続ドラマの構造

◆01 David Simon's Introduction to *The Wire: Truth Be Told* by Rafael Alvarez. (2004 edition)

◆02 前項に同じ。

◆03 Mark Cousin's TV series, *The Story of Film*, More 4, 2011.

◆04 興味深い補足としてつけ加えておきたい。デイビッド・サイモンの見解は、難解で労力を要する作品ほど、批評家の称賛を受けがちな理由としても通用する。私がチャンネル4のドラマ責任者となってすぐに学んだことは、主人公を殺せば受賞のチャンスが増えるということだった。さらに、主人公がみずから死を選べば、可能性はもっと高まることもわかった。『ＢＯＹ Ａ』、『Secret Life』、『Red Riding』はすべてこの伝統にのっとったもので、ユーチューブでは『リアリズムの英アカデミー賞《グリッティ・バフタ》』と題したパロディが嬉々として流されている。そうした作品の価値を否定するわけではないが、これでは喜劇の製作に関わる価値はないということになりかねない。もちろん、作品を作った人物の死となると、また別の話になる。かつては下品なショーマンシップだと馬鹿にされたヒッチコックも、死後は天才と呼ばれたのだから。

とはいえイギリスのシリーズドラマは、どんなに成功しても、アメリカのケーブル局が『ザ・ソプラノズ』や『シックス・フィート・アンダー』を世に送りだすまでは、まともに相手にされることはなかった（前世紀最後の四半世紀はプロデューサーのテッド・チャイルズの治世で、ＩＴＶは『ロンドン特捜隊スウィーニー』、『マインダー』、『主任警部モース』、『Peak Practice』、『Soldier Soldier』などを世に送りだし、まさに驚異的だった）。チャイルズ（彼だけを特別視するのはアンフェアかもしれないが）の作品は、より「シリアス」に製作されたテレビドラマ作品に匹敵するものだ。英国テレビドラマ界で最も成功したプロデューサーが一度も認められていないのに、はるかに劣る才能が称賛されるのは、とても悲しいことだ。

20 シリーズドラマの変化

◆01 Interview with Bob Daily from *Entertainment Weekly*, 30 March 2012.

◆02 侮蔑的に聞こえるだろうが、そうではない。たいていのドラマは嘘でできている。ジョン・ル・カレは『ＭＩ－５英国機密諜報部』を「嘘ドラマ」と評したが、それは彼の知る諜報の世界を描いていなかったからで、猫が犬ではなかったことを批判するようなものだ。あのドラマは真実を伝えようとしたのではなく、エンターテインメントのために作られているにすぎない。ドラマはつねに嘘をつくものだ。

◆03 Interview with Eve Longoria from *Entertainment Weekly*, 30 March 2012.

◆04 私はチャンネル４で『時空刑事１９７３ ライフ・オン・マーズ』の最初の委託編集者を務めたが、番組企画が却下されたのちにチャンネル４を辞めた。とはいえ、番組は再び採用され、『ドクター・フー』の優秀なプロデューサーでもあるジュリー・ガードナーと共同で製作することになった。

21 再び家へ

◆01 公平を期すために言うと、脚本に関与していたのはマクガバンだけではないが、彼の書く回の対立は生き生きとしていて、ほかの脚本家には真似できないものだった。当時の『ブルックサイド』には、テレビ業界でも最高レベルの脚本家が何人か参加していた。

◆02 リーズでおこなわれたBBCライターズルーム、ジミー・マクガバンのトーク、二〇〇九年。

◆03 *Writing the Wrongs; The Making of Dockers*, documentary, Channel 4, 1999.

◆04 T. W. Baldwin, *Shakespeare's Five-Act Structure*, 1947; later edition, 1963.

◆05 『マッドメン』シーズン1、第一話『煙が目にしみる』、マシュー・ワイナー脚本。

◆06 アーノルド・ベネットの日記、サー・ニューマン・フラワー編（一九三二年）、一八九七年十月二十五日の記述。

◆07 敵対者に「平等な権利」を認めることで、演出家にも多面的な解釈の余地ができるという利点もある。シェイクスピアが長く愛される理由はここにもある。

◆08 From *Anton Chekhov Plays*, Penguin, 2002, Introduction by Richard Gilman.

◆09 チェーホフとイプセンの比較には学びがある。『ヘッダ・ガブラー』は『ワーニャ伯父さん』や『三人姉妹』と同じように複雑だが、『民衆の敵』の主人公は作者が認める唯一の人物であり、それ以外の人間は愚か者として糾弾される。非常に力強い作品だが、実のところ、これも事実上のプロパガンダだ。ストックマン医師の偏執狂的な部分を前面に押しだしてみるというアイデアを追求しても面白いだろう（前述したように、ストックマンの地方政府糾弾は、保守系コメンテイターのグレン・ベックやフォックス・ニュースの精神的前身と見ることも可能だ）。リベラルから愛される作品にはならないだろうが、より興味深い作品になるのではないだろうか。

◆10 Andrew Stanton, lecture, 'Understanding Story: or My Journey of Pain', 2006. ジミー・マクガバンはアンドリュー・スタントンに同意している。「物語が良いものであるためには、テーマや議論が盛り込まれていなければならない」。しかし彼は、重要な警告をつけ加えている。「それが物語を邪魔するようではいけない。終わるまでは、テーマや議論を意識させるべきではない」。

◆11 『Mark Lawson Talks To...』、BBC4、二〇一〇年十一月。

◆12 Alan Yentob, to BBC Content Review, 2000.

◆13 Alistair Cooke, '60 Years... Behind the Microphone. Before the Camera... A Memoir', Royal Television Society lecture, New York, 1997.

◆14 「『ボヘミアン・ラプソディ』はどうなんだよ?!」と、トニー・ジョーダンは文句を言っていた（本書の初稿を読んで著者と議論するなかで）。二〇一〇年十月。

◆15 マーク・カズンズは、いつも楽しくて挑発的なドキュメンタリー・シリーズ、『The Story of Film』（More4、二〇一一年）でこのことを指摘した。また『ラストムービー』についても論じた（次の項参照）。

◆16 メインストリームに対する反応は、われわれの組織構造に不可欠な要素であり、それによって社会は発展する。一般の流儀に謀反を起こすことで、ある世代の主流逸脱派が次の世代の定番となる。これもテーゼ／アンチテーゼだ。ただ、映画評論家のデイビッド・トムソンがデニス・ホッパーの『ラストムービー』を「もったいぶったナンセンスの墓標」と評したとき（『The New Biographical Dictionary of Film』）、トムソンはホッパーの愚行のみならず、普遍的な流れも串刺しにしたと言える。トムソンに言わせれば、ホッパーは「反抗することが芸術的誠実さの証明になる」と信じるという致命的ミスを犯した。これは、普通のものとの差別化を図る作品の多く（全部ではない）に適用できるあとがきのようなものだ。『白いリボン』は素晴らしい映画だ――ダミアン・ハーストは素晴らしい芸術だろうか？　確かに、偶像破壊は利益をもたらす。形式破りは、熟練の技で扱えば良い結果を生むこともある。が、最悪の場合、審査員や観客（通常は大手のマスメディア）はつねに、必要なものよりも欲しいもの（真面目さ、芸術っぽさなど、自分たちがこう見られたいと思うもの）を優先したい誘惑に駆られがちだということの、典型的な証明になることもある。

　作曲家のジョン・アダムスは、アルバム『ハルモニーレーレ』の紹介文で、極めて適切なことを言っている。「正直な話、私はシェーンベルクの人格を尊敬していたし、畏怖の念さえも感じていたが、十二音技法の響きは大嫌いだった。シェーンベルクの美学は、私には十九世紀の個人主義を過剰熟成させたものに思えたし、作曲家はある種の神であり、聴き手はまるで神聖な祭壇に向かうがごとく現れるもののように思わされた。

「現代音楽の苦悩」が生まれたのはシェーンベルクからであり、二十世紀にクラシック音楽の聴衆が急速に減っていったことも事実で、新しく書かれる作品の多くが音として醜いことも、その大きな原因になっている」。

　戦後のドイツ芸術が伝統形式を打ち壊すことに夢中になっているのは興味深いことで、敗戦国特有の風土のせいだろうかとつい考えたくなってしまう。政治的（ドイツ赤軍）であれ、音楽的（「クラウトロック」）であれ、演劇的（物語を裏切りと見なす「ポストドラマ演劇」運動）であれ、父祖の作品を破壊しようという衝動は並外れて支配的な特徴である。ベルトルト・ブレヒトも典型例のひとりだが、彼の主張する「異化効果」、つまり、観客は彼の戯曲を感情的にではなく知的に体験すべきだという主張は、見かけ倒しに思える。共感しないでいることは、人間には不可能だ——物語がひどいか、観客がサイコパスならともかくだが。幸い、ブレヒトの戯曲は、本人の理論の曖昧な輪郭よりもずっと優れている。

◆17 Richard Ford, *Canada*, 2012.

◆18 Mark Cousins, *The Story of Film*, More 4, 2011.

◆19 ただ作品が過激に見えるだけ、ということもある。バズ・ラーマンが言うように、「もしあなたが、映画というものには、美しいセット、素晴らしいコスチューム、壮大なショット、そして強い感情があればいいと思うことに慣れているとする。（中略）そこで誰かがこう言う。（中略）映画とは、ジーンズにヘラルド・トリビューンと書かれた白いTシャツを着た女の子だと。あなたは『そうだな、それが人生だ』となる。いや、実のところそれだって、ひとつの映画的な仕掛けなのさ。（中略）言語は生き物だ。変化し、進化する。人々が言うこと自体は決して変わらない。いまでも人は、『愛してる』と言う。（中略）『殺してやる』とも。どんなふうに『愛してる』『殺してやる』と言うか——それが時代の流儀なんだ」（Mark Cousins, *The Story of Film*, More 4, 2011）。

◆20 David Frost, *Frost/Nixon: One Journalist, One President, One Confession*, 2007.

◆21 Michael Holroyd, *Bernard Shaw: A Biography*, 1997.

22 なぜ？

◆01 ジョーゼフ・キャンベル『千の顔をもつ英雄』（一九四九年）。

◆02 スーザン・グリーンフィールドは、オックスフォード大学リンカーン・カレッジの神経薬理学教授で、大英帝国勲章（CBE）を受勲している。引用はコンウェイ・ホールでの『School of Life』のレクチャー、二〇一一年十二月十一日。

◆03

これは、神話の世界におけるジョーゼフ・キャンベルとその弟子たちの主張と同じで、『The Seven Basic Plots』におけるクリストファー・ブッカーの主張そのものである。ブッカーの主張は、過去二百年にわたり歩んできたストーリーテリングの道筋を、デイリー・メール紙のようにがなりたててぶち壊しにしているように私には思える。産業革命以降、人間の性質のどこかが堕落し、そのせいで感情的な成熟に向かう本来の原型的な旅に破綻が生じた、とブッカーは力説する。彼はその証左として闇の逆転劇の台頭をあげ、スタンダール、ジョン・ブレイン、さらには『フランケンシュタイン』、『白鯨』、『キングコング』などの作品を、忌まわしく不道徳なものとした。こうした物語が増えているように見えることは確かだが、堕落を承認する作品だと見なすのはまちがっていると私は考える。エイハブ船長、『年上の女』のジョー・ランプトン、ビクター・フランケンシュタインなどを作者が容認していると思わせるものは、こうした作品にはいっさい見当たらない。確かにこのキャラクターたちには、古典的な神話の源流がある。フランケンシュタインが「現代のプロメテウス」と呼ばれるのには理由がある。これらの作品は、変化した社会に対する明白な反応であり、それぞれの独自のやりかたで芸術的勝利をおさめている。ブッカーが熱心に称賛する古い時代、おそらくはアダムとイブの罪以前の時代の、傲慢と天罰の原理にもしっかり根を張っている。ブッカーは、『白鯨』、『キングコング』、『フランケンシュタイン』に闇の英雄と光の怪物が登場していると熱弁をふるっているが、どう考えても、それは悲劇の定義として正しいのではないだろうか？

◆04

ここでもラヨシュ・エグリは、ジンテーゼよりもテーゼの勝利を、あるいは英雄は何も学ばないことを示唆しているように見える。ヘーゲル弁証法よりも古典的だ。

◆05

A. A. Gill, TV column, *Sunday Times*, 2011.

◆06

「台詞は馬鹿げており、状況に現実味がなく、登場人物はパロディのようだった」と、自身もダンサーでイングリッシュ・ナショナル・バレエ団の芸術監督を務めるタマラ・ロホは、二〇一二年四月十五日のオブザーバー紙で苦言を呈した。

◆07

Frank Thomas and Ollie Johnson, *The Disney Villain*,

1993.

◆08 「神話は、自然界を説明するための原始的な手探りの努力（フレイザー）、連続する時代のなかで誤解されながらも先史時代から続く詩的空想の産物（ミュラー）、個人を集団に合わせて形成するための寓意的教示の貯蔵庫（デュルケーム）、人間の精神の奥底にある原型的衝動の徴候的な集団夢（ユング）、人間の最も深遠な形而上学的洞察の伝統的手段（クーマラスワミー）、神がその子どもたちに与えた啓示（教会）などとして、近代知識人に解釈されてきた。神話とは、これらすべてである。見る側の視点によってさまざまに判断される。神話とは何かということだけでなく、神話がいかに機能するか、神話が過去において人類にどう役に立ってきたか、今日ではどう役立ちうるかという観点から精査されるとき、神話は人生そのものと同じように、個人、人種、時代の妄執や要求に従うものとなる」（ジョーゼフ・キャンベル『千の顔をもつ英雄』）。

◆09 このような抽象的な考えを信じていたフリードリヒ・マックス・ミュラー（一八二三～一九〇〇年）は、擬人化を好む人間の欲望の犠牲者だ。

◆10 サー・ジェームズ・ジョージ・フレイザー（一八五四～一九四一年）『金枝篇』（初版は二巻、一八九〇年。その後一九〇六～一五年にわたり十二巻で出版された）。T・S・エリオットの『荒地』、映画『地獄の黙示録』などに影響をもたらした。

◆11 登場人物に背負わせるために選んだ秩序は、その人物について多くのことを伝える。精神障害を持っていたり、偏執狂的なところのある個人は、よりバランスがとれている、あるいはまったく異なる精神構造を持つ個人とは異なる出来事の解釈をする。チャーリー・カウフマンの言う「秩序」は、本人について多くを物語る。

◆12 スティーブン・ピンカー『心の仕組み』（一九九七年）。

◆13 二〇一一年にジュード・ロウの『ハムレット』の舞台を観たノエル・ギャラガーは、学ばないことを選択した。「四時間もある舞台で、何が起きてるのか一分たりともわからなかった。ずっと考えてたよ、『英語で話してるのはわかるが、まるでちんぷんかんぷんだ。演技とか、あの台詞を全部覚えたってことは評価するが……いったい何が起きてるんだ?』」（ロンドン・イブニング・スタンダード、二〇一一年九月）。

◆14 ダニエル・カーネマン『ファスト&スロー――あなたの意思はどのように決まるか?』（二〇一一年）。

◆15 最初に映画『南極のスコット』（一九四八年）の主演、ジョン・ミルズのようなイメージがあり、次にローランド・ハントフォードの著書『The Last Place on Earth: Scott and Amundsen's Race to the South Pole』（一九七九年。マーティン・ショー主演の連続ドラマの原作となった）が出てきた。その後、最近の作品として加わったのは、エドワード・J・ラーソンの『An Empire of Ice: Scott, Shackleton, and the Heroic Age of Antarctic Science』（二〇一一年）。もちろん、ほかにもいろいろある。

◆16 書き手がそれを書いた時代も多大な影響を与える可能性がある、という意見もあるだろう。戦争の勝利の栄光が薄らいだ一九七〇年代後半は、多くの偶像が打ち砕かれた時代でもあった。

◆17 Polly Toynbee, 'If the Sun on Sunday soars Rupert Murdoch will also rise again', *Guardian*, 23 February 2012. トインビーはこう書いている。「……過度に信心家ぶってしまう前に言っておくと、ジャーナリズムは真実の聖域などではまったくない。評判の良いジャーナリズムでさえ、「記事《ストーリー》」を書くという行為そのものには技巧が関与するもので、灰色の影を白と黒に単純化し、「視点」や「理由」を求める。われわれは混濁した現実を要約し、善悪の物語に仕立て上げる。誰もが物語に飢えている。私は、この仕事の崇高さや名誉を過剰に高尚なもののように言うことに、心地よさを感じたことは一度もない」。

◆18 W・B・イェイツが収集・出版した『ケルト妖精物語』を参照。コン＝エダ（彼の両親の名前を結合したもの）という名前からわかるかもしれないが、この物語は実際のところ、アイルランドのコノート地方の建国神話である。

◆19 Heinrich Zimmer, *The King and the Corpse: Tales of the Soul's Conquest of Evil*, edited by Joseph Campbell, originally published 1948; 2nd revised edition, 1971.

◆20 シド・フィールドは『映画を書くためにあなたがしなくてはならないこと』（一九七九年）で作用・反作用のアイデアに触れているが、受動的な主人公の問題を説明するために使っているだけで、その深い意味合いを探求してはいない。

◆21 法廷での討論がしばしば、真実についての議論ではなく、どの弁護士が最高の物語を語れるかということになってしまうのは、大きな皮肉のひとつである。陪審裁判も、単なる話術の競技会になってしまうことが少なくない。ピーター・モファットがＢＢＣのシリーズドラマ『クリミナル・ジャスティス』で、このことを見事に描いてみせている。

◆22 ヘーゲルは『大論理学』（一八一二年）でこう述べている。「物事が動き、衝動や活動を持つのは、それ自体の中に矛盾を含んでいるからにほかならない。それがすべての運動と、すべての発展のプロセスなのである」。ラヨシュ・エグリは『The Art of Dramatic Writing』（一九四六年）でこれを引用し、さらにこう膨らませた。「これらの三つのステップ、すなわちテーゼ、アンチテーゼ、ジンテーゼは、すべての運動の法則である。動くものはすべて、たえず動きそのものを無効にする。すべての物事は、運動を通じ、その反対に向かって変化する。現在は過去になり、未来が現在になる。動かないものはない。絶え間ない変化は、すべての存在の本質である。時間の中で、すべてが反対に進んでいく。すべてのものが、それ自体の内に反対のものを含んでいる」。

◆23 From Rafael Alvarez, *The Wire: Truth Be Told*, 2004. Introduction by David Simon.

◆24 Theatre critic Michael Billington, recalling his memories of the 1973 production, *Guardian*, April 2000.

◆25 『ロミオとジュリエット』（第二幕第三場）で修道僧はこう述べている。

「この地上に生きながらえるものすべて、いかに下劣であろうと、
大地に特別な善を与えぬものはない、
そしていかに善きものであれ、公正な用法をしくじれば、
真の性質に背き、悪用によろめくこともあろう。
適用を誤れば、美徳は悪徳に変わり、
悪徳もときに立派に用を果たす。
この小さな花の幼い果皮の内に
毒が住み、薬の力も持っている。
これを嗅げば、それが各部を元気づけるが、
味わうと、心臓もろともすべての感覚を殺してしまう。
相反する二人の王がとどまる、
香草と同じように人間においても——恵みと無礼な意志が、
そして、悪いほうが優勢となれば、
すぐさま死という害毒が、その植物を食べ尽くしてしまう」。

修道僧の言葉は、マイケル・コルレオーネのことを語っているようにも聞こえる。

◆26 Frank Cottrell Boyce, 'How to write a movie', *Guardian*, 30 June 2008.

◆27 ロバート・マッキーは『ストーリー』のなかで、ドラマが生まれる「ギャップ」について語っている。

◆28 キャンベル自身はこう書いている（『千の顔をもつ英雄』）。

「神話における英雄の冒険の標準的な道筋は、通過儀礼に代表される定式の拡大である。モノミスの中核単位に名づけられた「分離—イニシエーション—帰路」だ。

　プロメテウスは天空に昇り、神々から火を奪って降り、イアソンはぶつかり合う岩の狭間を航海して不思議の海に入り、黄金の羊毛を守るドラゴンを回避し、羊毛と父から王位を奪った相手からその正当な王座を取り戻す力を得た。アエネーイスは冥界に下り、恐ろしい死者の川を渡り、三つの頭を持つ番犬ケルベロスに菓子を投げ、そしてついに亡き父の影と話すことができた」。

◆29 クロード・レヴィ＝ストロースは、すべての神話は二項対立の結果であるとした。ヘーゲルの影響を受けた彼は、『神話の構造』（一九五五年、『構造人類学』第一巻所収）で次のように主張した。「神話の目的は、矛盾を克服できる論理モデルを提供することだ（矛盾が現実のものであれば、その達成は不可能である）」。これは複雑な議論で、ときには不条理な議論でもあり、まったく説得力はないが、物語に関する本質的な真理に遭遇しているようにも見える。

◆30 もちろん、そのやみくもな複製はまた別の話だ。作家のニール・ゲイマンは、キャンベルの『千の顔をもつ英雄』を、途中で読むのをやめた。「もしこれが真理だとしても——知りたくない。……パターンがどういうものかを教えられるよりも、うっかり従ってしまうほうがましだ」。

◆31 Ian McEwan, 'Only love and then oblivion', first published in the *Guardian*, 15 September 2001.

◆32 詳細は、クリスチャン・キーザーズ『共感脳 ミラーニューロンの発見と人間本性理解の転換』（二〇一一年十一月）参照。

◆33 アリストテレス『詩学』。

◆34 George Eliot's review of W. H. Riehl's *The Natural History of German Life*, *Westminster Review*, July 1856.

◆35 Gyorgy Lukács, 'Aesthetic Culture', 1910. これを紹介してくれたアレックス・ロス『20世紀を語る音楽』に感謝する。

◆36 *The Poet Speaks: Interviews with Contemporary Poets*, conducted by Hilary Morrish, Peter Orr, John Press and Ian Scott-Kilvert, 1966.

◆37 Robert Hughes, *The Shock of the New*, 1980.

訳者あとがき

人を惹きつける物語の原型構造とされるものには、三幕構成、五幕構成、「ヒーローズ・ジャーニー」の十二ステージなど、さまざまな形式があります。それを解説する書籍も大量に世の中にあふれています。どうすれば魅力的なストーリーテリングができるのか、どう物語を組み立てれば心に響く作品を生みだせるのかといった方法論を探ろうと思ったら、そのための文献は誰でもたやすく手に入れることができます。ですが、このような物語の原型構造は「なぜ」存在するのか?という問いかけが、こうした書籍に登場したことは、これまでほとんどありませんでした。

本書『物語の「森」を抜けて——なぜストーリーには構造が存在するのか』の著者ジョン・ヨークが試みたことは、まさにこの問いの探求でした。英国のテレビドラマ制作に長年関わってきたヨークは、この「なぜ」を解き明かすべく、自分の知るたくさんの脚本家や関係者に聞き取りをおこない、物語構造の本を読みあさり、数々の映画やドラマ等のストーリー構造分析をおこなって、手がかりを探そうとしました。さらには、古代ギリシャの神話・演劇やシェイクスピアの戯曲から、近代・現代のさまざまな物語作品まで古今東西の物語を洗いだし、心理学、社会学、哲学などの分野にも知見を求めました。そしてその結果、ヨークが数々の物語に見いだした共通の基本構造は、驚くほどシンプルなものでした。

シンデレラは王子様の愛を見つけ、それを家に持ち帰る。ヘンゼルとグレーテルは魔女を出し抜く勇気を見つけ、やはりそれを家に持ち帰る。テセウスはミノタウロスを倒し、ペルセウスはゴルゴンを倒す。(中略)必要とされる何かが物語の中盤で見つかるというパターンが、果てしなくくり返される。主人公は、実際にドラゴンを倒したり神々から火を盗んだりしなくても、見つけた問題を解決するために故郷を離れ、そしてその解決策を故郷に持ち帰らなければならない。そこへ旅する/旅から戻る、だ。(本書一三一ページより)

「そこへ旅する/旅から戻る」。ヨークによれば、どんな物語も、突き詰めればこの単純な基本構造にたどりつきます。これがすなわち、ヨークが呼ぶところの「森への旅」です。

本書では、さまざまな事例を引きながら、この「森への旅」がなぜ物語構造の原型として大きな意味を持っているのかを探っていきます。本書は、単なる創作ライティングの指南書にとどまるものではありません。こうした物語の原型が、なぜ誰に教えられたわけでもないのに人の心を刺激するのか？　そもそもなぜそんな原型が存在するのか？　本書は、物語のこうした奥深い世界にも足を踏み入れています。いわばこの探求こそが、ストーリーテラーにとっての「森への旅」と呼べるものなのかもしれません。もちろん、自分で物語を生みだしたいと思っているライターだけでなく、ただ純粋に物語を愛し、より深く楽しみたいと思っている読者にとっても、この旅路はきっと興味深いものとなるはずです。

本書がほかの創作ライティング指南書とひと味ちがう点が、もうひとつあります。前述したように、著者のヨークは長年英国のテレビドラマ界に関わった人物で、大ヒット作も数々手がけてきたプロデューサーでもあります。本書では、映画や小説や戯曲のほか、テレビの連続ドラマやシリーズドラマに特化した分析にもかなりのスペースを割いています。ドラマという物語媒体が持つ独自の条件や制約にここまで踏み込んだ分析は、これまでほとんど見られなかったものではないでしょうか。

動画配信サービスの急速な拡大により、これまでほぼ大手テレビ局が独占してきたドラマという物語作品の形態にも、近年では大幅な変化が生じています。欧米と同様に、日本のドラマ作品もまた、伝統的なテレビ局の制作の方法論からしだいに解放されつつあり、そこにさまざまな可能性が生まれています。本書の緻密なドラマ分析は、こうした時代の変化のなかで示唆に富んだ視点を与えてくれますし、ドラマクリエイターにも作品づくりの多角的なヒントをもたらしてくれることでしょう。

ところどころに興味深い宝物が埋まっている本書の「森への旅」、読者の皆さんもみずから足を踏みだして楽しんでいただければ幸いです。いろいろなロードマップも森の小道のあちこちに仕込んでありますし、まずは身軽な散歩からでも、ぜひとも出発してみてください。

二〇二五年二月

府川由美恵

Sutton, Shaun, *The Largest Theatre in the World* (1982)
Taleb, Nassim Nicholas, *The Black Swan: The Impact of the Highly Improbable* (2007)〔ナシーム・ニコラス・タレブ『ブラック・スワン——不確実性とリスクの本質』望月衛訳、ダイヤモンド社、2009年〕
Taylor, John Russell, *The Rise and Fall of the Well-Made Play* (1967)
Thomas, Frank and Ollie Johnson, *The Disney Villain* (1993)
Thomson, David, *The New Biographical Dictionary of Film* (2002)
Tierno, Michael, *Aristotle's Poetics for Screenwriters* (2002)
Tilley, Allen, *Plot Snakes and the Dynamics of Narrative Experience* (1992)
Truby, John, *The Anatomy of Story: 22 Steps to Becoming a Master Storyteller* (2007)〔ジョン・トゥルービー『ストーリーの解剖学——ハリウッドNo.1スクリプトドクターの脚本講座』吉田俊太郎訳、フィルムアート社、2017年〕
Vaillant, George E., *Adaptation to Life* (1977)
Vogler, Christopher, 'A Practical Guide To The Hero With a Thousand Faces' (1985)〔クリストファー・ボグラー「ジョーゼフ・キャンベルの『千の顔をもつ英雄』実践ガイド」クリストファー・ボグラー、デイビッド・マッケナ『物語の法則——強い物語とキャラを作れるハリウッド式創作術』府川由美恵訳、KADOKAWA、2013年〕
Vogler, Christopher, *The Writer's Journey* (1996)〔クリストファー・ボグラー『作家の旅 ライターズ・ジャーニー——神話の法則で読み解く物語の構造』府川由美恵訳、フィルムアート社、2022年〕
Voytilla, Stuart, *Myth and the Movies: Discovering the Mythic Structure of 50 Unforgettable Films* (1999)
Waters, Steve, *The Secret Life of Plays* (2010)
Yeats, W. B., *Fairy and Folk Tales of the Irish Peasantry* (1888)
Zimmer, Heinrich, *The King and the Corpse: Tales of the Soul's Conquest of Evil*, edited by Joseph Campbell (1948; 2nd edition, 1956/1971)

──その理論と方法』岩崎昶・小田島雄志訳、岩波書店、1958年〕
Levi-Strauss, Claude, 'The Structural Study of Myth' in *Structural Anthropology*, vol. 1 (1955)〔クロード・レヴィ＝ストロース「神話の構造」田島節男訳『構造人類学』みすず書房、2023年〕
Lodge, David, *The Art of Fiction* (1992)〔デイヴィッド・ロッジ『小説の技巧』柴田元幸・斎藤兆史訳、白水社、1997年〕
Logan, John and Laura Schellhardt, *Screenwriting For Dummies* (2008)
Lumet, Sidney, *Making Movies* (1995)〔シドニー・ルメット『メイキング・ムービー』中俣真知子訳、キネマ旬報社、1998年〕
Mamet, David, *Bambi vs. Godzilla: On the Nature, Purpose, and Practice of the Movie Business* (2007)
Mamet, David, *Three Uses of the Knife* (1998)
McKee, Robert, *Story: Structure, Style and the Principles of Screenwriting* (1999)〔ロバート・マッキー『ストーリー──ロバート・マッキーが教える物語の基本と原則』越前敏弥訳、フィルムアート社、2018年〕
Morris, Elisabeth Woodbridge, *The Drama; Its Law and its Technique*, Allyn and Bacon (1898)
Murdock, Maureen, *The Heroine's Journey: Woman's Quest for Wholeness* (1990)〔モーリーン・マードック『ヒロインの旅──女性性から読み解く〈本当の自分〉と創造的な生き方』シカ・マッケンジー訳、フィルムアート社、2017年〕
Norman, Marc, *What Happens Next?: A History of Hollywood Screenwriting* (2007)
Ondaatje, Michael, *The Conversations: Walter Murch and the Art of Editing Film* (2004)〔マイケル・オンダーチェ『映画もまた編集である──ウォルター・マーチとの対話』吉田俊太郎訳、みすず書房、2011年〕
Perry, Bliss, *A Study of Prose Fiction* (1902)
Pinker, Steven, *How the Mind Works* (1997)〔スティーブン・ピンカー『心の仕組み』(上下巻)椋田直子訳、ちくま学芸文庫、2013年〕
Price, William Thompson, *The Technique Of The Drama* (1892)
Propp, Vladimir, *Morphology of the Folk Tale* (1928)〔ウラジミール・プロップ『昔話の形態学(叢書記号学的実践10)』北岡誠司・福田美智代訳、水声社、1987年〕
Ross, Alex, *The Rest Is Noise: Listening to the Twentieth Century* (2007)〔アレックス・ロス『20世紀を語る音楽』(1・2)柿沼敏江訳、みすず書房、2010年〕
Sargent, Epes Winthrop, *Technique of the Photoplay* (1912; 3rd edn, 1916)
Schlegel, A. W., *Lectures on Dramatic Art and Literature* (1808)
Schmidt, Victoria Lynn, *45 Master Characters* (2007)
Scott, Kevin Conroy (ed.), *Screenwriters' Masterclass* (2005)
Seger, Linda, *And the Best Screenplay Goes To...: Learning from the Winners: Sideways, Shakespeare in Love, Crash* (2008)
Seger, Linda, *Making a Good Script Great* (1987; 3rd edn, 2010)〔リンダ・シガー『ハリウッド・リライティング・バイブル』田中裕之訳、フィルムアンドメディア研究所、2000年〕
Simmel, Georg, *The Sociology of Georg Simmel*, translated by Kurt H. Wolff, Part IV, 'The Secret and the Secret Society' (1950)
Snyder, Blake, *Save the Cat! Goes to the Movies. The Screenwriter's Guide to Every Story Ever Told* (2007)〔ブレイク・スナイダー『10のストーリー・タイプから学ぶ脚本術──SAVE THE CATの法則を使いたおす!』廣木明子訳、フィルムアート社、2014年〕
Snyder, Blake, *Save the Cat! The Last Book on Screenwriting That You'll Ever Need* (2005)〔ブレイク・スナイダー『SAVE THE CATの法則──本当に売れる脚本術』菊池淳子訳、フィルムアート社、2010年〕
Stanton, Andrew, 'Understanding Story: or My Journey of Pain', lecture (2006)
Stefanik, Richard Michaels, *The Megahit Movies* (2001)
Surrell, Jason, *Screenplay by Disney* (2004)

Forster, E. M., *Aspects of the Novel* (1927)〔E·M·フォースター『小説の諸相』中野康司訳、中公文庫、2024年〕

Frazer, Sir James George, *The Golden Bough* (1890)〔J·G·フレイザー『初版金枝篇』(上下巻) 吉川信訳、ちくま学芸文庫、2003年〕

Frensham, Ray, *Teach Yourself Screenwriting* (1996)

Freud, Anna, *The Ego and the Mechanisms of Defense* (1937; revised edition, 1966).〔アンナ·フロイト『アンナ·フロイト著作集――第2巻　自我と防衛機制』牧田清志·黒丸正四朗監修、岩崎学術出版社、1989年〕

Freytag, Gustav, *Technique of the Drama: An Exposition of Dramatic Composition and Art*, an Authorized, Translation From the Sixth German Edition. by Elias J. MacEwan (3rd edn, 1900)

Frost, David, *Frost/Nixon: One Journalist, One President, One Confession* (2007)

Frye, Northrop, *Anatomy of Criticism* (1957)〔ノースロップ·フライ『批評の解剖〈新装版〉(叢書·ウニベルシタス 97)』海老根宏·中村健二·出淵博·山内久明訳、法政大学出版局、2013年〕

Frye, Northrop, *The Great Code* (1981)〔ノースロップ·フライ『大いなる体系――聖書と文学(叢書·ウニベルシタス 500)』伊藤誓訳、法政大学出版局、1995年〕

Garfinkel, Asher, *Screenplay Story Analysis: The Art and Business* (2007)

Goldman, William, *Adventures in the Screen Trade: A Personal View of Hollywood and Screenwriting* (1983)

Gulino, Paul, *Screenwriting: The Sequence Approach* (2004)

Harmon, Dan, Channel 101 (https://channel101.org/), in particular 'Story Structure 101 – Super Basic Shit', and the articles that follow it.

Hauge, Michael, *Writing Screenplays That Sell: The Complete Guide to Turning Story Concepts into Movie and Television Deals* (1988)

Hegel, Georg, *The Science of Logic* (1812–16)〔ヘーゲル『大論理学』武市健人訳、岩波書店、2016年〕

Highsmith, Patricia, *Plotting And Writing Suspense Fiction* (1989)〔パトリシア·ハイスミス『サスペンス小説の書き方――パトリシア·ハイスミスの創作講座』坪野圭介訳、フィルムアート社、2022年〕

Hiltunen, Ari, *Aristotle in Hollywood: The Anatomy of Successful Storytelling* (2002)

Hughes, Robert, *The Shock of the New* (1980)

Hulke, Malcolm, *Writing For Television* (1980)

Indick, William, *Psychology For Screenwriters: Building Conflict in Your Script* (2004)〔ウィリアム·インディック『脚本を書くために知っておきたい心理学』廣木明子訳、フィルムアート社、2015年〕

Isaacson, Walter, *Steve Jobs: The Exclusive Biography* (2011)〔ウォルター·アイザックソン『スティーブ·ジョブズ』(I·II) 井口耕二訳、講談社、2011年〕

Jewkes, Wilfred Thomas, *Act-Division in Elizabethan and Jacobean Plays, 1583-1616* (1958)

Kahneman, Daniel, *Thinking, Fast and Slow* (2011)〔ダニエル·カーネマン『ファスト&スロー――あなたの意思はどのように決まるか?』(上下巻) 村井章子訳、早川書房、2012年〕

Kelly, Richard T. (ed.), *Ten Bad Dates with De Niro: A Book of Alternative Movie Lists* (2007)

Keysers, Christian, *The Empathic Brain* (2011)〔クリスチャン·キーザーズ『共感脳――ミラーニューロンの発見と人間本性理解の転換』立木教夫·望月文明訳、麗澤大学出版会、2016年〕

King, Stephen, *On Writing* (2000)〔スティーヴン·キング『書くことについて』田村義進訳、小学館、2013年〕

Kott, Jan, *Shakespeare Our Contemporary* (1962)〔ヤン·コット『シェイクスピアはわれらの同時代人』蜂谷昭雄· 喜志哲雄訳、白水社、1992年〕

Kuleshov, Lev, *Kuleshov on Film: Writings of Lev Kuleshov* (1974)

Larsen, Stephen and Robin, *Joseph Campbell: A Fire in the Mind* (2002)

Lawson, John Howard, *Theory and Technique of Playwriting* (1936)〔J·H·ロースン『劇作とシナリオ創作

参考文献

英語文献の末尾には初版の発行年を付した。

Alvarez, Rafael, *The Wire: Truth Be Told* (US, 2004; UK, 2010)

Archer, William, *Play-Making: A Manual of Craftsmanship* (1912)

Aristotle, *The Poetics*, translated by Malcolm Heath (1996)〔アリストテレス『詩学』三浦洋訳、光文社古典新訳文庫、2019年〕

Aronson, Linda, *Screenwriting Updated* (2001)

Baldwin, Thomas Whitfield, *Shakespeare's Five-Act Structure* (1947; later edition, 1963)

Bettelheim, Bruno, *The Uses of Enchantment: The Meaning and Importance of Fairy Tales* (1976)〔ブルーノ・ベッテルハイム『昔話の魔力』波多野完治・乾侑美子訳、評論社、1978年〕

Booker, Christopher, *The Seven Basic Plots: Why We Tell Stories* (2004)

Booth, Wayne C. *The Rhetoric of Fiction* (1961)〔ウェイン・C・ブース『フィクションの修辞学（叢書記号学的実践13）』米本弘一・渡辺克昭・服部典之訳、水声社、1991年〕

Bradley, A. C. *Shakespearean Tragedy: Lectures on Hamlet, Othello, King Lear, Macbeth* (1904; 2nd edn 1905)〔A・C・ブラッドリー『シェイクスピア悲劇の研究』鷲山第三郎訳、内田老鶴圃新社、1981年〕

Campbell, Joseph, *The Hero With a Thousand Faces* (1949)〔ジョーゼフ・キャンベル『千の顔をもつ英雄［新訳版］』（上下巻）倉田真木・斎藤静代・関根光宏訳、ハヤカワ文庫、2015年

Cousins, Mark, *The Story of Film* (TV series, More4, 2011)

Cunningham, Keith, *The Soul of Screenwriting: On Writing, Dramatic Truth, and Knowing Yourself* (2008)

Dancyger, Ken and Jeff Rush, *Alternative Scriptwriting* (2006)

Davies, Russell T. and Benjamin Cook, *Doctor Who: The Writer's Tale* (2008)

Davis, Rib, *Writing Dialogue For Scripts* (3rd edn, 2008)

Dethridge, Lisa, *Writing Your Screenplay* (2003)

Douglas, Pamela, *Writing The TV Drama Series: How To Succeed as a Professional Writer in TV* (2005)

Eco, Umberto, 'Narrative Structures in Fleming', *The Role of the Reader: Explorations in the Semiotics of Texts* (1979)〔ウンベルト・エーコ「物語構造」篠原資明訳『物語における読者［新版］』青土社、2011年〕

Edgar, David, *How Plays Work* (2009)

Egri, Lajos, *Art of Dramatic Writing* (1946)

Eisenstein, Sergei, *The Film Sense* (1942)

Field, Syd, *Screenplay: The Foundations of Screenwriting* (1979)〔シド・フィールド『映画を書くためにあなたがしなくてはならないこと――シド・フィールドの脚本術』安藤紘平・加藤正人・小林美也子・山本俊亮訳、フィルムアート社、2010年〕

Field, Syd, *The Screenwriter's Workbook* (1988)〔シド・フィールド『素晴らしい映画を書くためにあなたに必要なワークブック――シド・フィールドの脚本術2』菊池淳子訳、安藤紘平・加藤正人・小林美也子監修、フィルムアート社、2012年〕

Field, Syd, *Four Screenplays: Studies in the American Screenplay* (1994)〔シド・フィールド『最高の映画を書くためにあなたが解決しなくてはならないこと――シド・フィールドの脚本術3』安藤紘平・小林美也子・加藤正人訳、フィルムアート社、2019年〕

Flinn, Denny Martin, *How Not To Write A Screenplay: 101 Common Mistakes Most Screenwriters Make* (1999)

ま

や·ら·わ

[作品]

あ

か

索引

本書で言及される主要な人名、作品を取り上げた。

[人名]

あ

か

さ

た

な

は

［著者］

ジョン・ヨーク（John Yorke）

『恥はかき捨て』、『スキンズ』、『ホワイト・クイーン 白薔薇の女王』、『ウルフ・ホール』などを制作してきた英国ドラマ独立系制作会社、カンパニー・ピクチャーズのマネージング・ディレクター。過去にはチャンネル4ドラマの責任者やBBCドラマ・プロダクションの統括責任者として、『華麗なるペテン師たち』、『MI-5 英国機密諜報部』、『カジュアルティ』、『ホルビー・シティ』などの大ヒット作のほか、『ボディーズ』、『オマー』、『セックス・トラフィック』、『ノット・オンリー・バット・オールウェイズ』、『ステップトゥの呪い』といったアウォード受賞作も手がけている。

委託編集者やエグゼクティブ・プロデューサーとして、『時空刑事1973 ライフ・オン・マーズ』、『ザ・ストリート』、『恥はかき捨て』、『ウォータールー・ロード』など、英国テレビドラマの重要な作品のいくつかに携わってきた。『イーストエンダーズ』が初めて英国アカデミーTVアウォードを受賞した年、ヨークはそのストーリー・ライナーとしてテレビ業界でのキャリアをスタートさせ、その後同作制作の指揮を取り、そののちも16年にわたり同作に関与してきた。また、BBCラジオ4の『ジ・アーチャーズ』の編集も担当している。

2005年、英国初の放送作品向けのライティング・コース、BBCライターズ・アカデミーを創設。ここから優れたテレビドラマ・ライターが数々生まれている。

ウェブサイトはwww.intothewoodsyorke.com

［訳者］

府川由美恵（ふかわ・ゆみえ）

明星大学通信教育部教育心理コース卒。主な訳書にボグラー＆マッケナ『物語の法則――強い物語とキャラを作れるハリウッド式創作術』、サルバトーレ『アイスウィンド・サーガ』シリーズ（以上KADOKAWA）、クロン『脳が読みたくなるストーリーの書き方』、ボグラー『作家の旅　ライターズ・ジャーニー』（以上フィルムアート社）、ハーパー『探偵コナン・ドイル』（早川書房）、ハート『ウェイワードの魔女たち』（集英社）など。

物語の「森」を抜けて
なぜストーリーには
構造が存在するのか

2025年2月20日　初版発行

著　ジョン・ヨーク
訳　府川由美恵

装幀　三浦佑介（shubidua）
編集　今野綾花
本文組版　白尾芽

発行者　上原哲郎
発行所　株式会社フィルムアート社
〒150-0022
東京都渋谷区恵比寿南
1丁目20番6号 プレファス恵比寿南
TEL 03-5725-2001
FAX 03-5725-2626
https://www.filmart.co.jp

印刷・製本　シナノ印刷株式会社

Printed in Japan
ISBN978-4-8459-2127-0　C0074